U0726383

大学生创造力培养与人生选择

增订版

赵永泰

University Students' Creativity Cultivation and Choice of the Way of Life

上海三联书店

目　录

三版前言

这是一本写给大学生和研究生，提高他们创造力和正确选择人生路径的书。

本书出版后，常收到一些留学生的来信，除谈学习、生存价值、方法论的问题外，几乎都问到国籍选择，即要不要加入外国国籍这么一个问题。我想到马克思讲过："工人没有祖国"，"工人阶级就其本性来说是国际主义的"。但当我写下一些文字，准备把这个思想转述给他们时，感到这样做太轻率了。这个问题也困扰着他们的父母亲。一位有成就的华裔物理学家，他的父亲一直反对他加入美国国籍。最终，他还是选择加入了。我想：这位物理学家在决定加入美国国籍时，一定经历了一番痛苦的思考。

现今的中国，有这么多人碰到这个问题，说明有更多的中国人走向了世界。越来越多的中国人，从不同的国家而不只是从中国这块土地去审视世界，也重新审视自己；在全世界，而不仅仅在中国寻找自己生存的位置和理由。这表明，中国人，今天有更多的自信在全球的范围思考和选择自己发展的空间和事业，迈出了关键的一步。每个留学生又为这汇集而成的壮丽海潮带去各自不同的风采。这使我想到中国历史上一个朝代——盛唐。那时的人们怎么看待世界呢？

想想他们的胸襟和眼光，他们会对后代子孙们今天碰到的这个问题说些什么呢？或许，这在他们本就不是一个问题。

与此同时，国内越来越多的大学生来信问及考研与留学的问题。讲他们考研的苦恼，读研的辛酸，毕业后的茫然。我回信给他们，写成“考研与留学”一文。这次本书再版，增添上这篇文章，把这些思考也告诉你们。一些大学和培训机构把这本书作为给大学生、研究生和企业家开设提高创新能力的教材和参考书，他们来信希望能增加第四章的内容，使之更系统化。这次修订，我根据科学的最新发现、哲学和方法论的最新成果，在第四章“哲学与创造力”中增添了“人是怎么认识世界的?”、“机械论世界观与熵定律”、“递弱代偿原理与耗散结构理论”、“弦论：宇宙中一对恋人的故事”、“世界是什么?”、“平行宇宙与三类文明”、“西方哲学告诉了我们什么?”七篇文章，在第七章中增加了“父亲的智慧”一文，共计九篇文章，供读者阅读参考，也供老师们在讲授这门课时有更多更新的内容选择，进行更系统的学习和提高。

“晴空一鹤排云上，便引诗情到碧霄。”孩子们总是把我们牵引到更高、更远的境遇中，促使我们思考更深更远的问题。

我的学生给我发来他们从互联网上收集的一些对本书的评论。一位吉林大学的读者说：“中国经济三十多年的快速发展，使人们的衣、食、住、行有了很大改善，但国人在精神领域却更迷茫了。作者想重铸中华民族的魂灵，这是鲁迅做过的最艰巨、最伟大的工作。为此，我们向作者致敬。但现今的人们，各级领导，还愿意回到鲁迅先生所昭示的道路上前行吗?”

这，让我沉思良久。

北京大学一位读者说我写了一本《新论语》。《论语》是不讲方法论，不追问“存在”的，也不把探寻的目光投向“世界是因果的，还是几率的？”这类问题。我对生活的理解与《论语》所推崇的一些生存戒律也不同。但我感谢这位读者，他从更深的层次更广阔的视野去解读这本书，他或许是说本书所涉猎的内容像《论语》一样庞杂。我在本书中提出并思考了我认为当代大学生应思考的问题，并写下了我的思考和答案。我想给予他们创造的能力或学习创造的方法与路径，我想告知他们快乐生活的真意，使他们找到各自生活的乐趣与道路。

四川大学一位老师说：“这是一本大学生的圣经，读过、思考过的学生会更自信地面对自己今后的人生。”山东大学一位读者说：“一个中国人写了一部有汉唐气度的书。”“本书会因所提出问题的永恒性与对这些问题解答的独特性而长存。”

清华大学的三位学生来信建议，将书名中的“路径选择”，改为“人生选择”或“人生哲学”，这样更通俗些，也更符合本书的原意。他们是一起读这本书，并一起讨论他们感兴趣的问题。其实本书在出第二版时，就有南京大学、上海交通大学、中山大学的同学来信提出过类似的建议。那时我认为，一是“路径选择”是一个很重要的方法和概念，国内大学生还不知道，或不认识其重要性。它包括起始条件、初始选择、路径依赖、锁定效应（见本书“中国大学教育的缺失”一文）。初始不经意的选择错误，会把你的一生锁定在你不愿从事，或不能发挥你长处的职业上。做研究、做实验也存在着这么一个问题。二是“人生选择”和“人生哲学”这些很重要的概念和词汇已经被近些年充斥在各种讲坛的人用滥了，成了人生小技巧、小计谋的代名词。这是我最厌恶的。现在既然这本书已出第三版，已被读者了解，就遵照他们的建议改为“人生选择”。

我一直在思考两个问题：

1. 人来到世间，生存的意义是什么？什么样的生存状态是幸福的？

2. 人是如何认识世界的？认识的机理是什么？这种机理可以发现并教给学生吗？这种能力（认识世界与创造的能力）可以通过学习的途径得到吗？如果可以，这种能力能通过老师在课堂上讲授的方式使学生获得吗？如果不能，有什么新的学习方法与途径可以使学生获取这个对他们一生至关重要的能力呢？

本书所有的话都在述说这两个问题，这也是大学教育的核心问题。这或许是本书与《论语》的最大不同，也是与貌似相近的同类书的根本区别。这也是那些认真思考又挑剔的读者，在这浮躁和焦虑的年代愿意花时间读这本书的原因。

大学最重要的工作是培养学生。好的大学做两件事：一件使学生在校期间学习、辨识、形成一种有益于人类幸福，有利于个体全面发展的价值观。即人一生的道德遵循。一件是培养学生的创造力，发现问题、分析问题、解决问题的能力。这都需要有一个自由思考、自由讨论的环境，有一批懂得大学教育的真谛并勇敢地坚守这个真谛、能干好这两件事的引导者和教育者（教育政策的制定者、校长和教师）。最好的大学是出思想、出思想家的地方。

赵永泰

2017 年 6 月 4 日于蓝田青龙山别居

二版前言

本书出版后，受到大学师生的欢迎，不少读者从网上写信给我，讲他们读后的感叹与收获。在没有宣传的情况下，本书第一版已销售一空。我校一位大三的学生告诉我，这本书是他上海的表姐，在书店看到后买下来送给他的，他看后又推荐给其他同学。书放在书架上，有人翻阅并决定买下，看后又推荐给别人。这是这本书销售的路径和命运。我听后很欣慰，书也是作者的孩子，我希望它静悄悄地游走，给需要的人带来思考和快乐。

一位留学德国的哲学学者写信给我，信中说："您的这本书讨论了：(1)人活着到底为什么？(2)怎样活着才是幸福的？(3)人是怎样认识世界(认识科学)的？(4)科学是什么？(5)科学是如何一步一步发展的？(6)世界今天为什么是这个样子？(7)世界是因果的，还是几率的？(8)大学能教给我们什么，不能教给我们什么？(9)为什么中国内地大学没能教给学生最重要的能力——创造的能力？(10)创造力是如何产生的，怎样获取创造的能力？(11)为什么一些高智商的人没能做出成绩，而一些中等智商的人做出了成就？(12)怎样写学位论文？(13)怎样理财？(14)怎样考虑自己的婚姻和爱情？(15)重新思考人生的意义并选择自己的人生之路。您提出了新的人生哲学，这些都是当今大学生迫切想知道，而内地大学未能正确告诉他们的。我是在德国这个哲学王国读研究生并获得哲学学位的，我一向自视很高，但这本书还是震撼了我，引发我重新思考这些问题，并带来许多新的认识与思考，激活了我不少新的灵感。书中每篇文章都浸透着人文关怀和对人的命运的叩问与新的思考。'价值观最重要'、'婚姻与爱情'、'新世纪，我们与孩子'、第四章'哲学与创造力'，我反复读了多遍。我把这本书推荐给了我的学生和朋友，也引发了他们的思考，带来他们与我热烈的讨论，甚至激烈的论争。您的书行文流畅，阅读时有一种快感，能体味到诗情画意，这也许是我推荐给朋友后，他们愿买的另一个原因。我的孩子正在上大学，我一直在为他寻找这样的书。我感谢您为他们写了这本书，这对他们人生的发展与道路的选择很重要。"

我感谢这位来自哲学王国读者的来信，因为我关心：读者花钱买了书，又花时间阅读，这本书能帮助他们了解人生的深意，能帮助他们认识并提高自己的创造力，能帮助他们选择并开始快乐的人生吗？他的信告诉了我答案。

南京一所大学的辅导员来信告诉我，他们学校每年总会有学生因为失恋或学习压力而自寻短见。她看到本书后，将其中"婚姻与爱情"、"价值观最重要"两文推荐给有这些苦恼的同学看，"结果使这些同学放弃了寻短见的想法，竟然像换了一个人，开始积极投入到学习和生活中去"。她希望我在本书再版时能写上几句话，把这两篇文章推荐给有相同苦恼的学生。

本书出版后，收到许多读者来信，未能一一作答，在此一并致谢。感谢你们认真地阅读了这本书，感谢你们来信所提出的对自己、对新一代大学生人生之路的思考与发问。

这次再印增加了一篇"求职与创业"，这也是现今大学毕业生最头痛的问题，我的建议供你们参考。

能在大学时就读到这本书，并思考这些问题，又找到了自己快乐的人生路径的人是有福了，我祝福你们。

赵永泰

2006年9月9日

前　言

这是一本写给当代中国大学生和研究生的书。

中国的家长含辛茹苦，把孩子供养到大学，几乎付出了自己大半生的积蓄和心血。他们一直相信：孩子进了大学，毕业后就有了金饭碗，从此衣食无虑了。但大学毕业后，竟找不到合适的工作，四五年后，同班同学，其收入与生存状态竟有天壤之别，有的成了政府官员，有的创办了自己的公司，有的成了外企白领，而自己的孩子却下岗了。就是全国最好的几所大学，成功者不到10%，大部分学生四五年之后便进入了碌碌无为、无能为力的度日子状态。他们焦虑、着急，向天发问：这是为什么？

他们不了解，目前中国的大学，能教给孩子的仅仅是一种专业技能，这种技能在现时的中国已供过于求，其生存能力目前还不如一些技工学校毕业，掌握了一门手艺的学生，例如，车工、电工、水工等。这也是深圳等沿海城市近几年技术好的技工工资比研究生高的原因。中国的人才市场正在发生深刻的变化，随着中国大学从精英选拔教育向全民教育的过渡，大学毕业生的人数逐年增加，平均质量下降，供过于求的问题会更突出。

但那些成功者呢？他们不也和我学的同一专业，在同一学校学习吗?

我仔细考察和分析了这些成功者,他们大都具有多种能力,而不仅仅是目前可以在中国大学学到的一门专业技能。他们较早认识到了中国大学教育方面的缺失,较早地看到了中国人才市场的深刻变化,用人单位对所聘人员的思考能力、解决问题的能力、与人共事的能力和品德、克服困难的精神和毅力等,要求越来越高。他们通过自学和向成功者讨教、读成功者的书籍,使自己获取了这些能力。

我在国内大学任教三十年,做系主任十多年,主管教学与科研,参加了美国教育机构对我校系主任的强化培训。我深切地感知我国大学教育的这些缺陷,以及这些缺陷带给大学生今后很难弥补的知识缺陷和创新能力、创新精神的缺失。1996 年,我的孩子考上了国内重点大学,开始了大学学习。怎样弥补国内大学教育带给孩子的这些缺陷,对我成了一种直接的、刻不容缓的事情。我首先要告知孩子国内大学教育有哪些缺陷,引起他的思考和注意,接下来要做的就是推荐一些教材和有关书籍,让他学习以弥补这些缺陷。但当进行这一步时,我才深切感到问题的复杂性和艰巨性。例如哲学课,本来是学生开阔思路、获取智慧的一个重要途径,但现在所用教材在叙述主要哲学家的思想和方法时,是极其粗糙和标语式的,在述说的方向上是错误的。结果是通过这门课的学习,学生非但没有聪明起来,还接受了许多错误的思考方法和认识判断事物的有害的标签式标准(详见本书中我关于哲学与科学方法论的文章)。而当我在国内已出版的大量哲学教材中去寻找一部能较准确客观地叙述主要哲学家思想和方法的教科书时,竟找不到一本。要获取准确、可靠的哲学思想和智慧,只有读原著,但对初学者和大学生来讲,读原著太难,并且原著的数量又太多。于是我只好自己动手,一篇一篇地写出来,寄给孩子(孩子在大学毕业后考入澳大利亚悉尼大学读研究生),以弥补他在这方面的缺失。这是一项很艰深的劳作，好在我对哲学下过比经济学还深的功夫。内地大学造成学生的缺失是多方面的，例如，学生毕业后，工作了，要自立做人，但大学时代并未教给孩子一种正确有益的价值观。他们工作后有了自己的收入，但如何看待金钱，怎样理财，怎样合理支配收入？学生们一无所知。到了谈婚论嫁的年龄，在校时也未给他们一个正确的婚姻观和相关的知识。而这些都是学校可以并应该教给他们的。作为一个在大学从事教育事业的家长，我别无选择，只能亲手去弥补这些空白，尽己所能，把这些有益于孩子增长创造力，有益于孩子独立生存，有益于孩子较好处理自己恋爱和婚姻，有益于提高孩子理财能力的知识和方法一一告知孩子，日积月累，便有了这一封封给孩子的长信和文章。每一封信要解决的都是一个现实的新问题，写每一封信所需查找和阅读的资料比写一篇专业论文还要多，思考的时间也长一些，这是在百年育人。

这些信，我的朋友和一些教师看到后，感到很受启发，拿给自己上大学的孩子看，他们感到对自己很有用。不少家长告知我：他的孩子看完这些信后，如梦初醒，重新认识了自己的人生目标，也增强了信心和勇气，并学会了一些很好的方法，建议将其出版。我思考再三，同意将其出版，但隐去我孩子的名字，不愿他平静的学习生活被干扰。文字不做改动，保持其原有的一个父亲写给自己孩子书信的真实状况。这样，读起来也亲切些、客观些。

我把这些思考凝结在这本书中，写给我的孩子和后代，也献给当今的大学生们。翻开其中任何一篇，你自会有自己的结论。

这也是一本写给大学生和高中生家长的书，他们由于工作繁忙和生存压力，很少有精力去指导与帮助孩子全面成长并增加创造力，常常也不知道创造力来自何处，如何去做。他们可以通过读这本书提高自己的思考能力，并与孩子交流讨论。

本书也可作为大学讲授"如何写学位论文"、"怎样培养创造力"的教材和参考书。这些是现阶段中国大学生最缺失的。

可怜天下父母心。我把这本写给孩子的书也献给我的父母亲。是他们把我带到人间,给我智慧、毅力和爱心。

赵永泰

2005 年 6 月 22 日

第一章　学习外语与读书

读史使人明智，诗歌使人巧慧，数学使人精细，博物学使人深沉，伦理学使人庄重，逻辑与修辞使人善辨。学问变化气质。

——培根

在所阅读的书中找出可以把自己引到深处的东西，把其他一切统统抛掉，就是抛掉使头脑负担过重和会把自己诱离要点的一切。

——爱因斯坦

英语已成为全球的普通话，运用英语是每个人享有快乐的条件之一。

——赵永泰

天下事以难而废者十之一，以惰而废者十之九。

——颜氏家训

如果我所见比笛卡尔要远一点，因为是站在巨人们的肩膀上的缘故。

——牛顿

我始终认为我是一个到某个地方，向着某个目标走去的旅行者。

——梵高

一　英语学习

信收到了。

信写的简洁、质朴，这是你的文风，我看了很高兴。你运用中文的能力又有了提高。妈妈讲：缺一点文采。文采不重要，也无法刻意求得。范仲淹的《岳阳楼记》，王勃的《滕王阁序》，都是文字质朴又文采飞扬之作。这些都是他们多年静心研读与观察，潜移默化到笔端。文采最瑰丽者为屈原，那是千古一人。所以，不必去刻意追求文采，但可闲暇之时，读读屈原、司马迁、范仲淹、柳宗元、韩愈、苏轼的名篇，长期积累，耳濡目染，自会心领神会，出采于笔端。

这封信想与你谈一下学习英语。英语现在是全国及地球上大部分人都认可的世界语，是全球的普通话。进入网络时代后，更是这样。这个趋势在本世纪不会改变。因为英语国家拥有最优秀的科研人才，最新最优秀的科研成果，绝大部分首先是用英文写成并发表的，就是正在孕育中的科学突破，在其学术交流会上或朋友、专家私下的小范围研讨中，也是用英语交流的，而后会翻译成其他语言。但译文又常常会出现误译和错译，时间也会滞后。

“听、说”这两种技能，国内学生感到难，是由于环境的原因。你在英语国家，这两种能力很快就会具备。国内许多老人，不识字，但能讲流利的汉语，环境使然。但阅读和写作专业论文的能力，是必须下工夫才能获得的。就是英国人，也是一样要通过下工夫多看、多写才能获得。英语的阅读、写作能力对你很重要。并且书面语言不同于口语，比口语更难。各种文字都有自己的书面语言规范，学术论文的语言又与一般通俗读物不同。就是口语，专业用语（作专业报告、论文答辩等）与日常会话也有差别。这是要靠多读、多写、多听（听学术报告，参加学术研讨会）去领会掌握的。你现在生活在英语国家，当然是一个好的条件。在澳整个学习期间，学好英语（听、说、读、写）是你最重要的学业之一。我想你毕业时，应能用流利的英语宣讲你的学位论文，应能较快速地阅读专业书籍，应能较准确地用英语写作论文。这很重要。有了这个基础，你变成了一个世界公民，可以在更大的范围去选择下一步自己深造的国家与学校。

不要多想毕业、工作与挣钱，学习本身就是人生一个目的，而不是手段。爱因斯坦迁居普林斯顿后不久，一份大学生办的杂志《丁克》向他约稿，他写了如下的回信："如果一位老同学能对你们说上几句话，那他要说的就是：千万别把学习视为义务，而应该把学习视为一种值得羡慕的机会，它能使你们了解精神领域中美的解放力量，它不但能使你们自己欢乐无比，而且还能使你们将来为之工作的社会受益匪浅。"①学习是美好的，学习生活会是你一生最美好的时光。在已过去的世纪，人们常常是上学到20多岁（读完大学、研究生等），而后进入工作期，一直连续工作三十年、四十年，到60岁退休。这是已过去的世纪绝大多数人的生活轨迹。这种情况会在新世纪改变。在新世纪，终生学习将会在许多人身上变为现实。人们工作几年，积蓄了一些钱后，又回到学校去享受学习，结识新朋。即使在工作阶段，人们也会通过互联网或电视教学去学习与提高。

崔俊说，在他这个年龄，已在两个国家（日本、美国）求学并会三国语言（英、中、日）的人不多。这些经历对他日后工作很重要。但他没有从文化的视野去看这件事。你们一直生活在中华文化圈，受中华文化、伦理道德的熏陶。现在你到澳洲，澳洲也不是传统意义上的欧洲文化。当然，澳大利亚是英联邦国家，主流是英式文化。所以，从文化这个层次看，我是希望你在澳洲读完硕士后，能去美国或欧洲

① ［美］海伦·杜卡斯编：《爱因斯坦谈人生》，高志凯译，世界知识出版社1984年版，第55页。

继续学习，这样你会对中西文化有一个切身的体会与比较，也可吸取两种文化之所长。文化（我这里是讲哲学、历史、宗教、文学、艺术）与专业一样重要。抽空可读一下莎士比亚的戏剧（读英文原著），英语的优美和特点，你会从中感知。这也是学习英语的一种方法，同时也是学习西方文化。

受教育的终极目标是自我实现，教育应该帮助受教育者超越他们自己的文化、地域与民族的局限，而成为真正意义上的世界公民。从这个视野去看，学习英语不仅是一种手段，还是一种目的。人是有语言文字的动物，这使人成其为人。

你一人在外，要注意身体与安全。我小时候，父亲常讲"千金之童不立于危墙之下"，让我们从小懂得珍惜生命、珍爱自己，同时也珍爱他人的生命。你和赵磊可选一种简便的锻炼身体项目，每天坚持活动一个小时（例如上午做操或跑步，下午打球）。曾国藩讲到自己养生时，说"曰每夜洗脚，曰饭后千步，曰黎明吃白饭一碗不沾点菜，曰射有常时，曰静坐有常时。"并说"此五事中能做三、四事，即胜于吃药。余仅办洗脚一事，已觉大有裨益。"①脚上有许多穴位，睡前用热水泡一泡是很有好处的。

安下心来，学好英语和你的专业。

二　关于读书

读书是学习知识的一个最重要、最基本的途径。这封信与你谈谈读书。

书（包括文字、纸、印刷术）是人类最伟大的发明。至今我们仍能在一些部落里看到，由于没有文字和书，整个部落的历史（或该部落

---

①　钟叔河选编：《曾国藩教子书》，岳麓书社 1986 年版，第 170 页。

认为应记住的知识)是靠一代一代部落居民的传唱来学习、交流和流传的。而这种靠一代一代人传唱的方法,所能记颂的事情是很有限的。在这种传唱的基础上,是成长不出发达的科学和文化的。而有了文字和书,便可以汇集、记载和交流近乎无限人的创造、思考、发现与发明。在此基础上科学与文化才获得了空前的大发展。

今天的计算机、储存芯片、因特网是书的延续。现在,你可以通过计算机(在网上)查阅和读文章。但不论是前者还是后者,你必须通过读和思的过程才能获得知识。知识不能遗传,是通过后天的努力学习才能获取的。而读书是一个最重要的途径。

现今不管是印刷出版的,还是网上的书和文章,真是五花八门,浩如烟海。读什么书,怎么读?成了一个必须解决的大问题。

对每一个有自己专业的人来讲,书可以分为两类:专业书与非专业书(当然书籍的分法很多,例如,社会科学与自然科学,社会科学可分为哲学、历史、宗教、经济等,自然科学又可分为物理学、化学、医学、生物学等)。首先是读一部好的世界历史的书,了解世界是怎么发展到今天的,人类是如何发展进化的。接下来是专业书,首先是选一本好的讲述本专业历史发展的书。例如生物学,找一本讲生物学创立与发展的书,阅读和思考生物学是如何一步一步发展的,其间有一些什么问题,当时的生物学家对这些问题是如何思考和解决的。尔后再选一两位自己所学专业的大师的专著,反复研读。读时要从这几个方面入手:(1) 前辈的大师们都说了些什么?(2) 当代的学者们提出了一些什么问题?(3) 在这个领域里,前沿问题是什么?(4) 前辈大师们和当代的学者们都提出了解决问题的一些什么方法、思路?还有好的思路吗?每次阅读,一定要做阅读笔记,记下当时的所思、所想和阅读时间,过一段时间在重新阅读时,可对比上次阅读时的思考,使自己对这些所思考的问题,经过一次一次的阅读与思考不断深入下去，滴水穿石，只有日积月累地去思考一个问题，才会找出好的解决办法。在一段时间里，把自己的注意力集中在一个问题上，不断地学习、思考、与别人讨论，才会产生灵感，提出新的解决问题的方法。

以上是讲要精读的书及精读的方法。不论做什么专业，精读一批本专业经典之书很重要。

有了这么一个主心骨，接下来可每日泛览一些本专业重要期刊的最新论文与最近学术会议上的交流论文，选取与自己研究课题相关的，仔细阅读。记住，阅读一定要记笔记，写下自己的心得与阅读时所思考的问题，阅读时所想到的解决方法。

读书学习的同时，一定要与同行优秀的学者交流，多参加他们的讨论会，在交流中你常常会突然在脑海中闪出一个新的思考、新的解决问题的方法、新的思路。陕西曾有过不少乒乓球运动员的好苗子，但最终都未能在全国打出来，一个重要的原因是陕西没有一流的乒乓球运动员，北京就不一样，有许多一流的运动员。你只有通过不断地与最优秀的乒乓球选手训练、交流、比赛，才会获取较快的进步。做研究也是这样，最优秀学者所培养的研究生，出成绩的概率大；同时，一个有潜质的学生，也常常会找到本专业优秀的导师，就读他的研究生。学生从导师那里学到的不仅是知识，更重要的是价值观与方法。

以上是讲泛读与泛读中的精读。列为精读的书，一定要从头到尾，每句每段都要认认真真读一遍。感到总体把握了，再选取你认为重要的章节再精读。若读一遍后，感到总体末把握，可从头到尾再读一遍。对精读的书，一定要规定每日所读页数，比如，每日读三页。不然你是无法在一个你精力最好，需要打下坚实的知识基础的时间段读一批书的。对精读的书，读到你可以用自己的话言准确地表述著者的思想，这便是读好了这部经典之书的标准。这也是一个把书先由薄读厚，再由厚读薄的过程。拿到一本要精读的书，读第一遍，你每章、每段、每句都仔细阅读，深入思考，大小问题一大堆，你都要记住，一本薄书，一下被你读得很厚，这是第一阶段；第二阶段，你高屋建瓴，一下抓住了本书的主题与主要线索、研究的思路和方法，可以用最简洁的语言概括作者要讲的东西和方法。这时这本书便被你读薄了，薄的只有一两页文字。经过了这么一个由厚到薄的读书过程，这本书就被你掌握了。古人讲胸有成竹，你不认真地去读一批经典之书，怎么会成竹在胸呢？

但书绝不是读得越多越好。黑格尔曾多次讥笑一些只知读书的学究，称他们为“博学的人猿”。学习某一专业，读一批书对这个专业有一个总体的把握和认识是必需的，在此基础上选出自己要研究和解决的问题，在此之后所读的书、实验报告、论文都是围绕解决这一问题的。解决选定的问题是中心，是目的，而读书是解决问题的方法，与同行讨论也是获取解决问题的方法和途径。绝不能本末倒置，以读书多为荣耀或显示博学。

以上是读专业方面的书。但人的一生不只生存在自己的专业之中，他应了解并懂得生活的全部意义，成为一个全面发展的人。爱因斯坦喜欢音乐，小提琴拉得很好，他也读音乐方面的书，与人交流音乐方面的体会，也与人合奏乐曲。这也是人生一大乐事。马克思讲“人所具有的，我都具有。”①也是渴望自己全面发展。全面发展是人性的重要特质，或许是人的本质。所以你也可以选读一些专业之外你喜欢的书。反过来，这些方面的发展对你的研究也是一种帮助。陆游在写给儿子讲学诗的信里讲：“汝果欲学诗，功夫在诗外。”讲得

---

① 马克思：《自白》，《马克思恩格斯全集》第 31 卷，第 589 页。

就是这个道理。读一些文学、艺术、历史（包括数学史）方面的书很重要。当然，还有一类很重要的书，就是哲学和讲方法论的书，没有好的方法，是很难做出杰出研究成果的。关于方法的问题，我会在以后的信中系统地讲。这是一个很重要的问题。

你们这一代人是伴着电视（手机）文化成长起来的，这与我们这一辈人成长的环境很不同。电视（手机）几乎每天要占去你们三至五个小时的时间，在这个时间里你们是与电视（手机）对话（我们这一辈人是与书在对话），而电视（手机）所能给人们的是一种浅薄的感观上的快餐文化。并且电视是五彩眩目的，长期沉浸在电视（手机）中，会破坏人深入地思辨问题的能力。在静静地读书时，你可以边读书边思考，甚至合上书，想一会儿后，再接着读。但看电视时，你不能关了电视，思考一会再接着看（当然，从网上下载文章去阅读是另一回事）。所以对你们这一代人，有一个读书补课的任务，你必须每天拿出三四个小时，制定一个读书计划，每天精读书读多少页（比如三页）、泛读书读多少页（比如二十页），坚持七八年，读一批经典著作。这很重要。

读书的关键在思，思的关键在围绕要解决的问题。孔子讲："学而不思则罔，思而不学则殆。"韩愈说："业精于勤，荒于嬉；行成于思，毁于随。"都是说的这个道理。这是切切要记住的。时光飞驰，一年一年很快过去，你一定要抓住匆匆逝去的光阴，打下学业的基础。

当我看完妈妈在电脑上为你打好的这封信时，我忽然感到信写的有些沉闷。其实读书是人生的一种享受，古人认为"雪夜闭门读禁书"是人生的一大乐事。能读书是一种幸运，读一本好书，是与一位智者愉快的谈心。读书是人生活方式的美好组成部分，就是有一天，你退休了，你还会读书。清晨，听着鸟鸣，黄昏，伴着夕阳，静静地，打开一本书……

第二章　路径选择与价值观

独上高楼，望尽天涯路。

——晏殊

有些在大学时很优秀的学生，进入社会后失败了。一个重要的原因就是他们一直未能进入让人振奋、激励人不断前进的群体与通道。这个群体与通道是无价之宝。

——赵永泰

鸟翼上系上了黄金，这鸟便不能高翔了。

——泰戈尔

感知和信守一种好的价值观，是你一生幸福的源泉。

——赵永泰

人生是跳高，不是拳击；对手是神，不是人。

——赵永泰

我的行为从不为卑念所左右，也从不背离敦品言行的原则希图不义之财。

——华盛顿

一　智商与成才通道

你的信，看到了。看到你能合理地安排自己的收入与支出，我很高兴，这是一件重要的事，它会伴随你一生。财富不只靠劳作所得，还靠经营的智慧和能力。

当你看到一篇中文时，你可以迅速地判断其行文、文采的优劣，但当你拿到一篇英文时，你较难一下就分辨出行文、文采的优劣。这需要较长时间对英文的学习、感悟与熏陶。这是很重要的，这是你去英语国家学习的重要目标之一。要逐渐地学习和运用英文去思考问题，使其变成一种习惯。即用英文思维就如同在国内时自然地用中文思考。

人与人有智力及各方面的差异，西方人常用“智商”测试来评判一个人的智力。其实，那些测试是相当有限并可疑的。你能说一个优秀的画家的智力比一位杰出的数学家低吗？如果用那一套测智商的题去测试，必定会得出这一结论。

最重要的是进入一个奋发进取的通道与群体。使自己进入到一个自己所喜爱的专业的人才济济的环境中，与他们一起向前走。这就使你进入了一个专业化的、加速的通道。这种促使你能加速学习和讨论并获取知识和能力的通道与集体，将使你进入到专业化与学习加速的良性循环（正反馈）之中。这比天生的那一点比较优势（智商差异）重要一百倍。有些在大学时很优秀的学生，进入社会后失败了。一个重要原因就是他们一直未能进入让人振奋、激励人不断前进的群体与渠道。这种群体与通道是无价之宝。一旦你进入了这个通道，专业化的学习会提高你自己学习的能力并为你带来许多广告效应，即让这个领域的许多人认识了解你，同时，你也会较快、较容易地认识这一领域里杰出的人物。这种自我加速的过程，其作用类似于电子学中的正激荡，往往能使某些没有先天优势的人在短期内超过一些有先天优势，但却没能进入这个良性循环过程的人。有人将这种良性循环过程称为“自我发现”，实际上这种过程是“选择进入”，“自我奋进”，“自我创造”，“群策群力”，“互激互励”。杨振宁在西南联大上学时选择去美国读费米的研究生，费米因政府决定让其搞原子弹，就将杨振宁推荐给了艾里逊教授，之后又师从理论物理学家泰勒。这都是当时最杰出的物理学家。由此杨振宁进入了这一良性循环通道。1956 年，年仅 34 岁的杨振宁获得了诺贝尔物理学奖。控制论的创立者 N.维纳，在 60 岁回顾自己一生的成就时说：“我最珍视我早年同知识界楷模们的接触，没有这种接触，我将会成为一名无所作为的怪人。”①

人来到世间，并不为获某一奖而来。但选择并进入一个你所喜爱的专业的优秀群体之中，使自己进入这一正反馈循环，很重要。这便是我一直希望你能去最好的学校、最优秀的科学家身边学习的缘由。我总是说这些，一定给你造成了压力。而这又是我不愿意看到的。我更希望你快乐地生活、学习。

二 价值观最重要

这是我写给你的最重要的信。原打算给你写的第一封信就要谈的，这就是价值观。但你一到澳洲，便遭遇语言的焦虑，第一封信就与你谈英语学习。接下来，你即开始了研究生的学习阶段，要自己读书，并从中体味和消化，使其变成自己知识的一部分，于是写了关于读书的信。接着，你要开始独立地从事研究工作，独立地做实验，独立地思考，我便写了有关科学研究和方法论的几封信。这些信里所

① N.维纳：《数学与神童》，见 N.维纳等著：《科学家的辩白》，毛虹等译，江苏人民出版社 1999 年版，第 150 页。

讲的，都是现今中国内地大学所忽视和不讲的，但对你们今后做研究和形成自己好的思维方法是十分重要的。现在，让我们回到对于你，对于所有的人都是最重要的问题：人的价值观问题上来。

中国大陆现在有一句很时髦的公益广告，叫做："知识改变命运"。其实知识（这里是讲狭义的知识，即一门专业或一门手艺的知识和技能）所能改变的仅仅是人所从事的行业。比如，从工人变成技术人员，从农业进入工业，并不能改变命运。我同班的一些大学同学，在大学时，学习成绩并不坏，现在有些人已经下岗了。其生活境遇还不如西安郊区的农民。看来，上了大学，学到了知识，并未能给他们带来好的命运。与此相反，一些未上大学的农民，通过自己的创业，使生存状态发生了根本改变。他们之所以选择了创业，是因为他们认识和选择了新的价值观，是价值观的变革改变了他们的命运。

我看到不少中学生、工人、农民，通过自己的努力，考上了大学，学习了一门专业，变成了某一行业（例如机械、建筑、计算机、通讯等）的技术人员，完成了自己所从事行业的变迁。当然，随着这一变迁，生存状况会有较好的改善，但命运的改变则是另一层次的事。由于他们在大学阶段未能认识和形成好的价值观，他们也就无法掌握自己的命运。日本的松下幸之助到死时，学历只是小学，但他创建了松下公司，以造福人类为第一要务，利润为第二位。其命运彻底改变了，度过了快乐而辉煌的一生。比尔·盖茨并未把大学学业完成，创建了微软公司，改变了人类的生活方式，也改变了自己的命运。还有如富兰克林、华盛顿、毛泽东、爱因斯坦、居里夫人等，他们的出身、文化背景、家境都不同，但都认真地思考过"我来到世上，要做什么？""我到底追求什么？""我要选择一种什么活法？"这些对人的一生最重要的问题。这是在叩问人生的价值，个体的价值和全体的价值（即单个人的价值和全人类的价值）。翻开《金刚经》，佛祖释迦牟尼和高僧须菩提所反复讨论的便是人生的意义，人应当做什么？怎样度过一生才有意义？这是哲学和宗教要探讨的人类终极问题，也是每个人在他青年时代要思索和决定的最重要的问题。他们在其青年时代对这些问题做出了正确坚定的回答，由此选择了正确的人生路径，掌握并改变了自己的命运，度过了自由愉快的一生。自由地支配自己的时间，做他们想做的事情。孔子说："三十而立"，这个问题不解决是无法立起来的。正是对这一问题的不同回答和实践，决定了人生不同的生活状态和生存质量。差之毫厘，失之千里。

洛克菲勒经营石油成功后说："即使拿走我现在的一切，只要留给我信念，我就能在十年之内又夺回它。"①一些杰出的企业家、科学家、政治家都讲过类似的话。这位世界著名的企业家创业之时，在银行只贷出了 2000 美金。他最懂得资本对创办企业的重要，但他回顾自己的成功时，认为最重要的不是资金，而是信念。是信念（价值观）改变了他的命运，引领他度过了辉煌而快乐的一生。

苏联著名作家科切托夫 20 世纪 60 年代写过一本小说，《你到底要什么？》。当他看到老一辈革命者的孩子受到美国来的布朗小姐的影响，在一次聚会中开始跳脱衣舞时，他发问："你们这一代人到底要什么呢？"

我们这一辈人，从小主要受到苏联文学和俄罗斯文化的影响，它们至今还流淌在我们的血液中。对我们这一代人人生观影响最深的，是奥斯特洛夫斯基写的《钢铁是怎样炼成的》这本长篇小说中，保尔讲的一段话：生命属于人们只有一次。人的一生应当这样度过：当他回首往事时，他不因虚度年华而悔恨，也不因碌碌无为而羞耻。这样，在临死的时候，他就能够说："我已把自己的整个生命和全部精

① ［美］阿尔伯特·哈伯德：《鼓舞人心的剪贴本》，张敏译，内蒙古文化出版社 2003 年版，第 6 页。

力都献给了世界上最壮丽的事业——为全人类的解放而斗争。”我比同龄的人幸运一些，你爷爷年轻时在复旦大学读法律，那是一所欧洲人办的大学，他受到西方文化的教育和影响，家中也有不少欧、美的文学、哲学、法学书。家中孩子也受到欧洲文化的滋养，柏拉图、亚里士多德、康德、黑格尔、达尔文、爱因斯坦，他们的人生和著述都深深地影响了我们。我读中学时，是一个全国人民崇敬和信仰马克思、列宁、毛泽东的时代，我也受到马克思的影响。马克思青年时写的一篇“论青年职业的选择”，我至今一直熟记着，他写道：“历史认为那些为公共谋福利从而自己也高尚起来的人是伟大的。经验证明：能使大多数人得到幸福的人，他本身也是幸福的。”“如果我们选择了一种能够对人类做出最大贡献的职业，那么，我们就不会感到负担太重，因为这是为一切人的牺牲。到那时候，我们所得到的将不是微小的、可怜的、自私的快乐，我们的幸福属于亿万人民，我们的事业是默默无闻的，然而，它却是经常不断地起作用。而在我们的遗骸上，将会洒下崇高人们的热情眼泪。”那是一个革命的年代，知道马克思这段话的人不多，但几乎所有的中学生都知道保尔的这段名言，他影响了年轻的共和国整整二代人。

孩子在读小学时，总会写到一篇命题为“我的理想”的作文。家长、老师与孩子都不太看重这篇作文。我至今一直记着自己的这篇作文。这是孩子在朦胧中第一次思考自己的人生之路。记得那时我是想做一个天文学家或数学家。其实这是很重要的事。家长们太看重孩子数理化的得分，太看轻或根本不知道教育孩子思考这些问题的重要性了。所谓三岁看到老，说的就是这个道理。孟母三择邻，讲的也是这个道理。

信念（价值观）是不会遗传的，它是通过孩子从小对父母亲的言谈、行动、教育，耳濡目染所逐步认识并形成的。一个好的老师也会起到这种作用。但现实中这种几率是很少的，学校并不能必然带给孩子一个好的价值观。家长们对此不要有任何期望和侥幸。关键在于：做父母的首先要认识价值观对一个孩子一生的重要性，并通过相应的渠道和合适的方法把一个好的价值观植根在孩子的头脑中。而这好的价值观的实现，伴随着执著的工作和创造性的劳动。

英国哲学家洛克认为，人生下来时，是一张白纸，具有选择和做好任何工作的潜质。之后，有学者认为，人生下来时，他干什么便决定了。恩格斯也是这种看法。他认为，一个人生下来后。他的社会地位、家庭教养、经济状况就决定了他今后的职业和发展，他的所有理想和挣扎就如同在如来佛手心的跳舞，是跳不出这个范围的。《红与黑》中的于连，就是在一步一步完成着这种挣扎与死亡。莱布尼茨认为，人生下来后，脑中有一些大致的纹路，这些纹路提供了一个从事某种职业最合适的潜能和趋势。① 我比较同意莱布尼茨的意见。所谓“认识你自己”，所谓“四十而不惑”，就是讲你选择了最能发挥自己长处和潜能的职业。而这是最重要的。不少人有第二职业，除了为增加一些收入外，有些人的第二职业才是他的兴趣所在。所以，选择一个有益于人类生存和长远幸福而又自己喜欢的职业(或事情)是人的最大智慧和最紧要的事情。你也才能由此走入快乐，度过快乐的人生。

鲁迅说：“倘若一定要问我青年应当向怎样的目标，那么，我只可以说出我为别人设计的话，就是：一要生存，二要温饱，三要发展。”② 其实，生存和温饱是同一层次的事情，人的本质是自由的发展和创造。

马斯洛把人的需要分为高级需要与低级需要，从低到高分为五个层次，依次为：生理需要、安全需要、爱的需要、尊重的需要、自我

---

① 莱布尼茨：《人类理智新论》，陈修斋译，商务印书馆 1982 年版，第 6—7 页。

② 鲁迅：《华盖集·北京通讯》。

实现的需要。“一个基本需要的满足，就会出现另一‘更高级’需求占统治地位的意识。”[①]马斯洛把人的需求分为层次，大致是对的，但其低层次需求满足后，才出现高层次的需求，则误导了不少本可做出优秀业绩的人。人类在其早年的穴居时代，衣不遮体，食不果腹，但却留下了大量精美的岩画。那是一种创造，那是人类最低层次的需求都不能满足时就完成的最高层次的美的创造。所有有建树的人，在其生命的困苦期，心中保有的是对最高需求的渴望和坚韧努力。所以，他们日后才有可能到达这一层次。而低层次的需求满足后，才会想到高层次需求的思想和认识，只会带来一个失败的人生。我们常看到一些做小生意的人，其经济收入并不比大学教师低，其积累的财富比大学教师要多许多，但其一生停滞在做小生意的层次和状态，原因是他在选择做小生意并挣到钱后，并没有想成为大企业家的渴望和目标，所以他一生都停滞在温饱阶段。我们看到有些身强力壮的人在讨饭，如果他用自己的体力去工作，何止过一种乞讨的生活。我们会问：他们为什么不选择一步一步改变自己的生存状况之路呢？这就回到了价值观，他们没有思考人为什么活着？人应该怎样度过自己的一生？这一问题，也没有人促使他思考这一问题或告知他：思考这一问题是人之初最要紧的事。从小学到大学，很少有老师和家长提出并帮助他的学生思考这一问题。而中国的家长普遍认为：上了大学，就进了保险箱，就有了好日子。

康德曾发问：1.我能够知道什么？2.我应该做什么？3.我能够希望什么？4.什么是人？[②] 这些问题，应是每个人在中学和大学阶段就思考和做出抉择的问题。对这些问题在回答和决断上的差异，最终决定着各人不同的人生道路，不同的人生结局。

---

① 马斯洛：《人的潜能和价值》，华夏出版社1987年版，第74页。

② 康德：《逻辑学》，1915年俄文版，第16页。

圣西门讲，人人都渴望追求幸福。幸福是什么呢？幸福是一个由三根支柱支撑着的房子，他们依次为：健康、财富、智慧。健康是幸福的基础，仅仅有财富的人，还不能享受幸福，只有在前二者的基础上拥有智慧的人，才能享有幸福。人是生而追求幸福的，而不是追求事业，由于我们在追求和完成事业中享受到快乐和幸福，我们才追求事业。我想：圣西门所认定的这三根幸福之柱，他为这三根支柱所排出的顺序是发人深省、耐人寻味的。

1950 年 12 月，爱因斯坦在普林斯顿收到拉特格斯大学一位 19 岁的大学生亲笔写来的长信，这个学生在信中向爱因斯坦发问："人活在世界上到底为什么？"爱因斯坦很快写了回信，信中说："一个人活着就应该扪心自问，我们到底应该怎样度过一生，这是一个合情合理的问题，也是一个非常重要的问题。在我看来，问题的答案应该是：在力所能及的范围内尽量满足所有人的欲望和需要，建立人与人之间和谐美好的关系。这就需要大量的自觉思考和自我教育。不容否认，在这个非常重要的领域里，开明的古代希腊人和古代东方贤哲们所取得的成就远远超过我们现在的学校和大学。"他在另一封写给一位农民孩子的信中说："雄心壮志或单纯的责任感不会产生任何真正有价值的东西，只有对于人类和对于客观事物的热爱与献身精神才能产生真正有价值的东西。"他说："物理学家的最高使命是探索那些普遍定律。"[①]也许这些不同领域的巨匠们把这一简明的问题搞复杂了。我认为：人是动物中的一类，过着一种群居的生活方式，正是这种互相帮助、相互促进的群居生活方式才保证了人的衍存与发展。人作为一个群居之体，必须不断地孕育和培养孩子，来保证人这个物种的存续和发展。所以，每个人来到世间，首先的任务就是保护

---

① ［美］海伦·杜卡斯编：《爱因斯坦谈人生》，高志凯译，世界知识出版社 1984 年版，第 31、46 页。爱因斯坦：《我的世界图景》，第 168 页。

和繁衍同类。这是上帝的旨意。第二，每个成年个体必须选择一种为群体生存下去的工作，这种工作必须有利于群体的生存和发展，这是每个人必须尽到的工蜂的职责和义务，是为群体，也是为自己。每个个体的爱好是第二位的，但恰恰是这第二位的爱好，提供给个体一种幸福和满足感，并为群体历史地生存在更高阶段发挥着巨大作用。

人是一种在自身中把各种社会意义的特征结合为一个整体的存在物，然而，他又是某种具体的独特的个体。一代人有一代人的价值观和对其人生意义和存在的思考，有其崇敬和热爱的新的楷模。但一个简单的事实是：谁也不能离开群体而独自存活。那些快乐生活着的人，是带给群体快乐的人，是选择了自己最喜欢干的工作，最大限度地发挥了自己特质的人。

生育是一种天职、一种义务，也由此让人享受天伦之乐。工作是为人这一种群生存和发展应承担的责任。爱好（自由创造）或许最能反应人这一物种独特的生命的特质和光辉。生育、工作、爱好，能把此三者合三为一的人才释放着人性的光芒，经历并展现着快乐的人生。这或许是人生的全部意义和奥秘，也是老子昭示的玄之又玄，众妙之门。

三　事出逼间

父亲常给我们讲“事出逼间”，是说人一生中有许多事情是由多种条件和情势逼迫你做出了一个你本不想也不愿意的选择，走了一段你不想走的路。宋江一直想为朝廷出力，做一个爱民的好官，后被逼上梁山，成了朝廷（皇帝）的叛逆，变成了站在朝廷对立面的匪首。但他坚持自己的信念，最终实现了自己的心愿，成了朝廷的一个好官。我们不去评判宋江这一心愿（想法）的错对，我举这么一个例子是想说：一个人即使被命运抛到自己想走的路的反面，只要意志坚定、百折不回，就一定可以回到你选择的路径上来。

每个人都蕴藏有巨大的潜力，要相信自己的潜力，要不断提醒和唤出这些潜力。这是一种自信，它能帮助你克服艰难险阻，创造事后让你惊叹的奇迹。

细究起来，“事出逼间”的这个逼字，这些逐步形成的条件和态势，逼你做出不情愿选择的决定，还是由于你为人处世所造成。宋江与梁山往来的书信，他最终同意要阎婆惜，又被其所逼，都是由宋江性格及他生存的环境和结交的人所致。中国人讲：“每遇大事，必有贵人相助”，是说你在此前所结交的朋友，社会联系，在此时会出来帮你。“人有十年旺，神鬼不敢撞”，是讲你进入了一个上升的通道，即使有一些过失，这个通道的上升之气也会把你托住，使这些过失与错误不影响你这十年的发展。为什么是十年而不是二十年呢？“君子之泽，五世而亡”。这里可能有一些我们迄今还未认识的命运轮回。

生物学是一个很有前景，也很有意思的学科。达尔文一生中航海的经历不亚于杰克·伦敦的传奇，因发现DNA而获得诺贝尔生物学奖的克里克写了一本自传体的书，讲他一生对生物学研究的激情，过着充实而美好的生活。生物学有着广阔的领域，任何一个人都可以在这个领域中找到自己喜欢的事。例如，一个研究社会学的人可以从研究蚁群与蜂群社会中受到启迪，享受快乐。

我说这些不是讲你一定要回到生物学。我只是想到：你为生物学付出了自己人生最有激情、最富创造力的年月，大学四年，研究生一年多。这是你人生的根基之一，是你存在的主要依据。

中国人讲，“人不可一日无业”，是讲人必须有一个职业，不可游手好闲。有业与有事做、有活干不同，业是可以每日每月积累的，会越做越熟练、越做越轻松，日积月累，你就会在这一业上成为行家里手，这业也变成了你较轻松养活自己和一家人的手段。这业就是一个人安家立命之所在，没有这个根基，自由、快乐地活着便是一句空话。而打工、干零工、找活则不同，它很难有专业化的积累，这些人生存很难，一生为吃饭奔波操劳。

父母老想自己的孩子生活好，这很自私，也未必有好结局。有的领导人对孩子讲："吃小亏占大便宜"，并讲了一些例子，让孩子吃些小亏，好占大便宜。他说的大便宜，是有一个好的前途。其实，当你形成一种吃亏是为了占大便宜的价值观和处事方式，你未必能占到大便宜，一旦占不到便宜，你又很懊恼。这会使人生活在一种烦躁、怨恨和焦虑之中，会使人心境越来越坏，越来越狭隘，最终一事无成。他们内心深处都是想给孩子安排一个安全的历练，之后出来做领导人。这种刻意的安排常常会害了自己的孩子。

"吃小亏，占大便宜"与"吃亏是福"不同，前者是以占便宜为目的，是一种实用生存手段。后者是一种人生的体验，讲人生的哲理，并不想占谁的便宜。它是在哲学的层面上审视人生的福祸，反而使人生过得豁达和精彩。

有人想凭借自己的权力或财富为孩子安排一种人生的坦途。安排也许是最幼稚的，正是这些刻意的安排常常害了自己的孩子。哈耶克(经济学家)崇尚与信奉一种自然演进的秩序，相信自然演进的结果是最好的。人只要一动自己的聪明，想设计一种人生之路，安排一种什么结局，就一定开始胡闹了。"人类一思考，上帝就发笑。"我想到这些，说给你听，不想为你今后做任何安排，甚至不愿为你规划或提出一条我认为你可走的较好之路。

你思考、你选择、你行走。

中国人讲："谋事在人，成事在天。"中国人是太想成事了，把一生押在成事上，而不是享有生活快乐上。中国有拔苗助长和掩耳盗铃的故事,都是讲太想成事反遭其害。但人来到世间,就会想做一些事,做事是人的一种存在方式,关键是你去做事,你感到快乐舒心就好了,不必预想能不能成事,更不要操心谁(上帝或是老天)主宰事成。

人一是要生存,这是任何动植物最基本最自然的要求;二是要创造。人是一个喜欢创造、也享受自己创造过程的动物。

维特根斯坦(哲学家)临终时讲:"告诉他们,我度过了愉快的一生。"冷暖自知,不一定要告知人们。我希望你愉快地生活。弘一大师讲,人最难做到"心平气和",但人一生最要紧的是这四个字。

我常常观赏孩子们忘我的嬉戏,并加入进去。孩子们在游戏时是最专心、最忘我、最快乐的。我常想:游戏或许是人生的至极。

第三章　婚姻与财富

幸福是一个由三根支柱支撑着的房子。它们依次为：健康、财富、智慧。

——圣西门

企业的根本目的在于通过经营事业谋求提高人类的共同生活，在为了更好地完成这一根本使命的过程中，利润才变得重要。这一点是决不能弄错的。

——松下幸之助

比经营财富更高的境界是经营人生。每个人从出生的那一刻起，便开始了他经营人生的漫漫长途。

——赵永泰

人们常常把婚姻和爱情连在一起，认为婚姻是爱情的结果，先要有爱情，尔后才会考虑婚姻。并且认为没有爱情的婚姻是不幸的，甚至是不道德的。这是对婚姻与爱情的一种误识。

——赵永泰

无论如何，我们把自己托付给自己。自己的运气要靠自己创造或发现。

——哥尔德斯密斯

我只担心一件事，就是怕我配不上我所受的苦难。

——陀思妥耶夫斯基

一　经营财富与经营人生

中国内地的大学均不讲授和指导学生经营财富，就是学经济类专业的学生，也只是告诉他们如何管理公司以及看账、算账的技能，也不讲如何经营自己的财富。而认识到财富是靠经营的，经营的方法和技巧是可以学习的，非常重要。人来到世间，首先面对的是生存。能做出成就的人很少，而在这些做出成就的人中，本人就喜爱所选的工作，并能以此养生的人就更少了。曹雪芹做出了杰出的成就，但其后半生一直穷困潦倒。

爱因斯坦做出成就时，在专利局做一名普通的职员，并以此养家糊口。他在谈到成就、爱好、职业与生存时，很有感触地说："如果一个人不必靠从事科学研究来维持生计，那么科学研究才是绝妙的工作。一个人用来维持生计的工作应该是他确信自己有能力的工作。只有在我们不对其他人负有责任的时候，我们才可能在科学事业中找到乐趣。"他曾把自己比喻成一只人们希望它不停地下蛋的母鸡。他经常督促那些未来的科学家或者去从事诸如鞋匠之类的轻松工作以谋生，免得受那种"要么出书成名，要么默默无闻"的压力。这种压力经常破坏人们创造性工作的乐趣并导致人们发表一些空洞肤浅的东西。爱因斯坦很推崇靠磨镜片为生的哲学家斯宾诺莎。他喜欢回忆自己过去在伯尔尼专利局工作以维持生计的情景，那时没有发明的压力，而他一生中最伟大的理论发现正是在那时完成的。[①]

中国的家长们都是盼子成龙的，但不是每个努力的人都能做出成就，这需要自身与周围的条件和机遇。天道酬勤，只要我们为自己的理想努力了，就一生无憾。所以，我更希望你通过自己的工作、收

---

① ［美］海伦·杜卡斯编：《爱因斯坦谈人生》，高志凯译，世界知识出版社 1984 年版，第 55、56 页。

入与财富经营度过愉快而无忧的一生。即不忧衣、食、住、行。这便需要有经营财富的认识和能力，而这种能力是可以学习和培养的。

拥有保证一家人衣、食、住、行的收入或财富，才能使孩子受到最好的教育，也才有可能选择你愿意过的生活。谁都可以轻松地说，贫穷不是罪恶。但在世界任何地方，穷人都遭到鄙视，受到不公正的对待。

在很长一段时间里，社会主义是与贫穷、朴素联系在一起。几乎在每一个社会主义国家，都经历过一段饥饿的岁月。1978 年中国开始了改革开放，一位掌握着国家方向的老人告知全中国的人民："贫穷不是社会主义，一部分人可以先富起来。"这石破天惊的许诺，鼓动起每一个中国老百姓多年深埋心底的发家致富之梦。随之，一些率先投身商海的人富了起来。这在中国一时成为一种榜样，街谈巷议，成为一种人们追随的时尚。时光流逝，改革已过去 30 多年，中国的每个阶层与自己 30 年前相比，其生活状况都有了很大改观。但真正富起来的仍是一小部分人，并且集中在企业主、商人和高干子弟中。而靠终日辛劳工作的工薪阶层，甚至国家级突出贡献专家、优秀的科学家、教授并没有富起来。而正是这些人，靠其诚实的劳动，支撑着共和国的大厦。

这些人当然应该富起来，这是共和国的责任。国家应该从收入分配政策上为他们提供合理的报酬。现在的问题是：他们能靠现有的收入富起来吗？这也是他们每个人头脑中闪过千回、问过百遍的问题。

香港企业家李嘉诚，给了我们一个肯定的回答："任何人都可以成为亿万富翁。"他算了这么一笔账：如果一个人从他工作时开始，每年存 1.4 万元，每年将所存的钱投入到股票或房地产，只要每年保证平均 20％的投资回报率，40 年后他的财富会成为 1.281 亿元。我想，李嘉诚先生之所以选取每年存入 1.4 万元，年收益率 20%，都是为了计算出 40 年后你可以成为亿万富翁。而 40 年也是一个工薪者可以达到的工作年限。但就李嘉诚讲话时（2001 年）中国工薪阶层的收入水平看，每年可存入 1.4 万元人民币的只是其中一小部分人。工薪阶层中，一个三口之家，二人工作，月收入总计在 2000 元左右或之上，节俭用度，每年存入 1 万元，投资股票、债券、房地产或其他领域，若每年有 10%的投资收益率，那么 40 年后，本金加收益是 486.8 万元。即使每年只有 5%收益率，40 年后，你的财富也有 126.8 万元。我们的老祖先就告诫我们："君子爱财，取之有道。"不算不知道，一算有了道。若每年收益 10%，第 14 年，你的财富是 30.7 万元，那时你的孩子也长大了，这些钱也够你供孩子出国留学之用了。第 25 年后，你的财富是 108.1 万元。我们不去做亿万富翁的美梦，但只要你是一个月收入 2000 元的三口之家，节俭度日，学会理财，25 年后成为百万富翁是可能的。但如果你这 25 年仍然像以前一样思考和生活，而不是去学习和实施理财，你便只能终生靠那份微薄的薪金生存。李嘉诚说："人在 20 岁前，事业上的成功百分之百是靠双手勤劳换来，20 岁至 30 岁，10%靠运气，90%仍由勤奋得来。30 岁以后，机会的比率逐渐提高，运气占 30%至 40%，并且，投资理财的重要性越来越重要。中年以后，如何管理钱变得更加重要。"这从我们以上的计算中可以看出。同样是月收入 2000 元的家庭，一个注重理财，一个不做理财投资，10 年、20 年后，其生活境况是大不相同的。李嘉诚说："要想成为有钱人，就必须有足够的耐心。理财必须花费长久的时间，短时间是看不出效果的。必须了解理财的成就是马拉松竞赛，而不是百米冲刺。"[①]随着中国工薪阶层年收入的增长，会有越来越多

---

① 《李嘉诚说谁都可成亿万富翁》，2001 年 2 月 21 日《西安晚报》第 3 版。

的人达到李嘉诚所说每年存 1.4 万元的标准。以年收益率 5%计算也是一个可观的数字。这说明：会理财与不会理财、只工作挣钱而不理财，其生存境况是大不一样的。

人们常常忽视对理财能力的学习与培养。美国麦考尔公司董事长 1946 年随父亲来到美国休斯敦做铜器生意，一天，父亲问他："一磅铜的价格是多少钱？"儿子答："是 35 美分。"父亲说："对。整个得克萨斯州都知道，每磅铜的价格是 35 美分。但作为犹太人的儿子，应该说是 35 美元。你试着把一磅铜做成门把手看看。"1974 年，美国政府清理为自由女神像翻新而丢下的废料，向社会招标。几个月过去了，无人应标。这时正在法国旅行的他听说后，立即飞往纽约，看过自由女神像下堆积如山的铜块、螺丝和木料后，未提出任何条件，当即就签了字。纽约许多运输公司对他的这一愚蠢举动暗自发笑。因为在纽约，垃圾处理很严格，要花不少费用，搞不好还会被环保组织起诉。就在人们准备看这个犹太人的笑话时，他开始组织工人对废料进行分类。废铜溶化后制造成小自由女神像，水泥块和木头加工成底座，废铅、废铝做成纽约广场的钥匙。最后他还让人把从自由女神身上扫下的灰尘包装起来，出售给花店做肥料。不到三个月的时间，他让这堆废料变成了 350 万美元现金，每磅铜的价格翻了一万倍。这是一种财商。一位成功的企业家罗伯特·清崎，写了一本畅销书《富爸爸，穷爸爸》。他把人的职业分成四类，用坐标的四个象限表示，左上为雇员，左下为自由职业者，右上为企业所有者，右下为投资者。他断言，你一生若选择左边象限的职业，你是不能富有的，你只有选择右边象限的事业，你才可以富有。工薪阶层的人都在左边象限，每日辛勤工作，终生不能富有。如果你是一个工薪收入者，又想富有，你就要学习投资。李嘉诚为工薪者指出了一条可行的富裕之路，当你按李嘉诚的意见去投资时，你其实已开始在右边象限工作了。但即使你已经是一个企业家或投资人，你已经在右边象限工作了，也不一定能富起来。你要像上面我们所讲的那个犹太人董事长一样学习并开发自己的财商，才有可能走上富裕之路。

我常常想，中国的家长们太忽视开发自己和孩子的财商了。你只有转变观念，重视开发自己的财商，才能走上富裕之路。

一个人，当他贫穷时，他希望有钱，当他有了较多的财富时，他会怎么认识和看待财富呢？我很敬重的一位日本企业家松下幸之助，告知我们："对人们维护和提高生活、文化的意愿做出反应，并满足人们的这种意愿，是经营事业的根本任务，或者称为使命。""企业的根本目的在于通过经营事业谋求提高人类的共同生活，在为了更好地完成这一根本使命的过程中，利润才变得重要。这一点是绝不能弄错的。"①为人类谋便利和幸福是第一位的，利润是第二位的，并且利润只有在完成这第一位的使命时才有意义。有了这样的认识与理念，他的事业怎能不与日俱进呢？问题并不到此为止，人不是为获取财富来到世间的，这位被日本国民尊称为"管理大仙"的老人提出了"经营人生"的理念，他认为，比经营财富更高的境界是经营人生。我们每一个人从出生的一刻起便开始了我们各自经营人生的漫漫长途。

我之所以把每年存入 1.4 万元降到 1 万元，把年收益率由 20％降到 10％，甚至 5％，是因为适合这一收入阶层的人数更多一些，而李嘉诚为这些工薪阶层的人提供了一条走向富裕之路的理念。没有这个理念，你便一生挣扎在辛劳之中，而不能抵达富裕的彼岸。如果你听从李嘉诚的召唤，学习和开发自身的理财潜能，你就有可能走上富裕之路。如果有一天你成了百万富翁，请你一定记住松下幸之助

---

① ［日］松下幸之助：《松下经营哲学》，阚文祥、陈俊杰译，南开大学出版社 1986 年版，第 10、11 页。

这位有亿万财富的老人之言：善待邻里、善待自然，为人类的富祉尽心尽力，走进经营人生的更高更快乐的境界中。

二　婚姻与爱情

人们常常把婚姻和爱情连在一起，认为婚姻是爱情的结果，先要有爱情，尔后才会考虑婚姻。并且认为没有爱情的婚姻是不幸的，甚至是不道德的。这是对婚姻与爱情的一种误识。这种观念，对国内的大学生形成了一种误导。

爱情是两个人同时或在较短的时间所产生的相互倾慕之心，相互冲动之情，相互热恋之求，心仪很久，相见恨晚。那里更多的是两性之间火山爆发般的交欢，海誓山盟，不能同生，相许同死。其深处，带着一些人类早年荒野交合的无法无天的野性和今天文人津津乐道而当事人并未感觉的浪漫。

这种情爱，因是双方同时发生，所以是可遇而不可求的。如果仅在一方发生，那是单相思，并不构成我们上面所说的爱情。

流传千古的爱情故事，西方有罗密欧与朱丽叶，东方有梁山伯与祝英台、贾宝玉与林黛玉，法国有茶花女，中国有杜十娘。这些感天动地的千古情爱，都以悲剧告终，并没有导致成美好的婚姻。而现实中绝大部分长久而美满的婚姻，其开初并没有一个爱得死去活来的序曲。我讲这些并不是否认世间有真正的爱情发生，也不是想阻止青年人刻骨铭心的爱恋。我只是想指出，国内对年轻人在爱情认知方面的误导，还他们一个客观真实的认知。因为一个客观的认知，才能带他们走出爱情的沮丧，享受人生本应和本能享受的欢快。

中国人讲“男大当婚，女大当嫁”，这个“当”字有些被动，有些无奈，是长辈对儿女指令式的训导与要求。这也说明着“当”字在晚辈有些不情愿的成分。没有人讲“人活当病”、“人老当死”，虽然这是人人都知道的客观事实。人们不愿这么说，一是因为这么说不吉利，一是这是一件必然要发生的事件。但“当”字不一样，他叙述的是一种愿望，一种诉求，并不是一件必然发生的事。男大不一定要结婚，女大不一定要出嫁。现在一些人采取单身主义，所以有“当”做什么的伦理式说教。爱情是不用“当”字的，你遇上了，就会投入，热血沸腾，常常是不计后果地投入。你遇不到，“当”怎么也无用。

初恋和爱情，在许多经历过的人中都成了回忆。或美好或伤悲，或淡淡的苦涩，或长长的惆怅。这也诉说着爱情很难发育成婚姻的遗憾。这是因为爱情和婚姻的目的不同，过程也不同。爱情是人青春躁动期所积聚的情感的释放，是青年男女对男欢女爱的追求和期盼的满足。热恋中的人很少谈柴、米、油、盐，这是恋爱的噪声和不谐音。天高海阔，热恋中的人会谈到未来高远的目标和桃花源式的生活，商量去神秘荒岛旅行。他们在幻想的云端漂浮着，不理会现实人间的纷争和苦难。而婚姻则不同，它首先要考虑柴、米、油、盐，即日后的生存问题。要不要孩子？我们的经济条件能养活几个孩子？是贷款买房还是租房？租多大的房子？今天中午吃什么？晚饭做什么？仅这个一日三餐就让人烦心了，倒了爱情的胃口，揉碎了诗情画意，很难与风花雪月连在一起。就连青年时代不顾一切，疯狂地爱上燕妮的马克思，当他的女儿劳拉爱上一位有文化、有学历的革命领袖保尔·拉法格时，马克思并未感到欢欣，而是两次写信质问拉法格有多少财产，经济收入能否保证劳拉过上体面的生活。“在最后肯定同劳拉的关系以前，我必须完全清楚您的经济状况。”[①]否则，休想与劳拉成婚。没有表现出一丝无产阶级革命领袖对自己战友的革命情怀。

一个人什么时候投入爱情，这是双方的事，是双方同时相互投

---

① 《马克思恩格斯全集》第31卷，人民出版社1974年版，第521页。

入，所以是无法通过说教去引导，也无法通过说教去阻拦的。这便是我一直不阻碍大学生谈恋爱的缘由。男女学生在青春期谈恋爱是最自然的一件事了，这是人正常的权利和生活，是人生一件美好的事情。能有一次热烈的初恋是人生一件幸事，没有经历一次刻骨铭心、轰轰烈烈的恋爱倒是人生的一种缺憾。

遇上恋爱，就轰轰烈烈地投入，不要刻意地、或倾其心力固执地一定要把热恋变成婚姻，这倒反而会破坏你本能得到和享有的美好爱情。也不必去为这种恋爱未能发展成婚姻而忧伤。爱情和婚姻的目标不同，享受的内容、经历的过程也不同。爱情追求双方火热的恋情，美丽的幻想，他们沉浸在白雪公主、英俊王子、灰姑娘的幻景中，恋爱中的男女不谈每日的生计。而婚姻则不同，从谈婚论嫁那天起，就要考虑双方的生存问题、工作收入、经济条件。生存，并不断改进生存条件是一切婚姻的基础。婚姻是要不要孩子的长谈，是对养育孩子费用的担忧和计算，是对孩子爱好的教育的操劳和惆怅，是每日有关柴、米、油、盐的对话，是回家后，面对晚饭吃什么的感叹，是贷款买房的压力，是每日的家常便饭与平平淡淡，是对总不如人的无奈，是孩子学步摔倒时的爱怜，是孩子健康成长、成绩单上写满优秀的欣喜，是冬日里阳光中回味平常厮守日子的窃喜，是晚年的相依为命。有不少欢乐和愉快的日子，但首先是解决生存的交谈和繁忙而平淡的每日工作。就是贵族王公，结婚也“是一种政治行为，是一种借新的联姻来扩大自己势力的机会，起决定作用的是家世的利益，而绝不是个人的意愿。在这种条件下，关于婚姻问题的最后决定权怎能属于爱情呢？”[①]这也是结过婚的人仍然憧憬恋爱的原因，也是有些人婚后还会有一次炽热爱恋的缘由，像电影《蝴蝶梦》中所展现的情景。

---

① 恩格斯：《家庭、私有制和国家的起源》，《马克思恩格斯全集》第21卷，人民出版社1974年版，第91页。

婚姻在中国被看做每个人的终身大事。每个考虑婚姻的人都想找一个理想的终身伴侣。由于对爱情与婚姻的误解，人们心中的理想条件或是空幻而不能实现的，或是一相情愿的。即使这些条件都是理智与客观的，婚姻所面临的第一个难题是：当事人信息不对称。每个人在成婚前的几年中，自己所能接触和认识的人是很有限的，在这些有限的人中选择一位合适的人是很难的。这或许是人们渴望并相信一见钟情的原因。并且，就是在这些有限的人中，双方信息也是不对称的。即你并不能了解对方足够真实的情况，对方也一样。每个人都想让对方看到自己好的一面，或对方认同和喜欢的一面，并努力把这一面显示给对方。这大部分是善意的。由于双方都不能了解到足够做出合理决策的信息，所以，即使我们头脑中理想婚姻的条件是客观合理的，我们的决定也往往是错误的。结为夫妻后，各方会自然显露出对方不了解或不认同的一面。这是许多夫妻婚后所面对的事情，也是造成婚后夫妻不和甚至离婚的原因之一。

另一方面，由于我们认识的人有限，而一些潜在的合适人选，我们又不认识。这也是信息不对称的一个方面。在中国漫长的封建社会中，绝大部分婚配是通过父母之命、媒妁之言完成的。媒妁之言的好处在于通过一个中介（现在是婚姻介绍所，包括网上各种婚介方式）使当事人可以认识和接触到更多的人，增加了当事人选择的范围。并且，通过中介人的了解，可以了解到每一方更多的真实情况，解决了（当然不是彻底解决）上述两方面信息不对称的问题。父母之命，一是催促当事人成年后要结婚生子，不要搞独身主义。这是人类繁衍和生存的需要，这是人类之大理，是为人类负责，尽自己对人类应尽的义务。二是父母作为过来人，他们了解婚姻与爱情的差别，他们会从婚姻的角度去审视双方，提出建议，给予指导。这对后辈是很有益的。

自由恋爱是当代恋爱方式的主流。但自由恋爱所认识的人，有许多也是通过朋友、同学、同事、亲友、家长介绍后认识的。现在可以通过网上交友或发帖子征友。所以，媒妁之言并无过错，它增加了人们相互认识的范围，并部分解决了信息不对称的问题，使婚姻双方能在一个更大的范围、更真实的基础上做出选择。这有利于婚姻的持久性。

交友的范围越大，选择的成本（花费的时间、相互了解的精力付出、选择难度）越高。随着科学技术的发展，人们得到的信息越来越多，信息垃圾也越来越多。去掉信息垃圾，过滤出有用的信息成为一个难题。美国数学家西蒙提出次优选择理论，想解决这一问题。我们到一片玉米地去，想选出最长的玉米，这是可以做到的。你只要把这片地里所有的玉米摘下来，一根一根去量，就一定能选出最长的一根。但这样做费工费时，成本很高，也无必要。你可以花较少的时间，在这片地里来回走一走，看一看，就能选出较长的一根，这较长的一根就能够满足你的要求。这就是次优选择。许多事情的解决，都有一个时间期限和时机问题。一件事要在有限的时间完成，次优选择是一种好方法。人类其实是无法做到最优选择的，并且常常在追求最优选择的途中，失去了时间和机会。婚姻的选择也是这样。

中国人讲的门当户对，被作为一种封建婚姻观批判。其实，门当户对就是为了解决由于信息不对称而产生的选择错误。门当户对是讲婚配的双方家庭的经济条件、文化素养在一个水平上。这样的家庭里，孩子的价值观、生活习惯、教养、文化水平也比较接近，许多事情和问题也较易沟通和达成共识，婚姻就会长久。这与一些大公司选择员工时，会选择一些名牌大学的学生一样。其实，这些名牌大学的学生未必都比一般大学学生的能力强。但选择名校学生是一种节省搜寻、验正时间和费用的办法。名校招生分数高，一般分数高的学生智力和创造力也高一些。这也是一种门当户对。所以，中国有选妻先看岳母的说法。其实质，都是想解决信息不对称的问题，使所选的人合适。

"男怕选错行，女怕嫁错郎。"作为一条法则，长期流传在中国民间，是许多家长教导孩子的训条。这反映出长期以来，中国家庭中男主外(即靠男方在外的工作收入养活一家人)，女主内(即女方从事家务劳作，安排每日用度开支)的分工实况。男的要靠选对所从事的行业来保证自己的生存并承担起对一家人的养育之责。所谓"选对行"，包括两方面：一是所选行业在一个较长的时期为社会所需，二是自己能胜任这一行业的工作。而人们往往忽略了第一方面，这也是造成不少人就业不久就下岗的原因。中国大多数女子，婚后主要是在家操持家务、养育后代。所以，选对郎君是女子一生中最重要的事情，关乎女子一生是否有安身之所、生存之基，能否过上稳定而较好的生活。选一个工作有保障、收入够家用、有责任心、对家庭负责的男子是很重要的。今天，中国的情况已有很大的变化。在城市，妇女普遍参加工作，不但自己养活自己，还承担着养育孩子的支出。战后，日本妇女也大都参加工作，但生育孩子后，有不少妇女又回归家庭，不再去上班，以主持家务为主。现今在中国也有一些收入较高的家庭，妇女在生孩子后也回归了家庭。中国广大的农村和一些小城市、县城、乡、镇里的大部分妇女还是在家操持家务。社会在不断发展变化，家庭成员的收入和职责也在不断变化，但这些中国先辈们所总结出的道理，仍闪耀着智慧之光，启迪我们在处理婚姻问题时用作参考，并对男女性别差异，以及这种差异在家庭结构中的位置投射进一束高远的辨析之光。

爱情太浪漫，婚姻太神圣。一位长年生活在农村的作家柳青告诉我们：在中国农村，经常在一起劳动，彼此相互关心，这便是爱情了。城里的工人、职员、包括现在的白领阶层，何尝不是如此。罗密欧与朱丽叶的故事，梁山伯与祝英台的传奇，人间哪得几回闻？

人在青春期及以后的人生中，若遇到相爱的人，就全身心投入，去体验、去经历、去享有这份难得的爱情，它是你人生的重要组成部分，是一个完整的生命所应有的，不必刻意地把这份美好纯真的情爱导入婚姻，若恰好门当户对，又自然进入了婚姻，那当然是人生一大幸事，是不必犹疑和回避的。如果因种种原因分手了，绝不要丧气或彼此怨怪，也不要去追寻分手的原因，人与人相识、相爱、就是一段缘分，是上帝的礼物。爱情与婚姻的过程和目的都不同。人到了青春期，就会自然地寻找爱恋的对象，就想恋爱，就如同人饿了，想吃饭一样。婚姻不同，婚姻是上帝为人类选择的一种延续繁衍的方式。这是一种责任。如果你不能承担起养育一个家庭，为孩子提供较好的成长环境的责任，你不能进入婚姻。你有了一份可履行这些责任的工作和收入，有了心理准备和认识，才有了婚姻的基础，再去解决婚姻才是明智的。人不可一日无业，就是为了爱情和婚姻，每个人也应尽力去争取一份好的工作。当然，在有工作收入之前，你可以先去选择。不论你如何选择，最后能长久生活在一起的，一定是门当户对的。门当户对不只讲父母一辈人的文化素养、经济条件、对孩子的家庭教育，也包括婚姻双方的文化素养。讲得深一些，是由此所形成的婚姻双方的价值观一致或相近。

我进入谈婚论嫁的年龄时，正值“文化大革命”。父亲讲，人不要在最失意与最得意时处理婚事。最失意时，万念俱灰，容易草草找一个很不般配的人了事。最得意时，又容易忘乎所以，找一个冲着你的地位、钱财而来的人，或刻意地找外表漂亮的人。他实际上是告诫我们：在找伴侣时，要用平常心，眼光放远。

当然，不是一切都准备好了，再去寻找，再去选择。选择的过程，也是一个认识婚姻，学习婚姻的过程。在时间和精力许可的情况下，尽可能扩大选择的范围，通过同学、亲友、报纸、网上、婚介机构多认识一些人。每个人，在其一生中认识的人都是很有限的，多认识一些人，选择范围宽一些，较易选到合适的人。而亲友和同学介绍的人，一般会与你的条件相近。因为他们了解双方的条件、喜好和性格。

中国人讲男才女貌、英雄美人。其实，选择丈夫或妻子，外貌都不是第一位的。但好的外貌给我们提供了一些信息，大凡社会地位高、能力强的人，所选择的妻子，外貌一般都较好。由于遗传的原因，他们的孩子外貌也就好一些。《诗经》里说，"窈窕淑女，君子好逑。"我国南方苏杭多美女，一个重要的原因是明清时有许多达官贵人，辞官或退休后，选此定居，他们的后代外貌一般都好一些。其双亲的智力、文化素养、经济状况都好一些。这些人家的家教也好一些。他们的父母在遗传给他们一个健康的体魄、聪慧的头脑的同时，也为他们带来了一个好的学习成长的环境，这后者也是一种遗传，是比前者更重要的。外貌是一个信号，告知了我们这些信息。所以，选择外貌好的女子，其实质，是选择了健康、聪慧、有教养的妻子。就像名校用高分选择有智力的学生一样。

婚姻是一种责任，是对对方、对孩子、对社会的责任。这也是结婚与离婚要去政府机构与法院登记与解决的原因。因为双方一旦签了婚约，就要相互负责，并对孩子负责。而恋爱不需去政府部门登记，一方或双方终止恋爱关系，也不需向法律部门告知。西方国家的婚礼一般在教堂举行，由神职人员主持，结婚的各方要回答主持人要求对对方负责和白头偕老的承诺。这都体现着婚姻的庄严与神圣。婚姻需要双方长期耐心经营，它要用忠诚去播种，用爱心去浇灌，用原则去培养，用容忍去呵护，用谅解去医疗。把对方作为一个完整的人接受下来，容忍对方的癖好、意见和习惯，为对方奉献是婚姻和谐的关键。这样才会有一个美好和谐的婚姻，才能享受天伦之乐。

中国人讲“婚姻大事”，讲“嫁鸡随鸡，嫁狗随狗”，这都是主张婚姻从一而终，并为从一而终的婚姻辩护的。这是农业社会的产物，有其合理性。现在中国是三种社会（农业社会、工业社会、信息社会）并存，婚姻也呈现多种形式，我并不一般地反对从一而终的婚姻，我主张婚姻可以有多种选择，应以当事人是否幸福为根据。

你在国外生活，电影、电视、画报、上网都会看到一些三级片。国内一律斥之为黄色片。其实，有些片子是讲性爱技巧和夫妻双方性生活和谐的，是健康的、与人有益的。除这些片子外，其余大部分是不切合实际的，离开人的生理基础和体能差异，去渲染、扩大、强化男性和女性的性能力与性要求，选择最健硕的男性与最性感的女性，多次拍摄后，把几次性爱的过程剪接在一次，使做爱时间虚假地增长。这带来了很大的社会危害，误导了青少年。男性看后怀疑自己的性能力，女性看后对性爱提出了不切实际的要求。一些人整日沉迷于此，玩物丧志。西方一些国家的教育机构和卫生团体所拍的性爱科教片是客观地，它客观地讲述了男女的差异，并告诉大众一些健康的性技巧和方法，使双方达到性和谐。

爱情、婚姻、性、生育等，这些都是父母在孩子进入青春期前要对孩子讲的，但中国父母是三缄其口。中国在唐代，官员的孩子进入青春期后，会被集中到郊外一个地方（学校），由专人讲这方面的知识。这是进行健康的性教育。中国有《素女经》，是讲夫妻性和谐的。毛泽东就讲过《素女经》。中国现今的家长比他们远古的祖先还倒退了，缺少了那份豁达。

多少人在苦苦地思考爱情的真谛，多少哲学家在不停地追索婚姻的本源。如果把动物之间的交配看成是婚姻，交配前雄性在雌性面前复杂的展示与舞蹈就是恋爱。但不是每个雄性的这一番执著的求爱表演都能换来婚姻。雄蜂向天际奋飞，雌蜂只与那飞得最高的交尾。因为那是最健壮的，与其交配后所生后代才可能健康，也才能保持种的延续。雄螳螂在与雌螳螂交配后，便俯首任由雌螳螂把自己吃掉，以补充其产子时所需的营养。雄孔雀拖着美丽而笨重的长尾羽，从生存的角度看，这个长尾羽是一个累赘，容易让天敌将其抓获。这个沉重的尾羽能在生存斗争中存留下来，说明它很重要，它的一个用途在于求偶。雄孔雀在雌孔雀面前，将尾羽展开成一个五彩的扇面，并不断抖动，以博得雌孔雀的爱恋，获得生子的权利。这是种的延续所需要的，种的延续是唯一的天条。人是动物的一种，人类爱情与婚姻的本源也在这里。

人类早年的交合，也是以身体健壮为选择标准。我们在古希腊与古罗马的雕塑里看到的掷铁饼者等男性都是很矫健的，女性则很丰满，像巴底隆神庙命运三女神雕塑等。即使在远古时代，东西方的岩洞中和山岩上都有人类留下的精美壁画，展现出当时人们对男壮女丰的形体追求。人是一种有思想的动物，是有幻想和精神追求的动物，愈是到近代，人这种能力愈显示出来。到了1880年，有罗丹的《思想者》，这是一件展现人类思考能力的大雕塑，诉说着人类愈来愈看重思维能力的历程。而今天，在人类的精子库中，获得过诺贝尔奖的科学家成为最耀眼、最受欢迎的明星。因为今天人类要生存，头脑（智慧）比体力更重要。

从以四肢矫健为美，到选择最智慧的头脑，人类走过了漫长的历程，经过了从农业社会到工业社会到现今网络时代的三次巨变。人类选择优秀男女的标准还会变化，但其目的，都是为了人这一物种的最佳生存和繁衍。

人从动物中走出，思考能力愈来愈发达。人也越来越追求精神的丰富与发展，爱情也随之从婚姻中分离出来（在动植物中，爱情和婚姻是一体的)，成为人们追求的目标。“生命诚可贵，爱情价更高”成为青年的绝唱。20 世纪，人类发明了科学的避孕技术，男欢女爱与生育后代分离了，这使人类的爱情与婚姻形式发生了很大变化。现在，人类已经掌握了克隆技术，人所养育的孩子与父母的精子与卵子也可以分离了。它将促使家庭和人类的生活方式发生更巨大的变化。未来孩子出生时，可能会带有一张电子卡，上面记载着他精子与卵子的来源，以避免近亲的精卵子相遇。也许那时，男女间才享有纯粹意义上的恋爱，而不受现今婚后养家重负的羁绊。激情是爱情的基础，人若没有激情，便没有真正意义上的爱情。爱情又酝酿与生发出人新的激情，这激情是人的创造之源、繁荣之基，是人和人类的精、气、神。我们不必对那时的家庭形态做过多过细的设想，人类会在每一时代的科学技术发展水平与对自身不断认识的深化上，去选择最有利于人类长期健康存续的生活方式和家庭形态。上帝之手在冥冥之中拨动着。

看看西安街上婚礼的车队，比外国总统到西安的车队还要长。婚礼被当今的青年人办得越来越排场了，似乎排场的婚礼成了婚姻的目的。家长和孩子对婚礼倾注了太多的精力和脸面。“青春做伴好还乡”，我不看重你有一个排场的婚礼，我看重并希望你能找一位贤惠典雅，你心爱的妻子。那是你一生幸福与家庭和谐的珍宝。

第四章　哲学与创造力

惊讶，这尤其是哲学家的一种情绪。除此之外，哲学没有别的开端。

——柏拉图

哲学家的事业正在于追究所谓自明的东西。

——康德

宇宙有没有任何统一性或目的呢？它是不是朝着某一个目标演进呢？究竟有没有自然律？或是我们信仰自然律仅仅是出于我们爱好秩序的天性？

——罗素

人是万物的尺度。

——普罗泰戈拉

创造力是人最本质的力量。

——赵永泰

是思想，而不是肉体形成人的伟大。我占有多少土地都不会有用，由于空间，宇宙便囊括并吞没了我；由于思想，我却囊括了宇宙。

——帕斯卡

想象力比知识更重要。因为知识是有限的，而想象力是无穷的。它推动着进步，并且是知识的源泉。

——爱因斯坦

一　人是怎么认识世界的?

(一) 两小儿辩日

孔子东游,见两小儿辩斗,问其故。

一儿曰:"我以日始出时去人近,而日中时远也。"一儿以日初出远,而日中时近也。

一儿曰:"日初出大如车盖,及日中,则如盘盂,此不为远者小而近者大呼?"

一儿曰:"日初出沧沧凉凉,及其日中,如探汤,此不为近者热而远者凉乎?"

孔子不能决也。两小儿笑曰:"孰为汝多知呼?"

《列子·汤问》

〔译文〕

孔子到东方出游,路上遇到两个小孩子在争论。孔子问他们为什么争论。

一个小孩说:"我认为太阳刚出来时离人比较近,到了中午,离人就远了。"另一个孩子认为太阳刚出来时离我们远,而中午时离我们近。

一个小孩说:"太阳刚出来时像车上圆形的篷盖一样大,到了中午,就只有盘子,碗口那么小了。这难道不是远了看起来小,而近了显得大吗?"

另一个孩子说:"太阳刚出来时还凉飕飕的,到了中午,就像把手伸进热水中一样,这难道不是近了感觉热,远了就感觉凉吗?"

孔子听了之后,不能判断谁对谁错。两个小孩笑着对孔子说:"谁说你比别人知识多呢?"

(二)瞎子摸象

很久以前,印度有一位国王,心地善良,乐于助人。有一天,几个瞎子求见国王,说他们未见过象,想亲手摸一摸,想知道象是什么样子。

国王让人牵来一头象,几个瞎子一同上前,开始摸象。有的摸到了象的鼻子,有的摸到了象的耳朵,有的摸到了象的牙齿,有的摸到了象的身子,有的摸到了象的大腿,还有一个瞎子抓住了象的尾巴。过了好一会,他们都摸好了。国王问:“现在你们都知道大象的样子了吗?”瞎子们齐声回答:“知道了”。国王说:“你们说说看”。

摸到象鼻子的瞎子说:“大象又粗又长,就像一根管子。”摸到象耳朵的说:“不对,不对,大象又宽又扁,像一把扇子。”摸到象牙的说:“你俩说的都不对,大象像一根大萝卜根。”摸到象身的说:“你们说的都不对,大象又高又大,像一堵墙。”摸到象腿的不同意,说:“大象又粗又长,就像一根柱子。”摸到象尾巴的瞎子说:“你们都错了,大象又细又长,活像一条绳子。”

瞎子们谁也不服谁,都认为自己说得对,争吵起来。

(三)河中石兽

沧州南,一寺临河干,山门圮于河,二石兽并沉焉。阅十余岁,僧募金重修,求二石兽于水中,竟不可得。以为顺流下矣,棹数小舟,曳铁钯,寻十余里,无迹。

一讲学家设帐寺中,闻之笑曰:“尔辈不能穷物理,是非木柿,岂能为暴涨携之去?乃石性坚重,沙性松浮,湮于沙上,渐沉渐深耳。沿河求之,不亦偵乎?”众服为确论。

一老河兵闻之,又笑曰:“凡河中失石,当求之于上游。盖石性坚重,沙性松浮,水不能冲石,其反激之力,必于石下迎水处啮沙为坎穴，渐激渐深，至石之半，石必倒掷坎穴中。如是再啮，石又再转，再转不已，遂反溯流逆上矣。求之下游，固傎；求之地中，不更傎乎？”

如其言，果得于数里外。然则天下之事，但知其一，不知其二者多矣，可据理臆断欤？

纪昀：《阅微草堂笔记》

〔译文〕

沧州的南面，有一座寺庙靠近河岸，寺庙的大门倒塌在了河水里，两个石兽一起沉没了。经历十多年，和尚们募集金钱重修寺庙，在河中寻找两个石兽，最终没找到。和尚们认为石兽顺着水流流到了下游。于是划着几只小船，拉着铁钯，寻找了十多里，没有任何石兽的踪迹。

一位学者在寺庙里设立了学馆讲学，听了这件事，嘲笑说：“你们这些人不能探究事物的道理，这不是木片，怎么能被大水带走呢？石头的性质坚硬沉重，沙的性质松软浮动，石兽埋没于沙里，越沉越深罢了。顺着河流寻找石兽，不是疯了吗？”大家都很佩服，认为这是正确的结论。

一个治河的老兵，听说了这个观点，又嘲笑说：“凡是丢失在河里的石头，都应当到河的上游寻找。因为石头的性质坚硬沉重，沙的性质松软浮动，水流不能冲去石头，河水的反冲力，一定在石头下面迎面冲击石前的沙子，形成坑穴。越冲越深，冲到石头底部的一半时，石头必定倒在坑穴里。像这样又冲击，石头又会再次转动，这样不停地转动，于是反而逆流而上。到河的下游寻找石兽，本来就疯了；在原地深处寻找它们，不是更疯吗？”

按照他的话去寻找，果然在上游的几里外找到了石兽。

所以天下的事，只知道表面现象，不知道其中根本道理的人有很多啊，难道可以根据自己所知道的道理主观判断吗？

（四）科学家是如何认识世界的

求知是人的本性，人在其成长的过程中，一直对自然界和自己本身充满好奇。康德说："世界上有两件东西最震撼我的心灵：一件是我们心中崇高的道德准则；一件是我们头顶上的灿烂星空。"爱因斯坦认为，自然界最不可理解的事情，是世界是可以被认识的。

科学家是如何认识世界的呢？爱因斯坦用钟表作比喻说："物理学的概念是人类智力的自由创造，它不是（虽然表面上看来很像是）单独地由外在世界所决定。我们企图理解实在，多少有些像一个人想知道一个合上了表壳的表的内部机构。他看到表面和正在走动着的表针，甚至还可以听到滴答声，但是他无法打开表壳。如果他是机智的，他可以画出一些能解答他所观察到的一切事物的机构图来，但是他却永远不能完全肯定他的图就是唯一可以解释他所观察到的一切事物的图形。他永远不能把这幅图跟实在的机构加以比较，而且他甚至不能想象这种比较的可能性或有何意义。但是他完全相信：随着他的知识的日益增长，他的关于实在的图景也会愈来愈简单，并且它所能解释的感觉印象的范围也会愈来愈广。他也可以相信，知识有一个理想的极限，而人类的智力正在逐步接近这个极限。也就是这样，他可以把这个理想极限叫做客观真理。"①

（五）"洞穴"比喻

柏拉图在《理想国》一书中，用一个"洞穴"比喻来说明人是如何认识世界的，这种认识的局限性和问题。

他说，一群人生活在山洞中。这些人都被束缚着，不能向洞外看，只能看到洞的后壁。在他们背后燃烧着一团火，在火光与人中间

---

① 爱因斯坦：《物理学的进化》，周肇威译，上海科学技术出版社1979年版，第23页。

有一条隆起的道路，上面有一堵矮墙。在矮墙的后面，有人手里拿着各式各样的动物和器物的图像，把他们高举过矮墙，就好像把傀儡高举在灯影戏的幕布上一样。他们走动着，有相互交谈的，有静默不语的。这些被束缚人的脖子不能转动，只能看见那些投映在眼前方山洞壁上的影像。他们观看这些影像，听身后人们交谈时传进山洞的回声，认为这就是真实的世界。

假如一个囚徒挣脱了束缚，跑到了洞外，看到强烈的阳光，他不能适应，感到晕眩，什么也看不见。过了一段时间，他慢慢适应了山洞外强烈的阳光，能看清楚外面的真实世界。当这个跑出山洞的人又回到山洞中，把他所看到的外面世界的情景告诉这些一直生活在山洞中的人时，山洞里的人会认为他是痴人说梦，并不相信他说的话。①

黑格尔认为，“这是一个值得重视的光辉的比喻。”②海德格尔对这个比喻做出了全新的解读。

（六）知鱼之乐

庄子与惠子游于濠梁之上。庄子曰：“儵鱼出游从容，是鱼之乐也。”

惠子曰：“子非鱼，安知鱼之乐？”

庄子曰：“子非我，安知我不知鱼之乐？”

惠子曰：“我非子，固不知子矣；子固非鱼也，子之不知鱼之乐，全矣。”

庄子曰：“请循基本。子曰‘汝安知鱼乐’云者，既已知吾知之而

---

① 柏拉图：《理想国》，吴献书译，商务印书馆1961年版，第七章。

② 黑格尔：《哲学史演讲录》第二卷，贺麟、王太庆译，商务印书馆1981年版，第176页。

问我,我知之濠上也。”

《庄子·秋水》

〔译文〕

庄子和惠子在濠水的桥上游玩。

庄子说:“白鱼悠悠哉哉地游出来,这是鱼的快乐啊!”

惠子问:“你不是鱼,怎么知道鱼的快乐呢?”

庄子回问:“你不是我,怎么知道我不知道鱼的快乐呢?”

惠子辩答:“我不是你,当然不知道你知不知鱼之乐;你不是鱼,当然也就不知道鱼的快乐。这不是很明显的道理吗?”

庄子回答说:“让我从头说吧。你问:‘你怎么知道鱼的快乐呢?’这句话时,心里就已经知道了我是知道鱼的快乐,才问我的。我现在告诉你,我是在濠水的桥上时知道鱼的快乐的。”

二　科学发展与科学研究

你开始读研究生了,人生也进入了研究阶段。这是人生的一个很大转变。其实,从大学起,学生就应进入以研究讨论为主的学习阶段。但中国大陆从1949年起至今的教育制度有一个严重的缺陷,就是全部教育的中学化。即大学、小学教育向中学看齐。教材、教学方式、辅导方法、对教师和学生的评价体系,全是中学模式。大学不传授给学生研究问题的方法,搜集和处理资料的能力,不与学生在实验与讨论中共同增进知识,不开发学生的创新能力,小学又不重视学生的年龄特点、娱乐的天性、个性的舒展。这便造成了今天中国大陆学生数、理、化基础扎实(作题能力、对概念的掌握、也包括死记硬背的知识和能力),但研究、创新能力差。造成这一问题的另一个原因是授课和论文指导教师绝大部分并不具备这一能力。各大学也不以这一能力的优劣去评判教师。现今的中青年教师,在他们上大学时,内地大学指导他们论文的教师也大部分不具备这一能力，代代相袭，以至如今。盲人瞎马，能带学生去哪里呢？唯一可对此做出弥补的哲学课，又误导了学生。大陆哲学课过去是讲毛泽东的两论：实践论与矛盾论。以此代替哲学。现在也讲西方哲学与哲学史，但教材陈旧、错误百出，合格的教师又很少，灌输给学生的是错误概念和知识。把这门本意在使人聪明起来的课程，化神奇为糊涂了。更谈不到增长学生分析和研究问题的能力了。所以，当你们开始学习和从事科学研究工作时，首先要搞清科学是如何发展起来的？它与科学研究的关系。

（一）科学是如何发展起来的？

在任何一个科学领域做研究，首先要搞清科学是怎么发展起来的。美国科学史家库恩（T. S. Kuhn）经过多年潜心研究，写了一部很有影响的书：《科学革命的结构》。他认为：自然科学的发展是靠一次次革命推动。他说："有时一个很普通的问题，本来可以用已知的规则和方法加以解决，但是这个专业的研究集体中最有才能的人反复钻研，仍解决不了，也有时，为常规研究制造的某一种设备不合要求，结果出现了反常，怎么努力也不能使之同科学上预期的现象相一致。这时候，也就是当这一专业再也避不开那种破坏科学实践旧传统的反常现象出现时，就会开始一种非常研究，最后把这一专业引向一套新的成规，为科学实践提供一个新的基础。这种使专业的成规发生变革的非常事件，就是本文所说的科学革命。""我们将反复谈到那些在科学发展中同哥白尼、牛顿、拉瓦锡、爱因斯坦等名字相联系的重大转折点。这些历史事件，至少就物理科学而言比大多数其他事件更能说明科学革命究竟是怎么回事。每一次革命都迫使科学界推翻一种盛极一时的科学理论，以支持另一种与之不相容的理论。每一次革命都必然会改变科学所要探讨的问题，也会改变同行们据以确定什么是可以采纳的或怎样才算是合理解决问题的标准。每一次革命都彻底改变了科学的形象,以至于我们不得不说,那个人们在里面进行科学研究的世界也根本变了。这些变化几乎总是同随之而来的争论一起,决定了科学革命的特征。""一种新理论,不管应用范围多么专门,都很少会、甚至永远也不会只是已知事实的累加。新理论的同化作用要求重新构思原来的理论,重新评价原来的事实。这个内在的革命过程很少是由一个人单独完成的,更不是一夜之间所能完成的。""新理论涌现之前一般都有一个专业显著不稳定的时期。这种不稳定来源于常规科学长期解不开它所应当解开的难题。现有规则的失败,正是寻求新的规则的前奏。""因此,在革命时代,当常规科学的传统改变时,科学家对它的环境的知觉必须再教育,在某些熟悉的处境中,他必须学习去看到一种新的形态。在他已经这样做了以后,他的研究世界似乎各处都会同他以前栖息的世界不能相提并论。"①

(二) 科学家是如何做研究的?

库恩认为,在两次革命之间,甚至在科学革命时期,绝大多数科学工作者是按照同行公认的规范做常规的研究。他称这种研究为解难题。"存在这样一种成规的牢固框架——概念、理论、仪器以及方法论方面的成规——就会产生一种把常规科学同解决难题联系起来的隐喻。因为成规提供的规则告诉一门成熟专业的工作者世界是怎样的,他的科学又是怎样的,他就可以很自信的集中到这些规则和现有知识为他规定好的深奥问题上去。于是,他向自己提出的挑战就是:怎样对留下的难题给出一个解。"每个科学家都有自己研究问题

① 库恩:《科学革命的结构》,李宝恒、纪树立译,上海科学技术出版社 1980 年版,第 4、5、6、56、91、92 页。

的个性特点(思维方法和风格),不同科学领域的研究规范和方法也有差异,但在大部分时间(非革命时期),绝大多数科学家所做的工作,是用同行承认的研究范式(同行认可的方法与逻辑)去"解难题"。解自己所从事的专业领域的难题。

库恩认为常规的科学研究可以在三个方面做出成绩:一是重新判定某种以前已知的事实时,所用的方法的精确性、可靠性和广泛性有较大的改善和进步。第二类是发现新的,可以证实理论与实践一致性的新实验。"试图证明这种一致性,是第二类型的正常实验工作,他甚至比第一种更明显地依赖于一种规范。规范的存在使问题开始得到解决,规范理论往往直接包含在有可能解决这个问题的仪器设计之中。""第三类实验和观察,我认为穷尽了常规科学的搜集事实活动。它包括详细分析规范理论的经验性工作,以消除某些残留的含混不清,从而使以前只是引起注意的问题可以得到解决。"他指出:"一个科学家在实验室里进行的操作和测量并不是经验'给定的',而是'艰难地收集到的'。"①我想,库恩在这里所讲的是实验的重要性,一种理论可能是在实验中偶然发现的,也可能是科学家思考出一种假说,主动设计各种实验去证实,并在不断地设计出的各类实验中使这种理论完善起来。设计实验是科学家的一种能力,爱因斯坦为了证实他的理论就设计了一些绝妙的理想实验。

(三) 如何做科学研究?

你们是从教科书走向科学研究的,库恩对教科书的一段评价也是发人深省的。他说:"教科书是使常规科学永久存在的教育工具,每当常规科学的语言、问题结构或标准改变时,必须全部或部分重

---

① 库恩:《科学革命的结构》,李宝恒、纪树立译,上海科学技术出版社 1980 年版,第 35、21、22、104 页。

写。总之，它们在每一次科学革命以后必须重写。而且一旦重写，它们就不可避免地不仅要掩饰革命的作用，而且要隐瞒产生它们的这一次革命的存在本身。"①所以，在用教科书学习某一科学领域时，一定要看到教科书隐瞒了或掩饰了许多创新性的观点和方法。我之所以引述了库恩的这许多话，是因为这些话对你们了解科学是怎么发展来的，以及在此认知的基础上开展你的科学实验和研究很重要。

尽管科学是通过一次次革命发展起来的，但在其漫长的发展过程中，一代又一代的科学工作者是通过按照公认的科学规范，去解决一个又一个难题，一点一滴的积累，循序渐进的前行，推动科学一步一步向前发展。科学史上的大变革和这些变革的巨匠们，是可遇而不可求的。我之所以讲可遇不可求，是因为：一是这个变革的时代可遇不可求，提出进化论的不只有达尔文，还有华莱士，一定还有许多不知名的小科学工作者，他们生活在那个时代，那个时代不仅提出了这个科学问题，而且具备了解决这一问题的实验设备和知识准备。这是可遇不可求的。二是，即使你生活在了一个科学革命的时期，你是否处在这种变革的核心(最好的实验室、一群优秀的科学家、有创新力的年轻科学工作者群体、共同关注的最前沿的科学问题、自身所具备的优良素质等)，也是可遇不可求的。社会的变更也是这样。爱因斯坦、华盛顿、孙中山、毛泽东，他们生活在了变革的时代，又集各种驾驭变革的优势于一身，成就了他们的一番伟业。上帝只选择有准备的头脑。时代酝酿、汇集、推举并选择了他们。

所以，我希望你的，是找一个正确又可行的研究方向，从小问题、小课题入手，认真实验，反复思索，不断去解决你所面临的一个个小难题，绝不要贪大求远。把一个有前景的大问题细分，分成一串小问

---

① 库恩：《科学革命的结构》，李宝恒、纪树立译，上海科学技术出版社 1980 年版，第 113 页。

题。一定要从一个自己有生之年估计可以解决的小问题入手，集中注意力于一点，日就月将，必会水滴石穿。在你埋头于自己的实验与研究时，我想你一定会时常抬起头来，看看远方的方向。这个很重要，失去方向，偏离方向，都会使正在做的研究陷入琐碎，并很难有连续性的进展。这些研究都是为了完成远方的目标，而这目标是对人类有益的。有益的目标使人快乐和坚韧。

1. 一种科学理论的提出和产生过程如下：

(1) 提出假设条件。即建立某种理论所设想的前提条件。

(2) 对各参与要素的含义做出明确的规定，尤其要准确地观察和分析这些要素在实验中量的变化。

(3) 在上述假设的条件下提出假说，即理论。

(4) 根据提出的假说对未来进行预测。

(5) 用经验事实或实验来验证预测。

(6) 验证的结果为是，说明假说对，下一步就是不断的完善假说。

(7) 验证的结果为否，说明假说有可能错，下一步是修正假说。对于一个新的假说又需要从(1)开始向下一步一步做。

(8) 验证的结果为否，也可能是假设有问题，即假说所依存的基础有待进一步分析和验证。这时就首先需要修改假设，在此基础上坚持或修正原提出的假说。然后从头开始。

2. 一个假说(理论、原理、定律)提出后，检验的方法有以下四个方面：

(1) 一致性。即你的实验和所提出的假说相一致，论文所述没有逻辑上的矛盾和错误。

(2) 相符性。即假说与实验及人们日常所观察到的自然现象相符。

(3) 普解性。即假说能对更多的有关实验和自然现象做出普遍解释。

(4) 简洁性(精练性)。即所提的假说的表述或数学表达式一定要简洁,越是有普解性的假说越是简洁的。例如:$F=ma$ 与 $E=mc^2$。

科学没有永恒的理论和绝对真理。一个理论所预言的论据常常被新的实验所推翻(证伪)。任何一种理论都有它的逐渐发展和成功的时期,经过这个时期以后,它又会被新的理论所替代。新理论是在旧理论的基础上对其的扬弃与升华,而不是全盘推倒,新理论有更大的包容性与普解性,除能解释旧理论不能解释的现象外,也能令人信服地解释旧理论可解释的问题和现象。

三　哲学是自然科学的眼睛

你留学前,曾让我为你找一本哲学书,想带到悉尼看。咱们家书房里的哲学书不比我的专业书少,从古希腊的柏拉图到现代的海德格尔,所有重要哲学家的专著都有。也有其中一些哲学家写的哲学史和国内外的各种哲学教材。但竟没有一本适合现今中国大学生学习哲学的书。我想的适合是篇幅不要过长,有 300 页到 400 页就行,但应准确地阐述主要哲学家的思想,包括西方与东方的哲学家,应较清晰地叙述哲学发展的主线与变革。这样一本书会对现今的大学生很有益,但没有。时间许可的话,我会写一本,也是对自己多年来学习和思考哲学问题的一次梳理。

当你搞清了科学是如何发展到今天的,科学家是如何做研究的,科学研究与科学发展的关系,开始了自己的研究生涯时,哲学是你从事研究的智慧之灯。你应该并且能从对哲学的学习和思考中,获得智慧和灵感。

对任何一个人,哲学的学习都会使他增添看问题的深度与准确性，帮助他较快地找到问题的实质与主线。对于学习自然科学的学生，哲学是自然科学的眼睛，它可以帮助我们观察和思考自然科学的问题。“科学研究的结果，往往使离开科学领域很远的问题的哲学观点发生变化。哲学的推广必须以科学成果为基础。可是哲学一经建立并广泛地被人们接受以后，它们又常常促使科学思想的进一步发展，指示科学如何从许多可能的道路中选择一条路。”①

学习哲学，首先要了解哲学是怎样发展起来的？哲学对认识论的发展做出了巨大的贡献，成为提高人类一代一代人的认识能力的巨大动力之源。了解哲学家对人的认识的讨论和发现，会给我们在研究和思考科学问题时以智慧支持。

哲学在古希腊人那里是包容万类的学问，是智慧之学。那时天文学、物理学、化学、伦理学、心理学都包容在哲学里。哲学是问天、问地、问自己。黑格尔说，“哲学的对象是上帝、自然和精神。”“哲学的目的是用思维和概念去把握真理。”②那时的哲学有两个目的：一是要对世界做出解释；二是要增加人的智慧。那时没有物理学家、化学家、天文学家这些称谓，只有哲学家。这些人被称为智者。当这些智者要解释世界万物时，首先要观察，要通过人的感官去认识外部世界。例如，人们看到每天太阳从东方升起，从西边落下，天天如此，于是就得出结论：太阳每天绕着地球转。有人问：“太阳早晨大，离地面近，中午小，离地面远，但为什么早晨冷而中午反倒热呢？”这不符合人的感官所感知和体会的常识。这些智者也回答不了。后来人们知道是地球绕着太阳转了。这些认识与人类用“眼见为实”所得出的结论相反，而又被证实是对的时，哲学家们转而研究人的认识，即思

---

① 爱因斯坦：《物理学的进化》，周肇威译，上海科学技术出版社 1979 年版，第 39 页。

② 黑格尔：《哲学史讲演录》第一卷，贺麟、王太庆译，商务印书馆 1981 年版，第 16、24 页。

维。思维是怎么一回事,思维的结论对吗?思维能客观、全面的认识物质世界吗?智者们开始对思维进行诘难和设问。哲学家们认为应该从最实在的东西分析起,即应该从一个任何人都公认的"存在"出发,这样才能得出真知。于是笛卡尔提出"我思故我在。"并称其为哲学第一原理。他为什么提出这个有名的信条呢?他告知我们:我思考着,我思考的万事万物可能都不是真存在,都错了。但我思考时,这个进行思考的我存在着,这个"思"存在着,这是千真万确的"真"。所以应以此为出发点去认识世界。即使从"我思"出发去认识世界,但我的眼睛有可能把世界看错了,就像眼睛每天看到太阳绕地球转而实际是地球绕太阳转一样。所以黑格尔提出:"人是用脑站着的。"即用脑才能找到真知。于是人类的认识、认识方法、认识能力、人与世界(客观事物)是如何发生认识的?成为哲学家与自然科学关注的问题。这也是哲学的核心问题之一。这是一条哲学发展的主线,从这条主线看,所有现在我们国内教科书上被批判为唯心主义的哲学家都比我国教科书上的唯物主义的哲学家更深刻并做出了更大的贡献。因为他们认真地思考过脑、认识、思维的机理,思维与世界,思维与真理的关系。对认识做出深刻研究与重大贡献的是康德。另一条哲学研究的主线:世界的本源是什么?随着物理学、化学、生物学、宇宙学等科目的形成并从原来囊括所有知识的哲学中分离出来,就逐步交由这些自然科学去研究和回答。

科学就是要探索和认识未知之物,所以,科学家都非常关注认识论问题。在对认识探索的过程中,曾出现过两个有名的问题:一个是归纳问题,也被称为休谟问题。因为休谟认真地研究了归纳问题,并提出了真知灼见。一个是"分界问题",也被称为"康德问题"。归纳推理是否得到证明,或者在什么条件下得到证明的问题,被称作归纳问题。归纳问题也可以表述为如何确定基于经验的全称陈述的真理性问题。在此之前的很长时间里，人们一直在使用着归纳的方法，并认为这种方法是对的。由一次一次的观察或实验结果中总结出规律性的结论，即把单称陈述的真理总结成全称陈述的真理。例如，我们到处见到的天鹅都是白颜色的，于是我们总结出：所有的天鹅都是白色的，这么一个结论（理论、真理、定律、规律）。由于培根系统研究和说明了这个方法，他提出科学是在归纳感性经验的过程中从特殊上升到普遍。所以归纳法也被称为培根法。你们在学校时还学到过演绎法，即先提出一个假说，然后用实验或事实去证明。当证明是对的时，再用这个假说去解释和说明其他更多更广的现象。由于亚里士多德发现和使用了这种方法，演绎法也叫亚里士多德法。

让我们回到归纳法。如何从表现出的大量重复性和规则性的单称陈述过渡到全称陈述的结论，成了认识论的难题。休谟问：科学是否可能通过感觉经验的归纳而不断地从特殊上升到普遍，从偶然上升到必然呢？他的回答是否定的。他认为，人们之所以相信归纳的真理，只不过是一种出于习惯的非理性信念。他打碎了经验科学借以建立的经验基础，为重建一个新的基础扫清了道路。康德继续了休谟未完成的事业，他起初完全相信由经验归纳出来的绝对真理，正是休谟的发问令他惊醒。找到一个使我们能够区别经验科学为一方与数学、逻辑以及“形而上学”系统为另一方的标准问题，被称为“分界问题”。休谟知道这个问题，并试图解决它。康德把它看作知识理论的中心问题。他从一个新的高度提出了他的问题：科学怎样保证只能开始于经验的知识具有普遍必然性，从而可以持续不断地向前发展，并且与形而上学划清界限呢？康德对这个问题的解决办法是：借助于人的先天理智的创造力把后天经验加以组合，把理智的可靠性传输给经验，从而使科学与脱离经验知识的形而上学不同，可以吸取经验的养料而不断生长。所以“分界问题”也被称为“康德问题”。

既然从重复的单称陈述不能过渡到全称陈述，全称陈述可被相反或不同的观察所否定。那么科学是如何发展到今天的呢？波普尔重新思考了“休谟问题”和“康德问题”，提出了他的问题。我们可称之为“波普尔问题”：如果科学知识既不来自经验的归纳，也不来自先天的理智，那么它怎么可能永无止境地增长呢？他的答案是：科学依靠人的创造精神和批判理性，通过不断地创造假说和排除错误而持续增长。在波普尔之前，科学哲学主要限于论证的逻辑，如逻辑经验主义所公开声明的只关心“论证的脉络”。波普尔开辟了新的天地，把科学哲学关心的范围扩大到“发现的脉络”，并把他的主要著作贡献给了这种发现的逻辑。

波普尔在他写的第一本著作《科学发现的逻辑》里写道：“认识论的中心问题一直是也仍然是知识的增长问题。而研究知识的增长最好莫过于研究科学知识的增长。”[①]他问：科学知识怎样从幼小的树苗长成枝叶繁茂的大树呢？

他的回答是“问题—猜想—证伪—新的问题……”[②]。即科学发展是从问题出发，不断地提出新的猜想（理论、假说），又不断被证伪，又在新的认知基础上提出新的猜想，又经历“证伪—猜想—证伪”的过程不断发展。他说：科学是一个猜测和反驳的过程，科学的本质也在于猜测和反驳。这些猜想或假说是从哪里来的呢？波普尔回答说：来自爱因斯坦所说的“非理性因素”或“创造的直觉”。从观察到理论之间，除了自由创造以外，没有任何其他逻辑通道。猜想来自“问题”，即科学发展过程中已有理论与新的经验或者新的理论之间的矛盾。矛盾就是问题。正是经验世界中的这些矛盾激发了人的创

---

① 波普尔：《科学知识进化论》，纪树立编译，三联书店 1987 年版，第 5 页。

② 同上书，“编译前言”第 19 页。

造。但即使这种激发也取决于人们先于经验的“预期范域”。没有这种预期，科学工作者不把他们的注意力集中到一定范围之内，即使新的经验事实碰到你的鼻尖上，你也不会察觉。只有人的创造精神，人把对大自然的永无穷尽的好奇心像探照灯一样不断地把光线聚焦到一个照明圈之中，才能推动科学不断地发现新的现象，提出新的问题，发明新的假说和理论。

1919 年广义相对论否定(在“扬弃”的意义上，不是全盘否定)了牛顿引力论的震惊一时的科学事件，给予波普尔理智以巨大震动。他想，如果像经典力学这样的经受了长达二百余年的亿万次检验的理论尚有错误，如果像相对论这样优美严密的理论尚且如它的创始人一再声明的是“短命的过渡理论”。那么，还有什么科学理论能够永远正确、万古不变呢？由此，他认为，科学之为科学，不是因为它可以找到支持自己的例证。宗教、玄学、占星术都可以找到这种例证。科学不在于它的可证实性，而在于可证伪性。即科学要接受经验的检验，要在经验事实的发展中不断发现自己的错误，否定或证伪自己，以便过渡到更新的理论。它与一切非科学的区别恰恰在于它的可证伪性。“世界是上帝创造的。”你无法证伪。“所有的天鹅都是白色的。”只要你找到一只非白色的天鹅，便可证伪。可证伪性与不可证伪性是一切科学与非科学的根本界限。在此基础上，波普尔在科学层面剖析了归纳法的迷误，提出了他自己的“证伪学说”。但波普尔也强调，科学总是从某种已有传统提出问题。因此，科学虽然是一个猜测和批判的演绎过程，而总的发展却仍然呈现出从特殊上升到一般(新的理论包含旧的理论)的“类归纳”过程。

在波普尔之后，年轻一代的科学哲学家开始把目光扩散到狭义的科学之外，到科学所处的社会情境中，到从事科学活动的人们的文化心理结构中去寻求科学生命力的源泉。于是，历史学派又使科学哲学溢出了科学本体，使它的探索重点从科学本身扩大到科学同社会、同人的心理结构的关系。他们把科学哲学扩展到了科学社会学与科学心理学的领域。

我在这里指出归纳法的问题和局限性，并不是要废除归纳法。归纳法作为一种科学家的工具，已经为人类服务了上千年，也取得了许多科学成果。但中国的大学生并不了解归纳法的问题与局限性。而了解其问题与局限性，可以避免归纳法把我们引入迷途和陷阱。所以，在你以后运用归纳法时，要思考这个问题，即当你用归纳法得出了一个结论时，要反思其局限性。

西安下了第一场雪，告知我们，冬天来了。你还在夏日里。我想起小时候的冬天，我们穿着妈妈做的棉裤、棉鞋，在学校的操场上堆雪人、滚雪球、打雪仗，打下屋檐下结的冰梭，像夏天吃冰棍一样开心。那时，冬季每月总会有一两场大雪，飞飞扬扬，飘洒下来。现在西安有大雪的冬季越来越少了，那些脸和小手冻得红扑扑的，在雪地上嬉闹的孩子就更少看到了。孩子们从小就被家长送到各种各样的学习班去学习一门技能，而忘了将他们送到大自然这个最好最该去的地方。

泰戈尔说："使生如夏花之绚丽，死如秋叶之静美。"我喜爱冬天，爱北国雪封的高原，肃穆壮美，心被净化，雪花牵着你到一个高远的地方。冬季是一个思考的季节，只有在冬季，你才能冷静思考，一个人在雪花中漫步，与上苍对语……

四　人类认识能力发展的三个阶段

求智是人的重要需求，是人的生存之基、快乐之源。学习哲学可以满足人的这一需求。在哲学带给我们的智慧中，对于从事研究的人来讲，认识论是最重要的。我们通过对认识论最新成果的学习，可以获得更好的认识方法，用于指导我们的观察与研究；通过对认识论发展历程的学习和思考，我们可以看到人类认识能力提高的艰难过程，懂得人类认识能力的局限性，避免在做人和从事研究工作中自负和轻狂，避免我们的研究和人生走入迷途。这就需要对认识论做更深入的分析和讨论。

科学的发现与科学的发展有赖于人类的认识能力，也促进人类认识能力的发展。挖掘和发展自己的认识能力，是研究问题和做出发现的基础和重要条件。人类在其漫长的成长过程中，对世界的认识和自身的认识能力，经历了三个阶段：感性认识、知性认识、理性认识。从单个人的一生看，也经历着同样的过程和阶段。婴儿出生到 3 岁，其认识能力，是感性阶段。他主要的需求是吃与安全。他吮吸母亲的乳头，看到人造的乳头也会自然地吮吸，通过大声哭闹获得安全的保护。这是对外部世界的感性认识和反映，他的思维在感性认识的层面。恰恰是在这个层面，他能最直接、最省力(成本最小)的满足自己的生存与安全(最大利益)。动物中的绝大部分，其认识能力，一生都在这一阶段。人 3 岁到 15 岁，也就是初中毕业，人的认识能力处在知性阶段。由感性上升到知性，主要的标志就是对欧几里得几何学的学习。从 15 岁到 20 岁，也就是大学二年级，人的认识就进入理性阶段。其标志是对微积分与物理学的学习。有的人一生也未能学习几何学与微积分，如果这个人也未能学习逻辑学，那么，他终生的认识能力就一直停留在感性和知性阶段。几何学与微积分是一种文化与哲学，而不仅仅是一门数学知识。学习并掌握几何学与微积分，才使人从动物的感性认知变成理性的人。这是人质的进化。

人类到了古希腊时代(中国的春秋战国时代)，认识能力进入了成熟的知性阶段，并开始向理性阶段过渡。这是人类的辉煌时代，辩证法正是在这一时期产生并走向成熟。在此之前，人类见日为日，见树为树、见土为土、见水为水，见牛为牛。而此时，人类想了解这些所见之物背后的秘密。中国人提出金、木、水、火、土之说，讲世界由这五种元素组成。希腊人提出水是原则。黑格尔正确地指出："说水是原则的这种哲学究竟到了什么样的思辨程度。这种说法在我们看来还不是哲学的，而是物理学的；不过这种物质原则却有哲学的意义。"[①]人们开始思考和寻找那眼见的大千世界背后的组成元素与结构原理。这时，人类在判定一个事物时，便不是见树为树、见水为水了。他会从其变化的过程（例如蛹变成蛾、蛾产卵、卵变成蚕、蚕又变成蛹）去认识一种事物，或会从一个范围去认识把握某类事物。这种认识常常会游离不定，于是有了辩证法关于发展变化的思想和对立统一原则。认识到对立之物共存于一体，并在这一体中相互转化。赫拉克利特说，"我们不能两次踏进同一条河流。"黑格尔讲：生命的每一瞬间是生，同时也是死。就是讲的这个道理。马克思讲，辩证法就是在对现存事物的肯定理解中，包含着对现存事物的否定理解。[②] 这是人类认识进入到理性思维的智慧之花。但一定要搞清和记住，这仅仅是人类认识进入到理性阶段的成就，并不是人类认识的顶峰与最高成果。现在国内哲学界和大学里的哲学教育把辩证法奉为知识的最高成就，说成是无所不能的火眼金睛。这是对辩证法的误解。

正因为辩证法是人类认识中级阶段的智慧，所以他常常不能迅速地把握住一个事物的本质。与人类感性思维相比，它的进步在于可以把握一部分现存事物的演变之因和变化趋势，但在迅速感知事物之本质，并立刻为我所用方面，又犹疑不决。当人类认识到事物在时间轴上的变化与在空间的范围时，就产生了新的问题：事物的本

---

① 黑格尔：《哲学史讲演录》第一卷，贺麟、王太庆译，商务印书馆 1981 年版，第 182 页。

② 《马克思恩格斯全集》第 23 卷，人民出版社 1972 年版，第 24 页。

质在哪里？辩证法就是想解决在一个范围之内或两极之间，找出本质（有些人简单地认为是中点）所在的问题。柏拉图说，“勇敢”是介于怯懦（软弱）和鲁莽（激情）之间的恰当分寸。中国的中庸之道正是为了循自然发生演化之道来解决这一问题。中庸之道不是和稀泥，是辩证法的中国版，是科学的认识论。《中庸》里讲：“不偏之谓中，不易之谓庸。中者，天下之正道；庸者，天下之定理。”所谓中庸之道，是讲你为人处事一定要恪守中庸，观察与把握事物也要以中庸之理为尺度。中庸之道的核心是不要过，也不要不及，这样才能把握住事物发展过程中的本质。即本质的规定性。至于这个不过又及之点是否就是两极的中点或一个范围的中心，也会因事物的不同而有差异。但找出这个点是很重要的。我认为这个点常常在重心，重心有时与中心重合，有时不重合。这也是辩证法的缺陷给人类带来的一个难题。

老子讲：“反者道之动，弱者道之用。”我所看到的学者对老子这两句话的理解和译文为：“道之运动是循环的，道之作用是柔弱的。”[①]这是迄今多数学者公认的理解和译文，我认为是不对的。我译为：“道的运行规律（方式）是物极必反式运行的。道是通过柔弱的东西来显示其运行的方向和规律的。”并且我认为这是老子《道德经》五千言中的核心和总纲，也是老子最重要的贡献。“反者道之动”，古希腊人已生动而详尽的研究和说明过。这就是辩证法。“弱者道之用”，则是老子的独立发现，是老子对世界知识宝库的重大贡献。老子在年轻的时候，他的老师就告知他：“你看人的牙齿何等的坚硬，但人到老了时，牙齿全脱落了。你看人的舌头是何等的柔软，但人到死的时候，舌头还是完好无损的。记住啊，柔弱的东西才是最终长存并取

① 陈鼓应：《老子注译及评介》，中华书局 1989 年版，第 225 页。

胜的。”

中国人讲相反相成，这是对辩证法最明白和准确的解说。有相反的两极，才会合成一个事物，去掉一极，这个事物便不再存在。这是辩证法的核心。但在很长的时间里，直到现在，大陆的中学和大学教育，把辩证法简单化也庸俗化了。把辩证法＝对立统一规律＝一分为二＝分析优点缺点＝发扬优点，改正缺点。典型的例子是中国一位著名的乒乓球运动员，他是一位进攻能力很强的乒乓球运动员，防守能力弱。经过他和教练这么一番辩证法的思考，结论是要改正缺点，便用了近一年的时间去练习防守。结果是比赛成绩越来越差。对方进攻，他防守往往失分。有一天，他恍然大悟：“我是一个攻球手，只有我拼命去攻，对方迫于防守，才不能攻我，我防守的弱点才不会表现出来，我才能赢球。现在不是要改正缺点练防守，而是要把攻球练得更好，使对手没有机会攻我。”从真正辩证法的思维看：如果他练成了一个攻守都平平的选手，即使守球技术比原来好，这个运动员（这个符号或名称）所代表的事物本质就不存在了。他的本质是一个进攻能力很强，防守能力弱一些，这两者共存于一体中的乒乓球运动员。这才是辩证法，这才是及又不过的中庸之道。

中国的家长和教师，往往是看到孩子英语好，数学差，就让孩子补数学。结果是数学也未能补上去，英语水平又下降了。最终成为了一个找不到工作的无用之人。这都是上了此类荒唐哲学的当。正确的方法也许是让这个孩子专攻语言，不但学好英语，再学上一二门其他语言，例如法语、德语、俄语、日语等。这会是一种什么前景？人只有最大限度地发挥长处，才具有在世界上生存的理由和能力，也才能在世界上立足与生存；而不是相反，花大气力去改变短处。这就是相反相成，这才是辩证法的本意，这也才是辩证法带给我们的思路和智慧。

人的认识能力进入到理性思维阶段，我认为是以公元前 300 年欧几里得几何学的出现为标志的。《几何原本》是一本数学书，也是一本逻辑学教程。它第一次为人类建立起一座纯思维逻辑推理的辉煌殿堂。它设置最少的几个公理，例如，两点间线段最短。并以此为基础，经过层层逻辑推理，得出一系列的定律，建立起严密的几何学体系。而这在可视的自然界是不存在的。这便是人类认识的理性阶段，它不再在两个端点游离，进入了比知性阶段更高的理性思维。正是在这个认识阶段，在亚里士多德与欧几里得所创立的逻辑思维的基础上，牛顿与莱布尼兹同时提出了微积分中一系列的理性概念，例如极限概念。爱因斯坦设想观察者如果以光速运行，他看到的世界会是一个什么样子？由此构造出一系列的“理想实验”，提出了相对论学说，把牛顿所创立的物理学，建构在了现代物理学的全新基础之上。这大大发展了人类的理性思维，也是人类理性思维的巨大成就。

人类进入理性思维阶段后，还有一些科学家在用知性思维工作，也解决了一些问题。但重大的科学发现和成就都是用理性思维获得的。这是要思考和注意的。托夫勒把人类社会的发展分为农业社会、工业社会、信息社会。这三个社会今天虽然并存着，仍有不少人生活在农业社会，但重大的科学成就都是生活在工业社会与信息社会的人做出的。

中国在公元纪年前后就产生了《九章算术》，后经西汉数学家张苍、耿寿昌增订删补。全书分为九章，共搜集了 246 个数学问题。它是以解决实际问题为目标的。虽然在解决这些问题时，也提出了许多先进算法，例如有一章讲到联立一次方程的解法，比欧洲同类算法早了 1500 年。南北朝时的祖冲之对圆周率的精确计算也比 15 世纪阿拉伯数学家阿尔·卡西和 16 世纪法国数学家维叶特早了一千多年，但他们都未能想到和提出类似于几何学的逻辑推理体系。

明清之后,中国社会经济的发展迅速落后于西方。许多人都在探究其原因。我认为,经济发展的落后,是由于科技发展的落后,而科学技术是以逻辑思维为前提和基础的。不是数学是科学之母,是逻辑思维是科学之母。中国春秋战国的诸子百家中没有产生出逻辑学,中国人也未能从《九章算术》中发展出欧几里得几何学,所以也发展不出微积分。而只有通过逻辑学才能发现、发展出现代科学。中国虽有《九章算术》中的许多奇思妙想,但终未能产生出从一些最简单的不可推倒的公理出发,所形成的逻辑推理式的思维和大家公认的推理准则。科学最终在欧洲兴起这个事实表明,在欧洲的文化传统中一定有某种有利于科学产生和发展的思想和方法。我认为,这就是亚里士多德和欧几里得的著作中所具有的逻辑理性。我们也可以称为希腊理性主义,而这是东方早期文明中没有的。中国直到1606年(明万历三十四年),即欧几里得《几何学》出版1900年以后才由传教士意大利人利玛窦口译,徐光启笔译翻译出版。中国没有逻辑学是中国没有近代工业的根源。没有逻辑学,就等于没有一个科学家团体公认的共同语言和评判标准,就不会有科学知识的连续性积累,也就不会有在此基础上的近代科学技术的产生与发展。

中国的先秦名学,主要是墨翟、惠施、公孙龙,7世纪(公元645年)玄奘从印度带回的因明学,以及宋明理学,虽有一些对思辨逻辑的思考和争论,但终未能发展成一套知识界公认的、能用来发现和创造知识的认知求证系统。即一套完整、严密的逻辑学。回过头来看,中国所有的发明都是间断的、零散的、片断的,而不是通过逻辑链所串联起来的,后一个在前一个基础上完成的科学技术发展序列。例如亚里士多德——伽利略——牛顿——爱因斯坦系列。

中国的孩子,从小学到大学,包括家长在教育方面对孩子的指导与影响,都未能使孩子从认识论和哲学方面感知和学习到逻辑学。

学文的学生大部分是终生未学到和把握逻辑学，学工的学生也不是从哲学或哲学课中学到了逻辑学，而是从几何学、物理学、化学的学习和实验中，潜移默化地体会到逻辑学。这是中国内地大学教育的又一失败和缺陷。这是中国学生的悲哀。一个民族，没有从认识论中产生出逻辑学；一个民族的孩子，没能从大人们的日常习语和观察处理问题的公认准则中，潜移默化地感知和学习到逻辑学，养成逻辑思考的习惯，而是通过在逻辑学基础上形成的自然科学中逆向地感知和学习逻辑学，这大概是中西大学生根本的差别之一了。这一差别决定着一个民族日后的科学技术发展的成果和速度。我有幸先学的是理工科（机械制造），又酷爱数学和哲学，能在年龄较小时感知和学习逻辑思维。因为理工科的理论全部建筑在逻辑思维上。

我曾建议中国的教育，应在初中学习几何学时，同时给学生开逻辑学课程，逻辑思维是比某一门数、理、化课程和专业课更重要的。但这需要决策部门的领导能认识到这一问题的重要性，并有真懂得逻辑思维的教师来教。具有这两方面素质的人在中国是太少了，目前在中国各大学中教哲学的教师大部分达不到这两条要求。目前中国的大学能教给学生的仅仅是一门技能，而不能给学生一个好的思维方法。家长们并不了解这一点，以为孩子考上大学就万事大吉了，大学会教给孩子本领和智慧。我在大学任系主任十多年，从事大学教育与管理二十多年，深知中国内地大学的缺陷和局限。写这些信给你，都是想在较短的时间能弥补你这方面的缺陷和不足。

日本和中国有相同的问题，即日本民族也未能发展出逻辑学，日本在中国明清之前，主要敬仰和学习中国文化、礼仪与制度。近代，受荷兰人影响，接受和学习西方医学、自然科学和军事学，称为“兰学”。这方面比中国好一些。但由于先天的缺陷，它的制造业虽然一度超过美国，但在基础科学研究方面，一直落后于美国，所以在经济发展的动力和后劲上一直落后于美国。近十年一直是呈下降趋势，近几年一直是负增长，至今未能摆脱经济下滑的趋势和问题。

美国硅谷有大批的中国与印度工程师，他们作为个人与整体，杰出的工作成就受到美国科学界的重视和好评。我也思考过这一现象。何以这些中国人一到国外就做出了成就？这些工程师大部分是学数学出身，即本身热爱数学，又打下了较扎实的数学基础，是学生中的佼佼者，又经过了西方名校的计算机专业的系统学习和实践，系统的学习和掌握了逻辑思维。另一个原因是中国人对解决算学问题的奇思妙想。中国人在解决算学难题上，常有独到的智慧，而这是在一个逻辑程序大的方向上已给定，需要解决过程中一个个难题时所最需要的。印度人也具备这两点。这两条优势加在一起，或许是中国与印度优秀学生在硅谷成功的原因。但在综合性的大的基础科学问题和科学前沿问题的研究上，中国一直落后于欧美国家。

黑格尔讲"思想的自由是哲学和哲学史起始的条件"，"我们第一次在希腊人里面发现了这种自由，所以哲学自希腊开始"。"历史上哲学的发生，只有当自由的政治制度已经形成了的时候。""在东方只有一个人自由(专制君主)"，"但在东方那唯一专制的人也不能自由，因为自由包含别的人也是自由的"。[①] 所以，黑格尔认为在中国没有哲学(西方定义的哲学)，孔子的《论语》只是一些浅薄的道德说教。哲学是有大量闲暇时间的自由人的一种游戏，在古希腊有一派整日讨论哲学的人被称为逍遥学派。中国在春秋战国时期虽也有一些有闲的文人，但他们的生存依附于国君和大臣。他们的讨论也是为大臣和国君出谋献策，讲治国与夺权之术。所以有"半部论语治天下"之说。老子比孔子离政治远一些，但他的《道德经》，其本意和中心，

① 黑格尔：《哲学史讲演录》第一卷，贺麟、王太庆译，商务印书馆 1981 年版，第 93、95、99 页。

也是讲治国之道的。所谓“治大国如烹小鲜”。但由于他比孔子离政治远一些，又从事掌管国家图书之职，所以在论治国之道时，能从大自然中（如水至弱则至强，水处下势等）思考和发现一些万物运行之道。这是他比孔子贡献大的地方。孔子自知不如他，见到他后讲：“犹见真龙也”。直到现在，中华民族仍未创造出自己的哲学，因为这个民族至今仍未生活在一种自由状态中。

以上是从现代科学为何在欧洲产生和发展的原因方面去分析西方认识论、逻辑学的作用，至于中国的哲学和认识论，例如《易经》、《道德经》、《黄帝内经》，这是中华民族在长期的生产与生活实践中，创造和发展出的不同于西方逻辑的另一种认知系统。它养育了中华民族，并使中华民族在唐朝至清朝中朝的 1200 年间（公元 7 世纪至 19 世纪中期），以文化发达、经济富强立于世界民族之林，建立了当时最灿烂的农业文明。但我们要看到：中国哲学与认识论未能使中国在既往的科学技术成就的基础上发展出现代科学，在工业文明来临时，中国落后了。这是需要认真研究和反思的大问题。

欧洲一些著名的科学家，例如莱布尼茨、玻尔、李约瑟、普利高津等，十分推崇和重视中国的哲学与认识论。也许科学理论向更抽象的方向发展时，会回到中国的哲学与认识中去寻找智慧，或者中国哲学能为那时的科学提供认识论甚至逻辑支持（例如中医的逻辑系统）。现在就下结论说哪一种思维系统好，是很草率的。因为科学本身还在受到质疑与挑战。

爱因斯坦在他所著的《物理学的进化》一书中，对科学家是如何认识和发现未知世界的，有一个精妙的比喻。他说：“物理学的概念是人类智力的自由创造，它不是（虽然表面上看来很像是）单独地由外在世界所决定的。我们企图理解实在，多少有些像一个人想知道一个合上了表壳的表的内部结构。他看到表面和正在走动着的表针，甚至还可以听到滴嗒声，但是他无法打开表壳。如果他是机智的，他可以画出一些能解答他所观察到的一切事物的机构图来，但是他却永远不能完全肯定他的图就是唯一可以解释他所观察到的一切事物的图形。他永远不能把这幅图跟实在的机构加以比较，而且他甚至不能想象这种比较的可能性或有何意义。但是他完全相信：随着他的知识的日益增长，他的关于实在的图景也会愈来愈简单，并且他所能解释的感觉印象的范围也愈来愈广。他也可以相信，知识有一个理想的极限，而人类的智力正在逐步接近这个极限。也就是这样，他可以把这个理想极限叫做客观真理。”“我们力图借助于物理学理论为自己寻求一条通过大量已观察到的情况所构成的迷宫的道路，来整理和理解我们的感觉印象。我们希望观察到的情况能够和我们对实在所作的概念相符合。如果不相信我们的理论结构能够领悟客观实在，如果不相信我们的世界的内在和谐性，那就不会有任何科学。这种信念是，并且永远是一切科学创造的根本动机。在我们所有的努力中，在每一次新旧观念之间的戏剧性斗争中，我们坚定了永恒的求知欲望，和对于我们的世界和谐性的始终不渝的信念，而当在求知上所遭遇的困难愈多，这种欲望与信念也愈增强。”[①]爱因斯坦的这些话是很重要的，它是任何想从事科学研究与探索的人的圣经。我想，爱因斯坦的话说了这么几层意思：（一）宇宙是和谐的，即有规律运行的。如果宇宙不是有规律运行的，我们将无从探索和认识。爱因斯坦多次讲过，上帝不是在掷骰子。“相信世界在本质上是有秩序的和可认识的这一信念，是一切科学工作的基础。”[②]这是任何从事科学研究的人所必需有的信念。（二）未知的世界像一个表壳内部的

---

① 爱因斯坦：《物理学的进化》，周肇威译，上海科学技术出版社 1979 年版，第 23、216、217 页。

② 《爱因斯坦文集》第一卷，许良英等译，商务印书馆 1983 年版，第 284 页。

机构。它是有规律运行的，但你永远无法打开这个表壳一一观察。你只能通过现有的各种观测手段去观测和猜想，并综合你的观测，绘制世界运行机理的图景。（三）你所绘制的图景（理论、定律），仅仅是人类智力的自由创造，它并不是世界的真正图景。这个认识很重要。当万有引力定律成为一个孩子都知道的常识时，人就容易被误导，认为万有引力定律就是万物运行的最终客观真理，而忘记了那只是人类的假说之一。（四）你所绘制的世界图景会愈来愈接近真实世界的运行机理，但绝不能达到这一真的运行机理的极限。所以，在科学研究与发现的路途上，我们都是跋涉者，一路前行，有发现当然很好，即使没有大的发现，只要我们一路走去，就会看到许多新奇的事物，这些事物会装载在我们的皱纹里和白发中，讲述着人生的快乐与意义。

亚里士多德与欧几里得创立了逻辑思维，伽利略、牛顿等运用这一思维做出了重大发现，同时也完善着理性思维。“伽利略对科学的贡献就在于毁灭直觉的观点而用新的观点来代替它。”①爱因斯坦在提出相对论的同时，把理性思维提高到了一个新的阶段。他在讲到相对论时说：“相对论与实验是完全相符的。这里我们又一次看到科学的创造性工作的重要特色：先由理论预言某些论据，然后由实验来确认它。”②1944 年爱因斯坦在给玻恩的一封信里写道：“对科学的期望，我们已渐渐走向两极：你相信掷骰子的上帝，我则相信作为实体而存在的物质世界具有完美的规律，我力图用一种原始的揣测的方式去领悟它。”③爱因斯坦在思考“相对论”时的思考方法，他提出广义相对论时所想出的“理想实验”，已经不是传统意义上的“逻辑思

① 爱因斯坦：《物理学的进化》，周肇威译，上海科学技术出版社 1979 年版，第 6 页。

② 同上书，第 144 页。

③ J. 佰恩斯坦：《阿尔伯特・爱因斯坦》，高耘田等译，科学出版社 1980 年版，第 208 页。

维”与“辩证思维”。这是一种新的思维活动与认知求证过程。爱因斯坦描述了这种思维过程:“借助于思维(运用概念、创造并且使用概念之间的确定的函数关系,并且把感觉经验同这些概念对应起来),我们的全部感觉经验就能够整理出秩序来。”“整个科学不过是日常思维的一种提炼。”①这是爱因斯坦对理性思维的认识和新发展。分析研究这些新的思维成果,在此基础上或许会形成一种更有效、更靠近世界真实图景的认识论。

至此,就我所想到的,一个非哲学专业的大学生应了解的哲学,即什么是哲学?哲学是如何发展过来的?哲学家(包括杰出的自然科学家)提出了一些什么好的认识方法?如何用这些方法去指导我们的人生与研究工作?这些方法有些什么局限性?在研究工作中如何警惕这些局限性?我已大致讲述完了。

五　论创造力

(一) 什么是创造力

如果把创造力限定在伽利略、牛顿、达尔文、爱因斯坦、耶稣、释迦牟尼、柏拉图、达·芬奇、莎士比亚、司马迁、曹雪芹这些人身上,那创造力是可望而不可及的。因为这些人创造力的发挥,除了自身的条件外,当时的社会和科学技术的发展提出了需要突破的重大问题,也为思考和解决这些问题提出了技术手段和思想成果。经济、社会、思想处在剧烈变动时期,他们生逢其时,完成了划时代的创造成果。我们现在说的创造力,是一般人经过学习和训练,也能在自己的爱好与工作中发挥出来并获得成果的创造能力。

中国编辑出版的《辞海》与《现代汉语词典》均没有创造力的词

① 《爱因斯坦文集》第一卷,许良英等译,商务印书馆1983年版,第343、341页。

条,仅有创造的词条,解释为:"首创前所未有的事物。"[①]"想出新方法,建立新理论,做出新的成绩或东西。""创造性:努力创新的思想和表现。"[②]反映出中国人对创造力的认识和重视程度不够。《简明不列颠百科全书》有创造力词条,并有较长的解释:

"创造力:creativity,创新的能力。所谓创新,可以提出解决问题的新途径,完成一项新设计或新方法,或是创造一种新的艺术形式等。

"有高度创造性的人表现为二重性:头脑聪明却依赖于直觉,习于钻研但又有赖于灵感,复杂而有单纯。按字面含义,有创造性的人应该是聪明的。

"许多研究表明:有创造性的人是智能的领导者,对各种问题有高度的敏感性。这种人往往很自信,有自主能力,争胜好强,感情外在,智力兴趣广泛,特别表现在乐于去对付各种形式的困难和挑战。他们爱独立思考,在某种程度上引起对文化适应的抗拒,而文化适应要求放弃个人独特的基本特性。普遍的观点认为,创造过程中最重要的因素就是首创精神。"[③]

以上是英国百科全书对创造力的解释,包含了对有创造力的人的描述。因为创造力是指人的一种能力,所以对这种能力强的人的研究和描述,对于了解和培养自身的创造力是很重要的。

创造力,其核心,就是创新的能力。在前人成果的基础上,提出新的问题,发现新的规律或原理,提供新的解决方法和思路,发现新的原材料,发明新的工具、用具、用品,创造新的器具等。爱因斯坦提出了广义相对论,一位农夫发现了增加粮食的新方法,一个木匠做出

---

① 《辞海》,上海辞书出版社 1985 年版,第 183 页。

② 《现代汉语词典》,商务印书馆 1997 年出版,第 198 页。

③ 《简明不列颠百科全书》第 2 卷,中国大百科全书出版社 1985 年版,第 311 页。

了一件新式家具，这都是创新，都是发挥了创造力。

（二）创新的范围和成果

创新能力，是通过创新的成果来体现的。美国专利法的有关条款规定，以下类型的发明创造可以申请专利：1．生产工艺；2．机械设备；3．制造方法；4．物质合成；5．无性繁殖植物；6．新颖设计。当然，创新的成果不止这些，设计一套新的组织运行规则，提出一个新的有待解决的问题，建立一种新的宇宙演化模型，都是创新能力的体现。但在现实工作中，更多的创新成果，发明创造的成果，对人类当前生活有实用的成果是在以上专利法所规定的范围。

著名经济学家熊彼特在研究了经济发展与企业家的关系之后，提出企业家的核心品质和特征是创新。他认为创业家在五个方面的创新推动了经济发展。这五个方面是：

（1）采用一种新的产品——也就是消费者还不熟悉的产品——或一种产品的一种新的特性。

（2）采用一种新的生产方法，也就是在有关的制造部门中尚未通过经验鉴定的方法，这种新的方法绝不需要建立在科学上新的发现的基础之上，并且，也可以存在于商业上处理一种产品的新的方法之中。

（3）开辟一个新的市场，也就是有关国家的某一制造部门以前不曾进入的市场，不管这个市场以前是否存在过。

（4）掠取或控制原材料或半制成品的一种新的供应来源，也不问这种来源是已经存在的，还是第一次创造出来的。

（5）实现任何一种工业的新的组织，比如造成一种垄断地位，例如通过“托拉斯化”，或打破一种垄断地位。[①]

熊彼特为企业家的创新活动指明了道路，科学家、技术专家的创

---

① 约瑟夫·熊彼特：《经济发展理论》，何畏等译，商务印书馆1990年版，第73、74页。

新活动也可以归结为：

(1) 发明一种新产品，或为一种老产品找到新的用途。

(2) 发现或合成新的材料。

(3) 找到一种新的研究或实验的方法。

(4) 发现一个新的研究领域或方向。

(5) 在两种或三种学科的交汇点去思考和组合。

(6) 在你所研究的领域提出新的问题、新的假设、新的理论，或推进现有的研究水平和成果。

有了这么一个范围和方向，每个人依据自己的特长，发挥创新能力，就有了方向和目标。这是创新的第一步。

(三) 方法和基础

创造力是可以通过模仿、学习、练习获得的。灵感在创新的过程中起一定作用，对有些发现或发明起过关键作用，但灵感不等于创造力。

大部分的创造发明，是通过科学家、艺术家的摸索和总结出的方法来完成的，而这些方法是可以学习的。例如：归纳法、演绎法、逆向思维、分割组合法(即把一个难题分而治之，然后再组合)、仿生法、类比、联想、想象等等。所以，要提高自己的创造能力，经常看一些讲方法论的书和有关发明创造的实例、实验，吸取这些科学家、技术专家发明创造的经验和体会，多思、多悟，就可以逐步提高自己的创造能力。

但任何创造和发明，都需要发明人有一个基本的知识基础。这个基础包括两方面：一是对自己所研究的领域或问题的历史演进有一个总体的了解和认识，在这个历史演进过程中，有些什么重要和关键的人物，他们做过一些什么发明和创造？提出过什么问题？有些什么思考？二是学业基础，如果是自然科学类的发明创造，应有一个本学科(例如物理学)的大学基础与较好的数学基础。爱因斯坦讲:“如果欧几里得未能激起你少年时代的热情,那么你就不是一个天生的科学思想家。”爱因斯坦说他少年时有两件难以忘怀的事:一件是他5岁时得到一个磁罗盘,他对不论如何转动罗盘,而罗盘上的指针总是指向南,惊讶不已。一件是12岁时得到一本欧几里得几何学的教科书。“书中都是些确定的论断,例如:三角形的三条高交于一点的论断——虽然一点也不显然——还是可以得到非常精确的证明而不会使人怀疑。这种明彻和确定性给我留下了不可泯灭的印象。”罗素在他的自传中也讲了相似的经历:“我11岁的时候,开始学习欧几里得几何。这是我人生中一件大事,它使我像初恋一样着了迷,我当时没想到世界上会有这样有趣的东西。”[①]欧几里得《几何原本》诞生于公元前3世纪,二千二百多年过去后,还能对爱因斯坦,罗素产生这样大的神奇魔力,原因是什么?当然不是这本几何学提供了几条新定理,而是它强大的逻辑推理能力和思辨的方法。它从少数不加证明的公理、公设出发,通过逻辑推理,将当时已知和未知的几何知识推导出来,形成了几何学完美的逻辑体系奇迹。“推理的这种可赞叹的胜利,使人类理智获得了为取得以后的成就所必需的信心。”(爱因斯坦)这也告诉我们:好奇心和悟性是人获得创造力的重要的基本素质。数学不但教给你发明创造的知识,还教给你智慧和方法。对创造力的培养,后者更为重要。

人在年轻的时候一定要把数学、物理、化学、生物学学好,具体的讲,从小学到大学,要连续性地学习数学,因为数学要通过大量的演题才能熟练地掌握和使用。而大多数人在大学毕业后,就不愿通过每天演题去掌握一门科学了。要通过阅读数学大师们写的数学哲学

① 《自然科学哲学问题丛刊》,1982年第一期,第58页。

书，例如《古今数学思想》，去掌握数学的理念、发展线索。数学是一种理念、一种哲学，深含着一种高明的思维方法。不论你今后学习、从事什么专业，都应在小学到大学的学习阶段，学习好数学。要把微积分看成是一个现代人必须了解和掌握的历史常识一样去学习和把握。

陆游说"汝果欲学诗，功夫在诗外"。除了具备专业和数学知识外，要提高创造力，还应读一些哲学，历史方面的书，例如，柏拉图和亚里士多德的著作，黑格尔写的《哲学史讲演录》、《小逻辑》和《历史哲学》。这有助于提高你的联想和想象方面的能力，这也是创造力的重要来源。没有这么一个深厚、广博的知识基础，你不可能在知识领域盖成高层或有特色的优美建筑。

千百年来，科学工作者为了研究的方便和可能，把自然这门统一的学科分成了物理、化学、生物、医学等，随着现在我们对科学的深入认识，统一的研究成为可能，并日益显出它的成就，这也是交叉学科的兴起并在交叉领域会有愈来愈多发现的原因。

对"科学研究是怎么一回事？科学是如何发展到今天的？科学研究有些什么方法?"这些问题，我在《科学发展与科学研究》、《哲学是自然科学的眼睛》、《人类认识能力发展的三个阶段》、《怎样写学位论文》四篇文章中已讲得很详尽了，这里不再赘述。

当我们的一件创造品或一种构想基本完成时，我们还可以从以下三个方面去思考，使这种创造日臻完善。

(1) 能不能减掉。即构想的东西(或理论)能不能更简化一些。

(2) 能不能替代。即构想的东西或理论有没有更好的东西替代它。

(3) 能不能合并。即构想的东西，有哪些部分可以合并在一起，使其形式更简洁。

(四) 灵感

从亚里士多德到爱因斯坦，从荷马到雨果，古往今来，有成就的科学家、文学家都是承认灵感的。不少人还描述了自己研究过程中灵感到来的情景。

爱因斯坦在谈到创造性思维时，讲："思维是什么呢？当接受感觉印象出现记忆形象，这还不是'思维'。而且，当这样一些形象形成一个系列时，其中一个形象引起另一个形象，这也不是'思维'。可是当某一形象在许多这样的系列中反复出现时，那么，正是由于这种再现，它就成为这种系列的一个起支配作用的元素，因为它把那些本身没有联系的系列联结了起来。这种元素便成为一种工具，一种概念。我认为，从自由联想或者'做梦'到思维的过渡，是由'概念'在其中所起的或多或少的支配作用来表征的。概念绝不是一定要同通过感觉可以知觉的和可以再现的符号(词)联系起来的；但是如果有了这样的联系，那么思维因此就成为可以交流的了。""借助于思维(运用概念、创造并且使用概念之间的确定的函数关系，并且把感觉经验同这些概念对应起来)，我们的全部感觉经验就能够整理出秩序来。""整个科学不过是日常思维的一种提炼。"[①]爱因斯坦在这里给我们描述了"思维"(发现、认识自然)的过程和原理。

因提出介子场理论而获得 1949 年度诺贝尔物理学奖的日本科学家汤川秀树指出："科学中有两种思维方法：一种是由弗兰西斯·培根提出并由伽利略卓有成效地运用了的归纳法。它是从比较或多或少相似的经验或实验结果开始的。另一种是笛卡尔在指导自己思维活动时自觉地运用了的演绎法。它是从少数几个自明的事实或原理出发的。然而，很难发现在这两种方法中能够使人

① 《爱因斯坦文集》第一卷，许良英等译，商务印书馆 1976 年版，第 3、343、341 页。

类思维成为真正创造性的根源何在，尽管我们很熟悉这两种方法。”

“创造力不是一种天外飞来的东西。遗传、环境等等无疑都会起到它们的作用。但是，不管人们多么想显示创造力，最重要的问题都是这种显示创造力的可能性始终是存在的，某种隐藏着的东西，潜伏着的东西，将会显露出来，表现出来。”“创造力的问题最终可以归纳为创造力隐藏在什么地方以及通过何种手段才能使它发挥出来的问题。”他指出：“如果一个人想得到创造力，重要的一点就是要全力以赴埋头干一件事，而不管那些乱七八糟的任务和那些日常生活要求我们注意的信息洪水。换言之，需要的就是那种不达目的决不罢休的韧性。”全力以赴是获取创造力或所谓灵感的基础条件，但并不是创造力。汤川秀树提出“类比”(“等同确认”)是创造力之源：“作为一种创造性思维的形式的类比的实质是可以简单叙述的。假设存在一种什么事物是一个人所不能理解的，他偶尔注意到了这一事物与他理解得很清楚的另一事物的相似性。他通过将两者比较就可以理解他在此刻之前尚不能理解的那一事物。如果他的理解是恰当的而且还不曾有别的人得到这样的理解，那么他就可以宣称他的思维确实是创造性的。”“我们不很理解的事物多少有点和我们理解的事物相像。我们开始思考它们到底怎么个像法——于是：在一刹那间，我们不理解的事物突然变得豁然开朗起来了。这种事情一直在发生。”“在任何关于创造力的考虑中，基本的东西都是叫做‘等同确认’的那一智力功能。我并不是想暗示等同确认就等于创造力，但我确实相信：等同确认两件事物为基本相同的能力在人类智力中具有决定性的意义。”[①]综上所述，汤川秀树告诉我们：创造力的基础在于全力以

① ［曰］汤川秀树：《创造力和直觉》，周林东译，复旦大学出版社1987年版，第87、98、102、88、107、109页。

赴地埋头干一件事,创造力(灵感)的来源在于人类所具备的“等同确认”(“类比”)的能力。

相互类比的两种事物或现象,在类比的过程中,又会相互促进我们对这一现象认识的深化。例如,英国植物学家布朗 1827 年在观察悬浮在水中的微粒时,发现这些微粒永远不会静止下来,而是处于一种不停的骚动状态。这一现象被称为“布朗运动”。天体物理学家用“布朗运动”观察和分析了像昂星团这样的星群运动。发现它们的运动与布朗运动是类似的。他们通过对星群运动的观察所提出的理论,比胶体微粒理论更完备地描述了布朗运动的特征。加深了我们对“布朗运动”的认识。

福井谦一(1981 年诺贝尔化学奖得主)认为:“科学的独创性产生于学习与思考。学习就是收集、积累情报;思考包括两方面:一是逻辑思考;二是不依赖逻辑,凭直感选择主题、前提和思考方法的能力。逻辑思考固然得助于机械或电子计算机之类的辅助工具,而作为后者的选择能力则与这些毫无关系。我相信,直接和自然接触,接受它的固有形象,增强对自然的直觉认识,是会提高这一选择能力的。”“有些人的构思来自逻辑思维,我的构思却大多来自直觉。直觉什么时候出来‘工作’是没准的,因此要做到有备无患。然而构思不是魔术,不会‘啪’的一声就出现,头脑里必须有构思的基础,学习就是为了建筑这种基础。”“根据我的经验,不记备忘录也忘不了的那种念头大都没有什么了不起的,只有那些不做笔记便会立刻忘掉的‘一闪念’才是宝贵的。”[①]这里福井谦一指出创新思维(所谓灵感)更多地来源于科学的直觉能力,直觉的基础在学习,要想具备或提高这种直觉能力就要学习和思考。

---

① 福井谦一:《学问的创造》,戚戈平、李晓武译,三联书店 1988 年版,第 208、171、172 页。

哲学家詹姆斯(William James)说:“其实,天才只是以非习惯的方式去理解事物的能力罢了!”①

质疑是有创造力的科学家的重要品质。开普勒质疑哥白尼的天体理论,爱因斯坦质疑牛顿的力学理论。质疑是当现行公认的理论或学说与所观察到的现象不符时,敢于大胆发问,并在这一发问的基础上提出新的假说或寻找新的解决途径。“提出一个问题往往比解决一个问题更重要,因为解决一个问题也许仅是一个数学上的或实验上的技能而已。而提出新的问题,新的可能性,从新的角度去看旧的问题,却需要有创造性的想象力,而且标志着科学的真正进步。”②

杨振宁(1957 年诺贝尔物理学奖得主)指出:“科学绝不是只有逻辑,只有逻辑的科学只是科学中的一部分,而且在讨论科学的创造性时,这部分不是最重要的。重要的是要通过想象,发现灵感,一下子同时了解每一个方面的规律。这种更上一层的了解就不只是逻辑思考所能达到的了。”“最重要的科学发现并不是用逻辑推理出来的”。“要有很丰富的别人没有的想象力。”③杨振宁指出灵感来自丰富的想象力。

通过对这些有建树的杰出科学家的引述,我对灵感做出以下分析:

1. 灵感发生在对一个问题长久地、坚韧不拔地探究和思考的过程中。这些问题的所有线索都已铭记在心,并时时闪现在眼前或梦中。

2. 这种思考更多地靠科学的直觉而不是逻辑思维。

3. 灵感会突然而至。常常发生在你对某问题思考很久,暂停了

---

① 郭泰:《如何写企划案》,三联书店 1993 年版,第 158 页。

② 爱因斯坦:《物理学的进化》,上海科学技术出版社 1979 年版,第 66 页。

③ 杨振宁:《杨振宁文录》,海南出版社 2002 年版,第 207、208 页。

对这一问题的正面思考，或突然换了一个思考方法或思考角度，并且常常发生在你身心都很放松之时。例如，你正在散步时，在度假时，在旅行中，正在洗澡时，晚上睡觉前不经意的思考中，睡梦中，早晨起床前躺在床上的遐想中等等。由于灵感的"稍纵即逝"性，所以你应注意经常带上一些纸片，睡觉的床头也放上笔和纸片，灵感一来，马上记下来。许多优秀的科学家一生都保持着这种习惯。

4. 大胆质疑的性格，丰富的想象力、联想能力、综合思考能力、类比思考能力等是创造力的根源。

5. 孤独是创造力的催化剂。为了抓住灵感，必须给心灵一个可以构思、联想的安静的心平气和的环境。灵感常常在安静的环境、孤独而心平气和的状态中来临。

6. 有一个故事讲：一个人吃了五个饼子才吃饱，这个人想：我要是早知道吃了那第五个饼子才饱，我一开始就应吃那第五个饼子，这样不但吃饱了，还可省下前四个饼子。谁都知道，那个人只所以吃了第五个饼子才饱，是因为有连续吃的前四个饼子做基础，没有这个基础，一开始就选择那第五个饼子吃，实际上是只吃了一个饼子，是不能饱的。灵感的来临就像那第五个饼子，它是你长期学习和思索的结果。也许你在某一领域有很深的学习基础、思考很久、灵感并未来临，但若没有这个基础，灵感是永远不会来临的。

"一个特定的人必须经过相当长的准备时间才能在一个特定的领域内以一种特殊的形式显示出创造力。简单地说，他必须已经获得各种知识，而且也许还要经受各种训练。只有在满足了许多先决条件之后，创造力才会表现出来。"①一个人所掌握的知识的深度和广度是创造力的基础。

---

① 汤川秀树：《创造力和直觉》，周林东译，复旦大学出版社 1987 年版，第 97 页。

创新能力强的人，一般具有独立思考的能力和积极行动的性格，他乐于接受来自内部感觉到的假说或由观察外界而得到的经验，有把二者统一起来的渴望，有直觉能力，有构建理论体系的冲动和审美趣味，有使命感。他了解自己，知道自己的研究处在什么阶段。

一个创新成果的提出，一般会有如下的过程：创新者对自己提出的问题有一个准备期；继而是创新者集中精力紧张的工作与思索时期；之后，有一个表面上看似乎闲散的时期，这是一个受阻或找不到道路的“酝酿”期，这是一个最苦闷、也最容易放弃的时期，成功往往发生在“再坚持一下”之中。在这个时期，下意识的思维可能在起作用，突然茅塞顿开，带你到柳暗花明的境界。这是思维中的“顿悟”时刻，也就是我们说的灵感来临。这种灵感会把头脑中长期思考的线索串联起来，形成新的理论或新的发明。最后是确认自己的发明创造并把它记述下来的时期。

（五）对“灵感”更深入的分析

人类在其早年，是通过眼、鼻、耳、手完成选择和采摘食物，保证自己生存的。那时的灵感，是获取食物的技能，并表现在这些器官上。随着环境的变化，人脑发展起来了，此后更多的灵感就反映和表现在脑的“思维”中，即看谁的脑子最灵。人早先通过眼所看到的五颜六色，是为了辨别食物，也是一种分辨食物最快捷的方法。但我们现在知道，我们所看到的颜色，其实是可见光中不同的波长。这是人不断的观察和脑不断发达的结果。人脑经过几百万年的进化所形成的归纳法与演绎法，常常并不与自然发展序列相合。人类至今所发现的这两种方法并不能全面、准确地认识和把握自然运动发展之秘。于是需要靠一种所谓“灵感”降临来帮助人类去认识自然。这灵感其实是科学家说不清的一种思维过程。这说不清的突然从脑中闪现出的东西，竟解决了科学家长年思考的难题，而这突然而至的东西又不是归纳法与逻辑演绎的方法，就被科学家命名为“灵感”，或“科学的直觉”。这就如同原始人不知雷的形成过程，雷突然而至，响过便走，惊愕之中，称其为“雷公”一样。一俟发现了雷的形成过程与原因，人便可以在实验室制造出电闪雷鸣，雷电便再也不神秘了。“灵感”也是这样。

自然界的结构和变化与人脑的结构和变化是不耦合的。这也是人不能在较短的时间准确认识自然的原因。人脑在其漫长的发展中，一直在克服这种阻碍，包括人发明了逻辑思维去认识自然，其实质是想与自然耦合。但人的目的与自然的目的是不同的，所以人脑的功能与发展永远不能与自然耦合。正因为这样，人脑在思维与认识一个事物时，常常要从多侧面去认识与把握。然后，把这多侧面整合起来，才会比较准确地认识这个事物或找到某一问题的答案。灵感是一种突然间的脑电波交汇贯通。即你思考某问题时，用了脑中不同的细胞与中枢。例如，思考某问题应从六个角度去思考，要用脑中六个中枢，你只用了五个，突然间，你用了第六个中枢，它们联通起来，问题解决了。你想到这第六个角度，用到这第六个中枢时，“灵感”来临了。或者是你六个角度都思考了，但没有一个中枢将它们连接起来，问题仍然无法解决。有一刻，你突然用一个中枢（激活了脑中一个中枢）把这六个小中枢连接了起来，问题解决了。人脑也在这种使用中不断发展变化着。人一定可以通过不断的研究“灵感”这一现象和过程，总结出比归纳法与逻辑演绎更好地认识自然的方法。但那时又会有新形式的“灵感”发生，这个过程永远不会完结。

（六）自然科学与人文学科的差异

从事自然科学研究的科学家，他一生中最先做出的发现与研究成果，往往是他这一生中最重大、最重要的发现和成就。这些发现和成就，绝大多数自然科学家都是在他们的青年时期做出的。例如，牛顿在23岁时发现万有引力定律、光的色散和微积分，爱因斯坦在26岁时提出狭义相对论。

从事人文学科的研究人员，作家、艺术家，一生最大的成就往往是在中年之后，晚年，甚至生命的最后岁月完成的。他们一生都在向这个成就之巅勤奋跋涉。例如，莎士比亚中年以后，直到生命的最后岁月，完成了《仲夏夜之梦》、《哈姆雷特》、《亨利四世》、《李尔王》、《亨利八世》等一大批辉煌的剧作；曹雪芹直到去世前还未能完成罕见的杰作《红楼梦》；贝多芬在31岁耳聋后直至晚年所创作的一大批乐曲比其早年耳聪时要博大辉煌。这反映出自然科学与人文学科这两类研究的差别。

人文学科需要更多的学问积累和人生阅历，在这两种积累之上，你才有可能做出大的成就，并且人文学科的成就是一层一层累加起来的。而从事自然科学的年轻的研究人员，在其导师的指导下，用较短的时间，就能抓住前沿问题，并向这一难题冲击，其中总会有人获得答案。这种冲击更多的需要自信、勇气、灵感与好的方法，而这又是人在年轻时最旺盛的。进行人文学科研究更需要韧性、人生阅历、全世界和全人类的大视野、大眼光，而这又恰恰是人在中年后才具备的。

如果笛卡尔、牛顿复活，中国大学数学系或物理学系的毕业生，可以指出他们在数学或物理学方面的失误，还可以给他们讲述一些新的、他们不知道的数学、物理学知识。化学、生物学、医学也是如此。但如果司马迁复活，现在学习历史的大学生能给他讲什么呢？现今的历史学家又能教给他什么呢？如果莎士比亚、曹雪芹、毕加索、肖邦复活，不要说大学生，就是现在最杰出的戏剧家、小说家、画家、音乐家又能教给他们什么呢？从中可以看到人文学科（尤其是艺术类)与自然科学的又一个重大区别：任何一门自然科学的学科，科学家们所追求的都是与自然实存相符的真理(理论、定律)。自然运行的规律是实存的、惟一的，那个真理也是惟一的。尽管自然科学的工作者每个人有不同的个性特点，但他们追求的结果是惟一的、一样的，并且可以通过实验验证。他们发现和创造的知识、依靠一套同行公认的逻辑系统推导得出，是可以由群体累计叠加的。新的知识覆盖包括了旧的知识，比旧的知识更简洁，有更大的普解性。后一代人能在较短的时间直接学习和掌握新的知识，并在此基础上进行新的发现和创造，而不必从最古老的知识一步一步学到最新的知识。他们在本学科知识的掌握和运用上会超过前一辈人。人文学科，尤其是艺术类则不同，他不是追求与自然相合的真理，而是追求美的显现。美是千姿百态的，不同时代的艺术家或同一时代的艺术家会把自己的发现和创造推进到充满个性特征的一个个高峰，每一个高峰都是独有的，是无法叠加与重复的，更不是后一个能包括了前一个，只需学习后面的就行了。这是人文学科的艺术家与自然科学家在进行创造时一个重要的区别，是学习人文学科与自然学科的大学生、研究生要认识和思考的。这反映出两类学科学习的路径与方法，做出成就的年龄和工作方式的差异。

六　机械论世界观与熵定律

最新的科学考察和研究告诉我们，人在地球上出现已有300万年，而人从事农业种植只有一万年的历史。在此之前，人类一直过着采集——狩猎的生活，为了自己的温饱与自然抗争。到了牛顿时代，科学的发展带来工业革命，人类才开启了用工业化的方法解决自己的温饱之路，也形成了对世界公认的、比较一致的看法，即机械论的世界观。

(一) 机械论的世界观

1. 古希腊人的世界观

古希腊人认为历史不是一个不断进步、日臻完善的过程,而是一个从秩序井然到混乱无序的过程。希腊神话把历史划分为五个时代,一个比一个退化和粗俗。希腊历史学家海西奥德说,五个时代为:黄金时代、白银时代、青铜时代、英雄时代、铁器时代。黄金时代是最富饶与满足的时代,人们像神一样地生活,无忧无虑,欢宴终日,不知罪恶之骚扰。他们拥有一切美好之物,在一片莺歌燕舞中人们和睦相处,死亡到来一如睡眠之降临。到了铁器时代,人们辛苦劳作,不得安宁,父亲与儿女离心离德,主人与客人反目为仇,朋友之间尔虞我诈。恪守信用者不得重用,骄横行恶之人反而见宠。正义为暴力所压倒,真理不复存在。父母迅速衰老,受苦而亡。① 这种把世界看成不断衰亡的历史观,深刻地影响了希腊人对理想社会的观念。柏拉图与亚里士多德都认为变化最小的社会秩序才是尽善尽美的社会秩序。他们的世界观里根本没有持续变化与增长这些概念。增长并不意味着给世界带来更大的价值或秩序,而是适得其反。如果历史的确是一个原来完好的秩序不断衰亡,原来有限的资源不断耗尽的过程,那么最理想的情况就是把衰亡的过程尽可能减慢。古希腊人把更大的变化与增长同更大的衰亡和混乱联系在一起,他们的想法就是把一个变化尽可能少的世界留给后代子孙。中国的老子、庄子也持这样的一种理想和主张。

2. 中世纪基督教世界观

整个中世纪,在西欧占统治地位的基督教世界观,把现世生活看

---

① 斯威布:《希腊的神话和传说》,楚图南译,人民文学出版社 1978 年版,第 18 页、21 页。特德·霍华德、杰里米·黑夫金:《熵:一种新的世界观》,吕明、袁舟译,上海译文出版社 1987 年版,第 7、8 页。

作是进入来世生活之前的一个过度阶段。基督教神学把历史划分为开始阶段、中间阶段、终结阶段，分别表现为创世、赎罪和最终审判。在中世纪的人们看来，这个世界天网恢恢，上帝控制着每一件事情，干预我们生活的一切方面。世界何去何从，完全是上帝的旨意，创造历史的不是人类而是上帝。

基督教世界观描绘了一幅统一的、无所不包的历史图景。在这个宏大的神学图景中，个人是没有任何位置的。世界没有什么个人目标，谁也不想追求什么、抛弃什么，只有上帝的旨意必须执行。这是最重要的事情。把中世纪生活的历史连接并统一起来的，是人的责任与义务，而不是自由与权利。与古代希腊一样，中世纪的历史观不是增长与物质利益的历史观。人生的目的不是"取得成就"，而是为了救世。为了达到这个目的，社会被看成是一个有机整体，一个受神驱使的道德有机体，每个人都在其中尽他的天职。

所有宗教都会有它对尘世的一个看法和它对本宗教所建构的一个理想天国的描述，基督教有上帝七天造世界万物和人的故事，伊斯兰教也有安拉造世界的传说。如果我们去除这些描述中的神话色彩，每种宗教对自己所想往的理想世界的描写，都代表着它产生的那个时代广大人民对理想社会的渴望和当时所能达到的人类对世界、宇宙的认识水平，反映着那个时代人们的世界观。即那个时代人们对世界的看法和认识。

3. 机械论的世界观

(1) 培根、笛卡尔、伽利略、牛顿的贡献

1686 年 4 月 28 日是人类历史上最伟大的日子之一。这一天，牛顿(1643—1727 年)向伦敦皇家学会提出了他的《自然哲学之数学原理》。这部影响了人类发展进程的著作在 1687 年出版，它总结了物体运动的基本定律，清晰地表述了质量、加速度、惯性等这样一些我

们现在仍在使用的基本概念。影响最大的是这部书的第三编，即《宇宙体系》，其中包含了对万有引力定律的论述。由此，牛顿给全人类带来了一个新的世界观。爱因斯坦 1916 年提出广义相对论，为人类描绘了另一番宇宙图景，带来一种对宇宙和世界的新认识。爱因斯坦之前的世界观，被称为机械论的世界观。

机械论的世界观是在 17 到 18 世纪中叶形成的。奠定这一世界观的主要有：培根、伽利略、笛卡尔、牛顿。整整 300 年过去了，但我们仍然离不开他们的思想，大多数人仍然信奉机械论世界观。

培根(1561—1626 年)是近代归纳法的创始人，是给科学研究程序进行逻辑组织化的先驱。他的许多名言警句已传遍世界，“知识就是力量”，贴在了全世界许多国家的学校、图书馆的墙壁上。归纳法的意义就在于从事观察、进行试验、重视经验，从个别的东西引导出普遍的规定。他寻求共相，共相就是思想。最明显的一个思想形式就是“力”的概念，有电力、磁力、重力。力是一个普遍的思想，但并没有人看见过。他想通过经验的方法、试验的方法、归纳的方法得出万物的本质和世界的图景。他是实验科学的先驱。黑格尔说：“他之所以值得我们注意，只是由于他所开创的这种考察方法——也只是由于这一点，我们才必须把他写进科学史和哲学史；凭着这种认识方法上的原则，他也给他的时代带来了重大的影响，因为他促使他的时代注意到当时的科学既缺乏方法，也缺乏内容。培根被认为是经验哲学的首领。在这个意义上，他是万古留名的。他曾经提出了经验认识中普遍的方法原理。”①

1620 年，培根出版了《新工具论》一书。他说：要“按世界的本来面目，而不是按我们理智的意愿，在人类认识中建立一个真正的世界

① 黑格尔：《哲学史讲演录》第四卷，贺麟、王太庆译，商务印书馆 1981 年版，第 19、20 页。

模型。”他仔细思考了古希腊的世界观后说，尽管古希腊的世界观虚张声势，但却从未“进行过任何一项旨在改善人类生存条件的实验”。在古希腊人看来，科学只是用来探索世界万物之所以然的。培根用一种与众不同的眼光看世界。他说：“所有科学的真正目标，应该是赋予人类以新的发现与力量。”①培根批判了古希腊的世界观，为机械论的世界观奠定了基础。

笛卡尔(1596—1650年)是近代哲学真正的创始人，因为近代哲学是以思维为原则的。他是一个彻底从头做起的人，他怀疑一切，要把科学建立在最可靠的基础上。他用排除法一一排除了他认为不可靠的东西，最终找到“我思故我在”。即这个思考着的我是实实在在存在的，一切的科学应该由此开始。笛卡尔提出了一个论点，这个论点后来成了机械论模式中的一个最为重要的公理：“坦率地说，我坚信它(数学)是迄今为止人类智慧赋予我们的最有力的认识工具，它是万物之源。”笛卡尔是解析几何的发明人，他成功地把自然界整个地转化成了运动中的简单物质，他宣称世界上最重要的只有空间与运动。他说：“给我空间与运动，我就可以造出宇宙来。”②在笛卡尔的世界里，万物各得其所，相互和谐运动，世间一切都精确无误，不存在任何混乱。

伽利略(1564—1642年)1632年出版《关于两种世界体系的对话》，书中进一步阐明了哥白尼的地动说。1983年，罗马教廷正式承认350年前宗教裁判所因伽利略出版此书而被处罚8年软禁的审判是错误的，使人们再一次认识到这本著作对人类知识的巨大贡献。伽利略被认为是近代科学之父。

---

① 特德·霍华德、杰里米·黑夫金：《熵：一种新的世界观》，吕明、袁舟译，上海译文出版社1987年版，第15页。

② 同上书，第17页。

伽利略发现，一个物体，如果没有人推它，也没有人用别的方法去作用于它，即没有外力作用于它，这个物体将均匀地运动，沿一条直线永远以同样的速度运动下去。伽利略的这个正确的结论隔了一代以后由牛顿把它写成惯性定律："任何物体，只要没有外力改变它的状态，便会永远保持静止或匀速直线运动的状态。"这个惯性定律不能直接从实验得出，它只能根据思考和推理得出。这就是"思想实验"。思想实验无论什么时候都是不能在实验室实现的，但它使我们对实际的实验有了更深刻的理解。

爱因斯坦指出："人的思维创造出一直在改变的一个宇宙图景。伽利略对科学的贡献就在于毁灭直觉的观点而用新的观点来代替它。这就是伽利略的发现的重要意义。"[①]看到、感觉到的东西，例如，打雷、闪电、日出日落。你不能深刻地理解它，甚至发生认识错误。例如，认为太阳绕地球转。只有理解了的东西（更多的是通过思想实验得出的），你才能深入地（在逻辑层面上）感觉它、把握它、应用它。例如人类应用万有引力定律成功地把人送上月球。

17 世纪到 18 世纪，科学加速发展，出现了一批伟大的科学家，站在这一切巨人肩上的牛顿出现了。他比他之前和同时代的科学家具有更高的思维能力和想象力，他用他发现的力学三大规律为我们描绘了一个可知的新宇宙图景：这是一个细致而严密地组织起来的、其中所有事物都是精确地依据规律而发生着的宇宙，全部未来的事件都严格地取决于过去事件的宇宙，万物都在其中和谐运转的宇宙。在力学中，假如知道一个运动物体现在的运动状态和作用在它上面的力，那么它未来的路径就是可以预测的，而它的过去也是可以探究和说明的。这是一个决定论的宇宙。由此，我们就能准确地知道宇

---

① 爱因斯坦：《物理学的进化》，周肇威译，上海科学技术出版社 1979 年版，第 5、6 页。

宙的过去和现在，并能预测其未来。人类第一次，不是通过宗教传说，而是通过严谨的可计算的科学感知到一个真实而又无限的宇宙。这个宇宙是可知、可信、可感、可去的。牛顿成为一个新的宗教—科学宗教之神。牛顿的巨大影响可以用人们广为传颂的波普(1688—1744 年)的诗句来佐证：

Nature and nature's law lay hid in night: God said, let Newtonbe! And all was light.[①]

我翻译如下：

自然和自然的规律

隐藏在黑暗中

上帝说，让牛顿降生！

于是一切光明。

牛顿在给人类带来一个新的宇宙图景的同时，也把一种新的世界观带给了人类。这个世界观认为宇宙像一部机器一样按其规律准确地运行，因而被称为是“机械论的世界观”。这个机械论的世界观是很难抗拒的。它简单明白，可以计算，可以预测，最重要的是它行之有效。人类似乎终于有了一个他们寻找多年的对宇宙运行的解释。人们第一次通过科学的方法看到：万物确实有一定的运行规律，而这个规律又是能被数学公式与科学观察证实的。人们该做的事情现在已经十分清楚：搞清自然规律如何在人类社会会应用，并按这些规律行事。这当然是一个漫长而又艰巨的过程，但已经不是不可能的事了。不再是在黑暗中摸索，因为宇宙的规律已被人认识，

---

① 杨振宁：《杨振宁文录》，海南出版社 2002 年版，第 288 页。

人类看到了一个井然有序的世界。中世纪那种为了来世获得拯救而过俭朴生活的想法已经过时,人类有了新的生活目的,追求现世生活的富足和幸福已成为人类生活的新目标。人们把历史看成是不断进步,不断走向富裕的过程。人们相信牛顿所完成和带来的机械论的世界观会把社会从杂乱无章的状态带到井然有序、富裕美满的社会。这是人类思想观念的一次巨大的转变。从追求来世的幸福转变为追求现世的富足和幸福。这一转变推动着人们在寻求和创造更大的生产能力。

(2) 洛克与亚当·斯密的贡献

有两位思想家立刻开始寻找这些普遍规律与社会运行之间的关系。约翰·洛克(1632—1704 年)把政府和社会的活动同机械论的世界观联系起来,亚当·斯密在经济领域里也进行了同样的工作。

本来让人无从下手、捉摸不透的自然界,在牛顿的力学原理之下变得可以理解,可以认识。这给了与牛顿同时代的知识分子深刻的印象,产生了巨大的震撼力。他们问:人类社会有没有这样的规律呢?洛克的回答是肯定的。他说,社会的自然规律之所以没有被遵循,是因为人们把社会秩序建立在了非理性的传统和习俗之上,这些陈规陋习来源于多年来一直盛行的神权统治。洛克以新的世界观为指导,开始寻求社会的"自然"基础。他认为宗教不能作为社会的基础,因为上帝就其本义而言是不可知的,不能用不可知的东西来作为社会运行和治理的基础。

培根把上帝驱逐出了自然界,洛克把上帝从人类舞台上放逐了。那么,人们应该在什么样的基础上建立社会秩序呢?洛克提出了一个至今还统治着现代世界的观点,他认为,一旦我们抛弃了陋习与迷信,我们就会看见一个完全由为自身生存而奋斗的个人所组成的社会。这个社会只有一个目的,就是保护每一个社会成员的私有财产。

个人利益是建立社会的基础。洛克认为社会之所以发展成了实用主义和个人主义的社会，是因为理智告诉了我们这是自然规律。根据自然规律，每个人都应该履行作为一个社会原子所应尽的责任，从事一种职业，工作终身，努力积累个人财富。政府的神圣职责就是给予人民运用他们所获得的征服自然的能力去创造财富的自由。国家的社会职责就是帮助人民征服自然，获得能满足他们需要的物质繁荣。

洛克认为人的本性是善良的，使人为恶的只是匮乏和贫困，所以人们对财富的追求不会引起人与人的互相残杀。大自然中“有着取之不尽的财富，可以让匮乏者用之不竭”。一部分人会比另一部分人富裕，那也是十分自然的，因为这个世界本身就是“为勤奋与明智者服务的”。善用心智者将受益无穷。[①] 洛克认为社会财富会无止境的增长。他认为，个人财富积累越多，整个社会就会得益越多。

与洛克一样，亚当·斯密决心在经济学领域建立起这种新的世界观。他在《国富论》一书中写道，就像按一定规律运行的天体一样，经济学也有一定规律。如果按经济规律行事，经济就能得到发展。最有效益的经济结构就是自由放任的经济结构，一切都不加干涉，让人们自由地去选择和竞争。亚当·斯密与洛克一样，坚信人类活动的基点是人们的私利。他提出了“看不见的手”拨动经济发展的原理，成为经济学最重要的信条。他认为只要政府遵守这个原理，经济就会和谐的发展和运行，并取得最大的社会效益。

(3) 达尔文的贡献

机械论的世界观取得最为辉煌的胜利，是在查理·达尔文(1809—1882年)1859年发表《物种起源》之后。达尔文在这本书中

---

① 特德·霍华德、杰里米·黑夫金：《熵：一种新的世界观》，吕明、袁舟译，上海译文出版社1987年版，第21页。

第一次放弃了用宗教的创世观来考查和说明万物产生和演化的原因，他经过大量的实地考证和研究，得出栖居在地球上的一切生物都是从一个或少数几个原始类型的生物进化而来的，只有那些能适应环境的物种才能生存。在一代一代的自然选择过程中，适应的变异逐渐积累，形成新的物种。由此，人类优越、宇宙永恒不变、上帝创造万物的观念和信仰受到怀疑和挑战。达尔文所提出的"物竞天择，适者生存"的万物演化的自然选择理论，开创了生物学发展史上的新纪元。

达尔文提出的生物进化理论是在牛顿发现万物运行规律之后，人类在对自身的研究和认识上最伟大的进展，比起牛顿在物理学领域的建树毫不逊色。达尔文生活的时代，是机械论世界观普及的时代，洛克、亚当·斯密等一大批社会学家、经济学家、历史学家已把机械论的世界观应用到社会科学的各个领域，人们没有深入的分辨和思考达尔文提出的生物演化观与牛顿等提出的机械论的世界观有什么不同？在有生命的世界和社会组织中，这种决定着星体之间和谐运行的规律是否适用？达尔文生物进化的世界观里，包含着生物自身主动竞争的思想，这在牛顿的万物运行规律中是没有的。这些重大的问题在当时没有得到重视和认真的思考。机械论世界观在当时的压倒优势使人们认为，达尔文的生物进化理论不过是机械论世界观在生物领域应用的伟大成果，从而促使机械论的世界观更加深入人心，更加普及和流行。从科学家到普通民众，这一世界观成为了人们研究一切问题、分析一切事物的准绳。

（二）熵定律

1. 热力学第二定律

热力学有三大定律。第一定律是：热和机械功相互转化的数量关系（守恒），即能量守恒定律。自然界中一切物质都具有能量，能量具有各种不同的形式，各种形式的能量都能从一种形式转化为另一种形式，由一个系统传递给另一个系统，在转化和传递过程中能量是守恒的。

第二定律：热量不能自动从低温物体转到高温物体。

第三定律：绝对零度是不能达到的。

本章主要讨论第一和第二定律与一种新的、不同于机械论世界观的关系。热力学第二定律是在研究热机效率的基础上逐步被发现的。1850 年，德国科学家克劳修斯在长期观察自然界热传递现象后，提出了一条热力学原理："不可能把热量从低温物体传到高温物体而不引起其他变化。"这被称为热力学第二定律的克劳修斯表述。1851 年，英国科学家开尔文在大量实践经验的基础上提出了新的表述："不可能从单一热源吸取热量，使之完全变为有用的功而不引起其他变化。"这被称为开尔文表述。[①] 这两种表述，是完全等效的。就是说，只要承认其中一种，就能推导出另一种。这两种表述都是采用否定的句式，这与其他物理定律的肯定句式表述不同。用这种否定的表述法来阐明一个关于热力学过程进行的方向和条件肯定的普遍规律，具有更深刻的含义。

一个系统从状态 A 经过某种过程变化到状态 B，如果存在另一过程，能使系统由状态 B 变回到状态 A，同时外界也完全复原而不引起任何其他变化，则原来的过程叫"可逆过程"；如果用任何方法都不能使系统和外界同时完全复原，则原来的过程叫"不可逆过程"。热力学第二定律告诉我们，宇宙的形成和变化过程是不可逆的。

爱因斯坦曾长期思考过：哪一条科学定律是当之无愧的最高定律？他的结论是："一种理论前提越为简练，涉及的内容越为纷杂，适

① 黄迪兴、辛绵荣：《分子物理学及热力学》，陕西人民教育出版社 1987 年版，第 254、255 页。

用的领域越为广泛，那这种理论就越伟大。经典热力学就是因此给我留下了极其深刻的印象。我相信，只有内容广泛而又普通的热力学理论才能通过其基本概念的运用而永远站稳脚跟。”①热力学理论对世界的解释力比牛顿力学理论高一个层次，在此基础上形成的新世界观高过在牛顿力学基础上形成的机械论的世界观。

2. 熵定律

热力学研究了三种系统：(1)不和外部世界交换物质，也不交换能量的“孤立系统”。(2)与外部世界交换能量，但不交换物质的“封闭系统”。(3)既与外部世界交换能量，又交换物质的“开放系统”。地球是封闭系统，它与太阳交换能量，但不交换物质。偶尔有陨石坠落到地球，带来少量宇宙尘埃(物质)，或人类把卫星(物质)送入太空。这种交换，相对于地球和太阳的质量和体积，小到可以忽略不计。

热力学第一定律和第二定律，现在已经作为物理学的基本内容写进了物理学的基础教程。热力学的这两个定律可以用一句简短的句子来表述：“宇宙的能量总和是个常数，总的熵是不断增加的。”这就是熵定律。英国天文学家爱丁顿称它为整个宇宙的最高定律。

熵定律告诉我们，宇宙中的能量总和一开始便是固定的，它可以从一种形式转化为另一种形式，但总量是不会改变的。你不可能创造，也不可能消灭能量。整个世界的能量总和一开始便是既定的，只会相互转化，而不会减少或增加。这就是热力学第一定律——能量守恒定律——告诉我们的道理。但当能量从一种状态转化到另一种状态时，我们会“得到一定的惩罚”。这个惩罚就是我们会损失能在将来用于做某种功的一定能量。这就是“熵”。例如，我们用煤燃烧后发了电，煤的热能变成了电能，能量守恒没变，但那些燃烧过的煤

① 特德·霍华德、杰里米·黑夫金：《熵：一种新的世界观》，吕明、袁舟译，上海译文出版社1987年版，第40页。

就不能被用来再去发电了。这就是热力学第二定律告诉我们的道理。

“熵”是不能再被转化做功的能量总和的测定单位。熵越多，就说明不能再被转化做功的物质越多，也可通俗地称为废物质越多。“熵”这个概念是德国物理学家克劳修斯在1865年提出来的。熵的增加就意味着有效能量的减少。许多人认为“污染”是工业生产的副产品，实际上它只是世界上转化成有效能量后所形成的无效物质的总和。耗散了的能量就是污染，污染是熵的另一种说法，它是某一系统中存在的一定单位的无效能量。例如，燃烧过的煤渣，炼过汽油的石油残渣。克劳修斯在总结热力学第二定律时说：“世界的熵（即无效能量的总和）总是趋向最大量的。”①

3. 热寂说

“热寂说”是在热力学第二定律的基础上，由开尔文和克劳修斯几乎同时提出的。1852年4月19日，开尔文在《爱丁堡皇家学会议事录》上发表的《论自然界中机械能散逸的普遍趋势》一文中指出：“在现今，在物质世界中进行着使机械能散失的普遍趋势……在将要到来的一个有限时期内，除非采取或将采取某些目前世界上已知的并正在遵循的规律所不能接受的措施，否则地球必将开始不适合人类像目前这样居住下去。”1862年开尔文发表《关于太阳热的可能寿命的历史考察》一文，他说：“热力学第二个伟大定律孕含着自然的某种不可逆作用原理，这个原理表明虽然机械能不可灭，却会有一种普遍耗散趋向，这种耗散在物质的宇宙中会造成热量逐渐增加和扩散，以及势的枯竭。如果宇宙有限并服从现有的定律，那么结果将不可避免地出现宇宙静止和死亡状态。但是，对宇宙中的物质广延设想

---

① 特德·霍华德、杰里米·黑夫金：《熵：一种新的世界观》，吕明、袁舟译，上海译文出版社1987年版，第31页。

一个界限是不可能的。"从这段话里我们知道：开尔文十分明确地提出了宇宙的"热寂说"。但他提出"热寂说"是有前提条件的，这个条件就是宇宙是有限的。但他又认为，把物质广延的宇宙看成是一个有限的体系是不可能的。因此，在开尔文心中，他并不能完全肯定热力学第二定律是否可以推广到他并不真正了解的整个宇宙。

1865 年 4 月 24 日，克劳修斯在苏黎世自然科学家联合会上作了《关于热动力理论主要方程各种应用的方便形式》的演讲，该文同年发表在德国《物理和化学年鉴》上。克劳修斯在这篇文章中第一次提出了"熵"的概念，证明了熵在热扩散的过程中增加，并将热力学定律表述为："宇宙的能量保持不变，宇宙的熵趋于极大值"这样两个宇宙的基本定律。这就是"熵定律"。他指出，当宇宙中一切状态改变都向着一个方向时，宇宙必然要不断地趋近于一个熵极大的极限状态。这个极限状态就是宇宙的热寂状态。

1856 年，赫尔姆霍茨系统地提出了后来成了典型的以熵定律为基础的宇宙理论。他认为宇宙正在逐渐衰亡，宇宙的熵最终必然达到最大值，热寂必然会到来，那时所有的有用能量已被消耗一空，宇宙中再也不会有任何变化发生。宇宙的热寂相当于永恒的宁静。[①]热能总是从高温区向低温区扩散，最后达到均衡。就如同你把香水喷在空中，这些香水分子就向四周发散开来，最后均匀地分布在整个房间里。

现在被广泛认可的宇宙起源和演变的理论是大爆炸学说，它最初是由比利时天文学家卡农·乔治·勒梅特提出的。他假设一个密集能源的大爆炸是宇宙的起源。当这个密集的能源向外膨胀时，它的膨胀速度逐渐减慢，从而形成了银河系、恒星和行星。当这个能源

① 特德·霍华德、杰里米·黑夫金：《熵：一种新的世界观》，吕明、袁舟译，上海译文出版社 1987 年版，第 41 页。

继续膨胀、消耗时，它越来越失去原来的秩序，最后达到最大的熵值，即达到了热寂的最终热平衡状态。大爆炸学说符合热力学第一和第二定律。它认为宇宙以有序的状态开始，不断地向无序的状态发展。

4. 熵定律世界观

机械论的世界观告诉我们：这个世界是按照一定的规则运行的，是和谐有序的。这些规则人类通过实验和观察是可以认识的。人一旦认识了这些规律，就可以应用这些规律来为人类服务，使人的生活越来越富裕，经济越来越发展，社会越来越进步。例如，人类认识了万有引力规律，人就可以制造出飞船，到月球去探访。人类搞清了蒸汽的原理，发明了蒸汽机，使人类整个的生活变了样。机械论的世界观是一种进取的、革命的、要向地球和自然索取的世界观，是一种人定胜天的世界观。这个世界观统治了人类300多年，至今还在影响着人类生产和生活的方方面面。

熵定律的世界观告诉我们：这个世界的能量（资源）是固定的，是个常数，只能相互转化，而不会减少或增加。当能量从一种状态转变到另一种状态时，就损失掉了现有的将来可用于做功的能量。这就是熵。熵是不能再被转化做功的能量（无效能量）的测定单位。熵越多，说明不能再被转化做功的物质越多。很不幸，这个世界的熵在向着越来越多的方向演变，这个过程是不可逆的。

热力学第一和第二定律、熵定律，以及在此基础上形成的熵定律世界观，已经出现100多年了，尽管爱因斯坦认为它比牛顿力学有更强和更广泛的普解性，是整个科学的首要定律，但在牛顿力学基础上形成的机械论的世界观至今仍然牢固地占领着多数人的头脑，知道熵定律世界观的人很少，愿意按此行事的人更是少之又少。原因何在呢？

熵定律世界观要求我们：必须学会并实行“根据条件许可来生

活”,而不是按照机械论的世界观,无限制地追求生产率的不断提高和经济的快速增长,人人都过富人的日子。我们必须牢牢记住一个最简单的真理:就是人类不能创造能量。人类所能做的只是把一种能量转化成另一种能量。例如,把煤的热能转化成电能。世界万物的形态、结构和运动都不过是能量的不同聚集与转化形式的具体表现。一个人、一幢房子、一辆汽车、一度电都是能量从一种形式转化成了另一种形式。政治、经济、文化、制度,人每天的工作,都是把能量从一种形态转化成另一种形态。从这个根本点上,我们才认识到:太阳底下没有新鲜的东西。地球上可转化为人所用的能量是一个定数,而人越来越多,每个人要存活,需要使用的能量也越来越多。50年前,使用空调很少,现在几乎是家家在用了。现代工业社会中,每个成员维持生存所需的能量是100万年前每个人的1000多倍。

30亿年以前,生命出现了。它的产生和成长源于土地里的能源和来自太阳的能量。300万年以前,人类出现在地球上,他们靠太阳能和地球上的再生资源存活。经过漫长的岁月,到1800年世界上才有10亿人口。从那时起,人口激增的时代开始了。100年后,世界人口翻了一番,达到20亿。1930年至1960年的30年里,又增加了10亿,达到30亿,之后,15年的时间就增加10亿,达到40亿,现在是70亿。地球上储存了几十亿年的人类可用资源,例如铁、煤炭、石油等正在以越来越快的速度被人类耗尽。建立在非再生资源基础上的工业时代的时间不足人类历史长度的万分之一,而80%的人口增长却发生在这个时期。怎么办?人类还能按目前的工业社会模式发展、存活下去吗?

熵定律回答了工业社会之后一直缠绕着人类的这个问题。人类今后应该怎么样生活和作为(工作)?尽管人们普遍认为人的行为应能保护人类的生命,并使人这一种物种延续。但如何延续则有许多作法。熵定律提供了一个最优的人类存活的答案。保存和延续生命需要能量,尽可能保护和延续地球上生命的多样性,最有益于人类的生存和延续。而使地球上尽可能多的生命和物种得以生存和延续需要尽可能多的能量。目前的情况是:地球上 40 多亿年所形成和储存的资源,已被人类在 300 万年的时间,主要是在工业革命之后的 300 年时间里开采、使用濒临枯竭。人类侵夺了地球上其他生命今后可用的资源,也过度消耗和侵吞了我们子孙后代可用的资源。这一过程还在加速进行。今天我们每个人使用的能量越多,留给其他生命和我们后代子孙的能量就越少。道德上的最高要求是:从今天起,地球上的每个人要尽量地减少能量耗费,过一种低能量的生活。这样做才是对所有地球生命的热爱,是对我们孩子的热爱和担当,是人的责任和最高理念。这样做,地球上其他生命才会有生存的空间和能量,才能保障地球的多样化。最终,才能保证人类的生存和延续,即尽可能长时间的延续,而不至于急速地奔向死亡。

历史是否有注定的不可改变的进程?人类能否运用其自由意志来影响,甚至改变历史的进程?这是人们一直争论不休的问题。熵定律比其他任何理论都给出了更有说服力的回答。就时间的方向性而言,热力学第二定律告诉我们:时间只是熵变化的一种表征和度量,当世界达到熵最大的时候,万物进入“热寂”,宇宙中一片寂静,再无任何变化时,时间就会终止。熵的增大是不可逆的,所以时间也是不可逆的。人类无法逆转时间与熵的方向和过程,但人类可以运用自由意志来决定和改变熵增大过程的速度。人类在地球上的所有作为都直接影响到熵增大过程的缓急,我们能做的是让这一过程减慢速度。这或许就是人类最高的伦理原则,也是“爱”的本质所在。

人与自然的对立,人对自然的无情掠夺,是人类信奉机械论世界观的后果。熵定律世界观要求人类与自然和谐相处,从“对抗自然的人”、“战胜自然的人”变为“自然中的人”、“守护和看管自然的人”。从拼命追求“消费不断升级的人”变为“根据条件许可生活的人”。熵定律要求人们将能量流降到最低程度，在低熵社会里，“少花即多得”是至理名言。人人重视节约，人类的生存和文化创造需求将得到满足，过度的消费会被人们认为是一件不道德的事情。甘地说：“文明的精髓不在于需求的增加，而在于有目的地、自觉自愿地放弃它们。”[①]他崇尚并提倡一种简朴的生活，一生身体力行。但是人们会听从他的教诲，遵循熵定律的原则吗？

回答是否定的。美国作为后起的工业化国家，人均耗费能源已经超过了老牌工业化国家英国，仅占世界人口4%的国家，每年耗费的能源占全世界能耗的30%多。后起的发展中国家，从普通民众到领导人都期望过上美国中产阶级的生活。如果都这样想、这样做、这样奋斗，世界现存的资源还能供人类用几年呢？世界现有的资源能支撑70亿人口都过上今天美国中产阶级那样的生活吗？回答是否定的。但人类不会现在就选择遵循熵定律世界观所指引的生存方式。有一句著名的格言讲：“几何公理要是触犯了人的利益，人会废掉几何公理。”这是人之常情。所以，人们宁愿继续信奉机械论的世界观，希望它能给所有的人带来越来越富裕的生活，而不愿选择和信奉熵定律世界观，因为这个世界观要求人过一种简朴的生活。但是人类废不掉熵定律，它每天都在运行，我们每天都能看到它运行的结果：环境污染越来越严重，各种可用资源在加速枯竭。相对于宇宙的无穷，人是很渺小的，人应该学会敬畏自然。

人类已到了一个必须坐下来，认真检讨自己现有的生存方式，选择并尽快开始过一种熵定律所指示的人类应实行的生存方式。各国

---

① 特德·霍华德、杰里米·黑夫金：《熵：一种新的世界观》，吕明、袁舟译，上海译文出版社1987年版，第187页。

的领袖们应该坐在一起，认真地面对这一问题，高瞻远瞩地审视和解决这一问题。这才是领袖们应干的最重要的事情。这是人类的最后机会。

在写这一部分时，我总是想到两千多年前的老子。读老子的书，你会时时感到老子懂热力学第二定律，知道熵定律。他处处在讲熵定律。他反对用智，认为人一用智就完了。他主张人类应回到“小国寡民”的社会，这比柏拉图的《理想国》彻底得多。“理想国”还有哲学王在用智设计和管理着国家，“小国寡民”里则是无为而治，并且是小国，不但国小，人口也要少。而且“鸡犬之声相闻，民至老死不相往来”。不搞车辆和交往。我不是认为老子讲的这些都对，应该这么去做。我是说，你读老子的书，你会感到他是一个彻底的低熵主义者。他凭着自己的直觉，感知到了熵定律——这个宇宙的最高定律。一部《道德经》，不是都在讲热力学第二定律和熵定律吗？而其中又包含着比熵定律更深刻的对人和人类社会的思考和深深的忧虑。

（三）科学正在变为一种宗教

1. 增长的极限

1968 年 4 月，来自十个国家的 30 位学者，有科学家、经济学家、企业家、教育家、人文学者聚会在罗马城，讨论人类目前和未来的困难处境。会后由美国经济学家梅多斯等写成一本书《增长的极限》，出版后引起各国政治家和经济学家的重视，并引发了知识界的一场大讨论。

增长极限论认为，经济增长由人口增长、粮食供应、工业资本投资、能源消耗和环境污染五个因素决定。人口以指数形式，即几何级数增长，要求粮食供应、工业资本投资也要按指数形式增长，不然就无法满足人类目前的生活消费。但粮食供应受自然资源（土地、水等）制约，无法实现指数增长；工业资本投资的增长又受地球上不可再生性资源(煤、石油、各种矿藏等)和开采这些资源所带来的环境污染所制约。所以,经济增长就受到限制,不会无限增长下去。梅多斯把这些制约因素通过计算机进行定量分析,得出世界经济如果以当时的速度增长下去,人口增长率和资源消耗速度不变,人类社会将在2100年崩溃的结论。他们指出,为了避免这一前景的发生,人类应在1975年停止人口的增长,1990年停止工业投资的增长,以达到"增长为零"的"全球性均衡"。这个事关人类命运的耸人听闻的结论,使《增长的极限》出版后立即引起西方发达国家学术界的激烈争论,许多学者把梅多斯等人的世界模型称作"世界末日模型"。

在这本书中,作者还依据当时各类矿物资源全球的年消耗量和已探明的地球储量,计算出了各种矿物可开采使用的年限。例如铝,可用100年,煤可用2300年,铜可用36年,黄金可用11年,铁可用240年,铅可用26年,天然气可用38年,石油可用31年,锡可用17年,白银可用16年,钨可用23年。[①] 本书1972年出版以来,书中一些预料的事情并未发生,或并未出现书中所讲的严重情况。例如,1975年全世界人口并未停止增长,1990年以来,工业投资一直在增长,发展中国家增长更多,但并未看到全球经济发生崩溃,人们的生活水平总的呈现不断提高的状态,黄金、白银、铜、铅、天然气、石油并未在书中所预计的年限里采完用光,目前还在开采着。这使不少国家的领导者和民众产生了一种侥幸心态,认为地球的资源可以开采更长的年限,就是有些资源用完了,例如石油,还可以在海底开采甲烷干冰(可燃冰)作为新的能源。这是一种天真的幻想,即使有些资源,例如天然气、石油、铜、金等未按书中所预测的时间用完,其可开采使用的时间也越来越短了,科学的最新发展并没有改变这个趋势。

---

① 梅多斯等:《增长的极限》,于树生译,商务印书馆1984年版,第38、39、40页。

如果现在人类不及早做出准备，到这些资源陆续用完时，是一种兵败如山倒的局面。那时再动手做准备，就来不及了。

其实零增长并不可怕，像日本这样的发达国家已经是多年零增长了，民众仍然享有一个高水平的生活，并且经济增长并不等于社会福利的增长，过快的增长还会带来产品的过剩和环境污染。在今天(2015 年)全球人均 GDP 一万多美元的情况下，只要分配公正合理，每一个人都能过上丰衣足食的生活，并有大量的时间去追求自己在文化艺术等方面的爱好，从中体验和享受幸福。

2. 生产率神话

在人类的发展进化中，人一直在寻找提高劳动生产率的办法，但大规模地提高劳动生产率，把劳动生产率看成是社会进步的最重要指标是工业化社会开始后的事情。亚当·斯密总结出分工可以大幅度提高劳动生产率，泰罗通过动作研究提高劳动生产率，马克思认为大机器生产、流水线生产方式、股份制，可以奇迹般地提高生产率。列宁则在他的多部著作和文章中强调：要使新的社会制度取得胜利，最重要的和最主要的，归根到底是提高劳动生产率。列宁说，在一切社会主义革命中，在无产阶级夺取政权以后，“必须提到首要地位的根本任务，是建立比资本主义更高级的社会制度，即提高劳动生产率和建立相应的(也是为此而建立的)高级劳动组织”。列宁强调指出，不提高劳动生产率，就不能完全过渡到共产主义。“共产主义就是利用先进技术的、自愿自觉的、联合起来的工人所创造出来的较资本主义更高的劳动生产率。”①

在人类没有解决自己的温饱问题，还处在饥寒交迫的境况之中时，这一切都是对的，都是紧迫要解决的。但当人类经历了工业时

① 《列宁论劳动生产率》，人民出版社 1956 年版，第 3、4 页。

代,认识了熵定律之后,生产率的问题就需要重新认识和对待。列宁说,要提高劳动生产率,首先必须有大工业作为物质基础,必须发展燃料、金属、机器制造、动力、化学工业的生产。[①] 而这一切都带来地球所贮存能源的快速消耗,将人类迅速地推向熵最大化的绝境之中。所以,急切的、快速的提高劳动生产率,实质是急速地增大地球之熵的另一种说法。在今天人类的生产能力和生产率已足够解决人类健康生存(并常有生产过剩)的情况下,再去大幅度地、急切地提高劳动生产率,并把此作为两种不同社会制度竞赛的关键,是一条快速的通往"热寂"结局的做法。

人类要重新思考和认识生产率,把现有的生产节奏、生活节奏放慢,去习惯过一种慢节奏的、低熵的生活,丢掉高生产率的神话。

3. 科学正在变为一种宗教

在采集—狩猎时代,人们迷信神奇的力量,迷信风、雨、雷、电,因为它有巨大、神奇的力量;迷信狮子、老虎,认为没有其他动物能战胜它们,它们想吃谁就吃谁,是百兽之王,没有饥饿和生存的担忧。到了宗教时代,人们迷信上帝、安拉和佛陀,认为他们无所不能,管理着人们想往的地方——天国,是天国之王。其实人们所迷信的是宇宙和谐运行背后的那个原因,那个控制者,把这个控制者拟人化为基督、穆罕默德、释迦牟尼和各种神灵。后来,牛顿出现了,他告诉地球人万物是如何运行的,把人们看不见的万有引力通过星球的运转用数学的公式告诉你,并计算出它下一次出现的时间和方位。这类似于宗教中上帝的显灵,而这个"灵"又是通过实验和计算可以向人们展现和说明的。于是人们开始迷信牛顿,进而迷信科学,迷信科学家。一些科学家或科学工作者成为了国家领导人,国家的领导权就

① 《列宁论劳动生产率》,第 3 页。

掌握在了科学家和相信科学的知识分子手中。他们信奉科学，并通过科学发展经济，提高了人民的生活水平。人们看到科学所带来的人类生活的巨大变化，看到科学的巨大力量，人可以凭借科学登上月球就是最大的证明。于是科学压倒了所有的宗教，成为几乎所有人信奉的新宗教。

有人信仰宗教，也相信科学。许多信仰宗教的人其实并不相信上帝创造了世界和万物的教义，他们信仰宗教，主要是一种心灵的依托和道德的赎罪。但他们相信科学是真心实意的。其实科学本身只是科学家提出的一个一个假说，并不是放之四海而皆准的。牛顿的物理学在被人们信奉了 300 年后，受到爱因斯坦相对论的质疑，爱因斯坦的相对论又受到量子力学的挑战。科学本身也在进行着吐故纳新，旧的理论不断被新的理论代替。

人们从信奉科学，逐渐走向迷信科学。科学正在变为一种迷信，人们相信科学可以解决一切。任何一种新技术，在给人类带来巨大利益时，也给人类埋下巨大的灾难。例如原子能技术，在给人类带来新的能源的同时，也埋下了原子战争和核泄漏的灾难。科学技术在给人类带来巨大利益和方便的同时，也给人类带来环境污染和各种新的社会问题。

人们愿意相信建立在牛顿物理学基础上的科学，并且愿意按这种科学办事；人们即使相信熵定律的科学结论，也不愿按熵定律所提示的人类应遵循的低熵生活方式生活。人是有选择能力和决策能力的动物，人类在选择中以私利为导向进行机会主义的选择。人人都想有一部自己的小汽车，熵定律告诉我们：如果地球上 70 亿人都有一部车，地球可能就进入了“热寂”时刻。信奉熵定律的人会问：“我们的生活果真缺汽车吗?”“今日的汽车是否剥夺了下一代人维持基本生活所需的能量?”然后研究新的低熵的出行方式。而信奉牛顿的机械论世界观的人会想:“我们设计什么样的汽车更节能?”然后设计更节能的小汽车,而不会停止对小汽车的拥有和享用。两种世界观,两种不同的提问和思考方向,导致两种不同的结果。绝大部分的人会选择后者,这更可怕,因为这是一种“温水煮青蛙”。人类会在没有防备和不知不觉中走向灾难。所以,对科学的迷信比对宗教的迷信更可怕,更难纠正。

人类到了一个要重新问自己:人是什么?人生的目的是什么?怎么样的路径才是达到这一目的的正确道路?科学并不能解决这些问题,这需要宗教和哲学。

这样,也只有这样,人类才能走出科学的迷信。

七　递弱代偿原理与耗散结构理论

宇宙到底是如何演变的?地球目前在如何演变着?宇宙的演变规律和地球的演变规律是否一样?人类社会是如何演变的?是决定论的还是几率的?宇宙的演变法则是否与人类的演变法则一样?或者,宇宙的演变法律是否决定着人类的演变法则?从古希腊的先哲到现代的科学巨匠,一直在探索着这些问题,并提出了各自的学说。

在近五千年人类有文字记载的对这些问题的探寻中,中国除老子外,一直是缺位的。中国历代的知识分子,把注意力和精力集中在了“修身、齐家、治国、平天下”上,满腹悲愤的屈原,虽然向大自然发出了172问,但没有静下心来,思索对宇宙运行规则的发问,回答其中任何一个发问。至今,除老子写的《道德经》外,中国没有一部论著可以与达尔文的《物种起源》、牛顿和爱因斯坦的宇宙运行学说对话,中华民族在这个探索宇宙和人类终极秘密的领域是失语和缺位的。杨振宁和李政道因对宇称守恒定律的深入研究(它导致了有关亚原子粒子的重大发现),提出了“弱相互作用下宇称不守恒”的新观点,而获 1957 年诺贝尔物理学奖，但相对于牛顿和爱因斯坦的宇宙运行学说而言，他们的研究局限在物理学的一个领域，未对宇宙运行的规律提出新的学说。

世纪之末，1998 年，一位不知名的中国学者王东岳出版了他写的《物演通论》，提出了万物演化的“递弱代偿”原理，加入了与这些伟大思想家的对话。

(一) 递弱代偿原理

1. 递弱代偿原理

王东岳认为，万物演化遵循着一个共同的原理，这就是“递弱代偿原理”。他发现，地球上许多物种消失了，越是较晚出现的物种，存在的时间反而越短，消亡的越快。他称这个过程是一个递弱的过程，提出了一个新的概念——“存在度”，用来描述这个过程。“存在度”在 0 到 1 之间，存在度为 1，说明这个存在物存在，存在度最强。但任何物类或物种，存在度永远保持在 1 是不可能的，因为世间万物都在流变之中，不可能有某种物种永存。存在度为 0，说明这个存在物已经消亡。即存在度越靠近 1，说明存在物越牢固，存在效力越强。存在度越接近 0，说明存在物越脆弱，存在效力越弱。作者认为，万物的存在度沿时间轴都是递弱的，即随着时间的增加，任何物种的存在度都是由靠近 1 向 0 递减的。愈原始愈简单的物类或物种，其存在度愈高(存在度趋近 1)，愈后衍愈复杂的物类或物种，其存在度愈低(存在度趋近 0)。

在这一递弱的过程中，每一物类或物种都想拼命保有自己的存在。怎么办呢？它们会尽可能增强自己的存活本领，这就是“代偿”。即每一物类或物种在自己的存在度递弱时，都会生成和发展出一些“代偿”的属性或本领。作者也给出了一个衡量代偿能力的度量标准——“代偿度”，用来描述代偿的情况。作者用坐标的纵轴表示物类或物种的存在度(Ed)，也称为存在效价，区域为 0 到 1(见下图)。存在

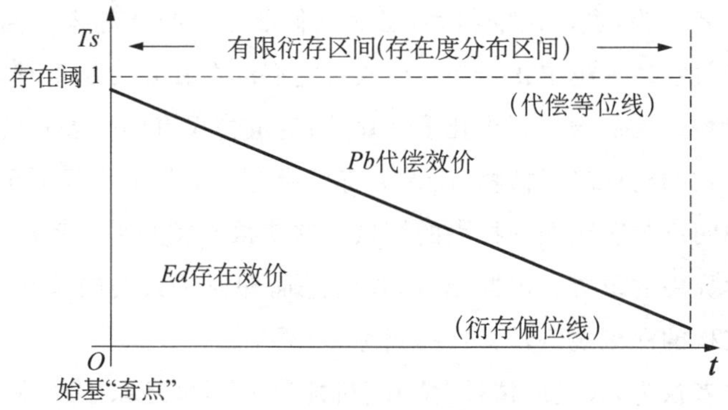

7－1　递弱代偿原理图

阈用 Ts 表示，是一条存在度为 1 的平行于横轴的直线。横轴表示物类或物种的存在时间(t)。任何物种，它的演化过程都是从存在到消亡，所以是一条发端于纵轴靠近 1 的地方，终止在横轴靠近 0 的地方的一条向右下方倾斜的曲线。这条曲线的左下方表示该物存在度(Ed)的递减情况，这条曲线的右上方表示该物代偿度(Pb)，也称代偿效价递增的情况。存在度与代偿度相加，Ed ＋ Pb ＝ Ts。表述着这一物种在这一时点存在的状态，即存在的位阶(作者用的是"位格"，我认为用"位阶"更确切)。两项相加低于 Ts 这一阈值时，该物种将消亡。即 Ts 这一阈值是物类或物种的存亡线。

作者指出："从动向上看，存在效价必趋衰变而代偿效价相应递补，即存在效价一般表现为自变递减量，代偿效价一般表现为因变递增量，代偿效价(Pb)是存在效价(Ed)的单向反比线性函数；从动量上看，代偿效价(Pb)的增量不可能大于存在效价(Ed)的减量，即存在阈(Ts)作为一项常量是以上两项具有函数关系的变量之和，由此形成宇宙万物得以存在的基本强度或基准阈值。"①

① 王东岳：《物演通论》，陕西人民出版社 2009 年版(第三版)，第 48 页。

作者认为,愈高级的物种,虽然它们的生存技巧越来越高强(即“衍存属性”越来越丰化),却不能改变它们的存在效力越来越衰微的总体趋势。无机物如石头几乎常存,陆生植物仅有四亿多年的历史,哺乳动物的出现晚于植物,而人类有可能是一个最了不起的至弱者,一个聪明反被聪明误的扑火的灯蛾。这使得人类必须重新反省自身在自然界中的位置。由此出发,作者进而探讨了人类的精神属性和社会结构的深刻规定及其自然渊源。

作者认为,人类的精神“感知”机能其实不过是原始物质“感应”性能的代偿性增益的产物,它随着物质存在度的减弱而增加,历经“感应”(原始理化属性)→“感性”(初级生物属性)→“知性”(中级动物本性)→“理性”(晚级人类智能)等递弱代偿阶段的演化。所谓“逻辑”,无非就是这个自然分化进程中的一脉代偿体系罢了。因此,“精神本体”的基本规定性与其他物类的“感应依存属性”无异。作者从这一角度分析并说明了哲学史上争论不休的“知与在的关系”问题。在此基础上,作者对特别玄难的“意志论”和“什么是美?美的来源”提出了自己独有的见解。

2. 人类的没落

作者用他提出的“递弱代偿”原理,分析了人类社会的演变历程,写成《人类的没落》一书,于2010年出版。

作者认为,人类社会是宇宙物演过程中“弱化=分化=残化”的系列结构代偿的产物。即随着自然分化程序的递进,物质的残弱化演变历程必然要求相应的结构化建设予以代偿。它历经“原子”(粒子的残化构合实体)→“分子”(原子的残化构合实体)→“亚细胞和单细胞生物”(分子的残化构合实体)→“多细胞有机体”(细胞的残化构合实体)→“社会”(动物个员的残化构合实体)。这一实体结构化的跃迁进程正是社会存在的自然基础,从而使“作为人的行为产物的社会”真正变成了“物理存在→化学存在→生物存在→社会存在”的自然物演链条上的最后一环。

作者指出:“晚级文明社会的发展结果只能是:依存条件愈繁,依存难度愈大;结构体系愈密,破绽之处愈多。而十分不幸的是,此刻的‘智性物种’其生物生存度已趋近于零,他们必须时刻仰赖社会结构的有序运转才能苟存,可偏偏此一结构体系也已走到了自然代偿演运的尽头,亦即社会结构的脆弱程度业已发展到一触即溃的地步。”作者认为人类目前正处在加速奔向死亡之中。

有什么好办法可以阻断这一趋势,或者有什么方法可以使这一加速减缓呢?作者的回答是否定的。他说:“人类对于自身在自然界的位置几乎茫然无知,而整个学术界甚至对于‘社会’这个运载体究竟属于何物都摸不着头脑,更不要说对它的‘运动趋向’有所把握了。”“纵观人类文明史,任何社会变革都不免陷入两重灾难:一是随机的动乱或动荡,成与不成,皆属瞎折腾;二是侥幸变革成功,则立刻进入下一轮更大的灾难,那就是愈发失稳也愈发紧张的社会晋级。”“从逻辑上讲,我原本就不相信具有扭转这种危机趋势的任何可能(因为如果它要是可以任意改动或人为变通的,则说明它根本就不是一个既定的趋势或自然的律令)。”作者的结论是:“我们面临这样一种困局:‘无所作为’相当于等死,‘有所作为’又可能死得更快。”[①]这一人类在走向衰亡的结论与热力学第二定律所推出的结论是一致的。区别在于:热力学第二定律指出这一结果是由于人类把地球上可用的人所需要的能源用完(转化完)了;而“递弱代偿”原理认为是代偿效应加速了人类消亡的速度。所以,这两种理论所得出的人类消亡的时间点是不同的。

---

① 王东岳:《人类的没落》,陕西人民出版社2010年版,第119、45、2、3、76、80页。

人类真的在急速的走向死亡，而没有救了吗？

(二) 耗散结构理论

1. 耗散结构理论

20 世纪 60 年代，以伊利亚·普利高津为首的布鲁塞尔学派在研究非平衡态热力学和统计物理学的过程中，找到了开放系统由无序状态转变为有序状态的途径，提出了耗散结构理论。1969 年，普利高津在一次“理论物理与生物学”的国际会议上发表的《结构、耗散和生命》的论文中，正式提出这一理论。这一理论提出后，在全世界科学界和哲学界轰动很大，《纽约时报》1980 年发表特稿，宣称普利高津的耗散结构理论“帮助人类解决了科学上一项最扰人的似是而非的问题”。普利高津教授由于这一贡献而获 1977 年诺贝尔物理学奖。一些学者用这一理论来反对“热寂说”。突然之间，人类似乎找到了一条摆脱“热寂”命运的新方舟。

耗散结构(Dissipative Structure)是相对平衡结构而言的。我们知道，经典热力学所研究的主要是在平衡状态下一个系统的稳定有序结构。处在非平衡状态下的系统能否出现稳定的有序结构呢？传统的物理学证明，在接近平衡的非平衡态，是不可能产生任何新的有序结构的。而普利高津和他的团队经过多年的研究证明：一个远离平衡态的系统，如果是一个不断与外界交换物质和能量的“开放系统”(包括物理的、化学的、生物的，乃至社会的系统)，在外界条件变化达到一定范围时，即一旦系统的某个参量变化达到一定的阈值，通过涨落，系统便可能发生突变，即非平衡相变，就会由原来无序的混乱状态转变到一种在时间、空间或功能上的有序状态。由于这种远离平衡态时形成的新的稳定的有序结构是靠不断耗散物质和能量来维持的，所以普利高津称之为“耗散结构”。耗散结构理论研究的是一个系统从混沌向有序转化的机理、条件和规律。

冬天玻璃窗上的水汽可以凝结成美丽的结晶(冰花),其内部的分子、原子呈长程有序排列,它们之间的相互作用不随时间改变。这就是一种典型的平衡结构。一杯水,我们从底部均匀加热,水的内部便产生温度差,底部热,上部冷。当这一温度差很小时,液体处于线性近平衡态;当温度达到某一特定值时,液体内部就会出现许多有序的六角形对流元胞。在元胞中心,液体向上流动,在元胞四周的边缘,液体向下流动,分子处于高度有组织状态。这一现象在流体力学中被称为贝纳德(Benard)对流。显然,贝纳德对流是处在非平衡状态的,但同时又是一种稳定有序的状态。这种有序的结构就是耗散结构。从以上两例中我们可以看到,平衡结构是一种“死”的结构,它不需要外界供给它物质、能量和信息,这种系统越是孤立,越能保持其稳定和有序。而耗散结构则是一种“活”的结构,只有不断地与外界发生物质、能量和信息的交换,才能存在,才能维持它的稳定和有序。

为什么系统在远离平衡态时能产生新的稳定的有序状态呢?普利高津从任何系统实际上都和外界环境有一定的相互联系和相互作用的认识出发,找到了从无序状态过渡到新的有序状态的途径。他指出,对于一个开放系统来说,熵(S)的变化可以分为两部分:一部分是系统本身由于不可逆过程引起的熵增加,即熵产生(dis),这一项永远是正的;另一部分是系统与外界交换物质和能量所引起的熵流(des),这一项可正可负。整个系统熵的变化为两项之和:ds=des+dis。根据热力学第二定律,dis≥0。在孤立系统中,没有熵流,des=0,因此 ds>0,系统只会走向无序。在开放系统中,熵流 des 可以大于或小于零。如果 des 为负值,即熵流为负。当负熵流的绝对值大于熵产生 dis 时,系统中总的熵的变化 ds 可以小于零,这时系统的总熵随时间变化逐步减小,系统便由无序向新的有序变化。若负熵流与熵产生数量相等,则 ds 为零,系统保持其原来的稳定有序状态。

所以，一个远离平衡态的开放系统，有可能通过从外界取得负熵流的办法来抵偿系统内部的熵产生，使系统总的熵的变化为零或负值，使系统成为一个新的有序的系统。

2. 耗散结构理论能拯救人类吗

熵定律是以地质年代为单位影响着世界和人类的，所以，在它提出后的100多年中，除物理学家关注并继续研究熵的规律和作用外，经济学家、社会学家、各国领导人和企业家并不关心这一理论。但到20世纪70年代，随着《增长的极限》一书的出版，熵影响人类的问题，再不是地质年代的事情，人们眼看着人类可用的能源石油和天然气在加速加倍的消耗着，要不了50年，就会消耗完。那时人类社会有可能从有序走向无序，人们已经听到了熵定律快速走来的脚步声。怎么办?

克劳修斯认为，根据熵增加原理，整个宇宙将自发地由有序变为无序，随着宇宙的熵趋于极大，宇宙万物达到热平衡，也就是死寂。而达尔文的生物进化论却告诉我们，生物由单细胞进化到人，发展的方向是越来越复杂，越来越有序。这是不同的发展变化观。物理学和生物学虽然都研究发展和变化，二者却形成了迥然不同的方向，一个归于死寂，一个是不断进化。

“耗散结构理论”的提出，为人类带来了一线希望。牛顿物理学描述了一个“无生命”的能源世界，它的对象是纯数量的、运动中的无生命物质。所以，这个理论模型不适合一个有生命的、可再生的、流动着的能源环境。与此相反，耗散结构理论为控制“有生命”的能源世界提供了相应的科学基础。它指出，“即使整个宇宙可能走向无序，而其中的一个局部却可能走向有序化和复杂化。”[①]因此，它被称

① 湛垦华、沈小峰：《普利高津与耗散结构理论》，陕西科学技术出版社1984年版，第328页。

为堪与牛顿定律匹敌的革命性突破，也为人类今后的存亡和繁衍提供了一种理论依靠。

克劳修斯在提出热力学第二定律时，为“耗散结构”留下了缺口。他说，我们不能想象宇宙有一个遥远的边界，我们也不知道在宇宙遥远的地方发生着什么。这就为“耗散结构”留下了地盘。我想，在宇宙中目前我们通过各种科学手段还观察不到的地方，或许会有新的有序的耗散结构在形成。人类可以依据耗散结构的形成原理，考虑人类在自然界的长期生存问题和尽可能延长人类在自然界存在的时间。

耗散结构理论主要研究的是远离平衡态的开放系统，而宇宙中的各种系统，实际上都是与周围的环境有着相互联系、相互作用的开放或半开放系统，为这一理论的应用，提供了广阔的天地。例如，物理学、生物学和社会学，几乎同时提出了“进化”的观念，但对于这一观念的解释却不同。物理学家认为，进化是与物质结构的解体联系在一起的；而在生物学和社会学中，进化则是与复杂性的日益增加联系在一起的。这就是所谓的“达尔文与克劳修斯的矛盾”。耗散结构理论把二者统一起来，从而为用数学、物理学和化学的方法来研究生物的进化开辟了道路。

用耗散结构理论来研究社会科学问题，普利高津也投入了极大的热忱，他曾运用这一理论来讨论复杂的现代社会稳定性的问题。有些学者用耗散结构理论对城市人口、就业机会和生产服务中的社会问题，进行了类似的研究，并建立了模型，进行了计算；对于无生命的和有生命的，乃至社会经济、哲学、文化、社会组织等多领域、多方面的研究，耗散结构理论也显示出其普适性和美好的前景。

（三）协同论与突变论

1．协同论

德国斯图加特大学哈肯教授从20世纪60年代起研究激光理

论，他发现，激光是一种远离平衡态时从无序向有序转化的现象。当激光器的输入功率较小时，激光器就像一只普通的灯，发出相位和方向都无规则的自然光。当输入的功率增加到某一临界值时，就会出现一种全新的现象，即原子变成了同相震荡，发生相位和方向都整齐划一的单色光——激光。是什么使这么多的受激原子整齐一致地协同动作，从混沌无序走向稳定有序呢？这引起了哈肯的深思，促使他开始考虑在不同的系统中是否存在着相似的现象。例如，流体力学中贝纳德对流形成的六角形花纹；生物学中由竞争选择而造成的野兔数及其天敌山猫数随时间而发生周期性的“时间震荡”；机械工程中在负荷作用下的薄板表面所形成的规则折纹；以及某些社会领域中的现象。他发现，在这些不同领域中所出现的从无序到有序的形成过程，都遵循着与激光的形成过程相同或相似的数学方程和规律。经过十几年的努力，1977 年哈肯出版了《协同学导论》一书，建立了协同论的学说。哈肯将协同学定义为“系统的各部分之间互相协作，结果整个系统形成一些微观个体层次不存在的新的结构和特征”。①

在协同学中，哈肯采用了朗道在相变理论中提出的序参量概念来代表一个系统有序的程度，用序参量的变化来描述系统内部无序和有序的矛盾和转化。哈肯具体分析了系统中不同参数的不同作用，区分了决定系统演化的本质因素和非本质因素，暂时起作用的因素和长远起作用的因素，偶然因素和必然因素。他发现在由无序向有序的转化过程中，不同参数在临界点处的行为不大相同，有的参数（为数众多）阻尼大，衰减快，对转变的整个进程没有明显的影响；有的参数（一个或几个）出现临界无阻尼现象，它不仅不衰减，而且自始至终左右着演化的进展。哈肯根据参数在临界点附近变化的快慢将

---

① H. 哈肯：《协同学——自然成功的奥秘》，戴鸣钟译，上海科学普及出版社 1988 年版，第 233 页。

变量分为两类：一类是阻尼大衰减快的快弛豫参数变量，也叫快变量；一类是无阻尼的慢弛豫参数变量，也称慢变量。这两类变量同时包含在决定系统演化的微分方程组中，相互联系、相互作用、相互制约。虽然慢变量只有一个或几个，但它却主导着系统演化的整个过程，决定着演化结果所出现的结构和功能。协同学在解方程组时，由于快变量和慢变量的阻尼系统往往相差几个数量级，因此可以采用统计物理学中绝热消去法，消去大量的快变量，得到少数变量的序参量方程。这使原来难于求解的方程组变成易于求解的方程。

在信息论和控制论的基础上，哈肯还描述了序参量和子系统之间的相互作用和影响，以及序参量之间的合作与竞争。他指出，系统完成绝热消去处理后，还同时存在着几个慢弛豫参量，即几个序参量处在一个矛盾竞争的系统中，每一个序参量决定着一种宏观结构以及它所对应的微观组态。也就是说，系统在不稳定点孕育着几种宏观结构的“胚芽状态”，最终会出现哪一种结构，取决于各种序参量合作与竞争的结果。序参量的合作导致形成一定的宏观结构，序参量的竞争最终只会促使一种模式的存在。这种序参量之间的合作与竞争，形成协同效应，最终决定着系统从无序到有序的演变过程和结果。

2. 协同论的启示

协同论和耗散结构理论都是研究一个系统从无序到有序这一变化过程的。耗散结构理论通过涨落来说明系统的变化和结果；协同论提出序参量的概念，通过系统中快变量与慢变量，尤其是慢变量之间的协同与竞争来说明系统变化的路径和最后产生的结果。自然界和人类社会中存在着大量的从有序变为无序和从无序变为有序的现象，耗散结构理论和协同论为我们观察和研究这一现象提供了新的理论依据，为人类研究自身长久的存在，什么样的人类组织（系统）才能使人类长期存在？怎样达到这样的有序组织（系统）？带来了新的希望。

20 世纪 80 年代初，我在学习耗散结构理论和协同论时，正值中国开始进行经济体制改革，我一直在思考：改革的目标到底是什么？我们要建成一个什么样的社会？要根据改革的目标考虑建立一个什么样的经济体制，然后寻找和设计从现有体制转变到新体制的路径。并且要考虑这种转变过程能和平有序的完成。这是一件十分复杂的事情。我用耗散结构和协同学的理论试着解决这些问题，1985 年写成《系统有序性与我国经济体制改革》一文，[①]来回答这些问题。

协同论采用的一个主要研究方法是类比。哈肯正是把不同系统中的物相变化同激光类比建立起了协同学。根据不同系统间存在的相似性进行类比，已经启发人们在许多新的领域建立起新的科学理论。哈肯认为，类比的好处是显而易见的，一旦在一个领域里解决了一个问题，它的结果就可以推广到另一个领域。一个系统可以作为另一个不同系统的模拟计算机。日本物理学家汤川秀树（因提出介子场理论 1949 年获诺贝尔物理学奖）认为，"类比"（等同确认）是创造力之源。他说，"作为一种创造性思维形式的类比的实质是可以简单叙述的。假设存在一种什么事物是一个人所不能理解的，他偶尔注意到了这一物与他理解得很清楚的另一物的相似性。他通过将两者比较就可以理解他在此刻之前尚不能理解的那一事物，如果他的理解是恰当的而且还不曾有别的人得到这样的理解，那么他就可以宣称他的思维确实是创造性的。""我们不很理解的事物多少有点和我们理解的事物相像。我们开始思考它们到底怎么个像法——于是：在一刹那间，我们不理解的事物突然变得豁然开朗起来了。这

① 赵永泰：《中国：改革的理论与问题》，职工教育出版社 1989 年版，第 131 页。本文获 1985 年全国中青年经济改革讨论会优秀论文奖。

种事情一直在发生。”“在任何关于创造力的考虑中，基本的东西都是叫做‘等同确认’的那一智力功能。我并不是想暗示等同确认就等于创造力，但我确实相信：等同确认两件事物为基本相同的能力在人类智力中具有决定性的意义。”①

相互类比两种系统或现象，在类比的过程中又会促进我们对这一现象认识的深化。英国植物学家布朗 1827 年在观察悬浮在水中的微粒时，发现这些微粒永远不会静止下来，而是处于一种不停的骚动状态。这一现象被称为“布朗运动”。天体物理学家用“布朗运动”观察和分析了像昂星团这样的星群运动，发现它们的运动与布朗运动是类似的。他们通过对星群运动的观察所提出的理论，比胶体微粒理论更完备地描述了布朗运动的特征，又进一步加深了我们对“布朗运动”的认识，使人类对相似现象的认识不断深化，对“类比”认识世界的方法有了更深的了解和把握。

我想，影响着一个国家或整个人类历史发展变化的因素很多，如果我们找出其中的快变量和慢变量，用类比的方法研究这些变量的运动特征和作用，看他们各自都影响着什么，找出其中影响短时期，例如 5 年的变量，我们就会预测一个国家或人类社会这 5 年大致的发展和问题；找出其中对长时期（30 年）影响巨大的变量，研究他们的发展和变化，我们就会对一个国家或人类社会的发展和演变做出一个较长期的预测。

3. 突变论

自然界存在着两种基本的变化方式：一种是连续的光滑的渐变，例如一条河道的连续变化，植物和动物的生长变化；另一种是不连续的、突然的巨大变化，例如火山爆发、山体塌方、桥梁断裂、蝗灾

---

① 汤川秀树：《创造力和直觉》，周林东译，复旦大学出版社 1987 年版，第 88、107、109 页。

发生、一个物种的突然消亡、新的物种的诞生、社会突然发生革命或动乱、经济危机、战争爆发。对于前者，人们早已掌握了描述其变化过程的数学工具，即微分方程。对于后者，人们可以用概率论和离散数学来进行分析。使科学家们感到棘手的是那些处在连续变化和突变之间的变化，例如，影响物相变化的一些因素，如温度、压强都是连续变化的，但是当这些连续变化的量达到某一阈值后（沸点、熔点），就引起了物相不连续的变化，出现突变。它们既不能用微分方程来处理，又不能将它们当做完全离散的过程来分析，而这类变化在物理学、化学、生物学、医学、心理学、人类社会中大量存在，又影响巨大，需要我们去研究和解决。在这一类问题中，困难并不在于处理那些纯粹连续变化或纯粹不连续的过程本身，而在于摸清连续变化和不连续变化的关系。长期以来，由于缺乏研究这种过程的数学理论，人们一直不能深刻理解自然界那些连续变化引发的突然性巨大变化或突变的一般机理。

1972年，法国著名数学家托姆出版了一部重要的研究成果《结构稳定性与形态形成学》，该书成为突变论的奠基性著作。突变论作为数学中的一个新分支，是微分拓扑学的新成果。它运用拓扑学、奇点理论等数学工具，从结构稳定性出发，推导出系统渐变和突变的条件，归纳了在不同控制参数下的各类基本突变模型，建立了通过系统在临界点的状态来研究非连续性突然变化规律的理论。

突变这个词不是指微小的波动，而是指巨大的、有决定意义的突然变动。造成这一变动的原因不应当用某些偶然的因素来解释。这是突变理论的一个基本思想。托姆经过严格的推导，证明了一个重要的数学定理：当那些导致突变的连续变化因素少于四个时，自然界形形色色的突变过程都可以用七种最基本的数学模型来把握。这七种模型是：折迭型、尖点型、燕尾型、蝴蝶型、双曲型，椭圆型和抛物型。突变都是在临界点发生的，我们可以求出其势函数、分支集和平衡曲面的方程，画出直观的数学模型图。有了上述方程和直观模型，我们就能比较方便地对系统在突变临界点附近的状态进行定性和定量的分析，求得问题的解决或做出突变的前景预测。当控制参数多于四个时，得到的数学模型往往是高维超曲面，需要用超曲面的拓扑性质来求解。

突变论出现之后，逐渐被应用到许多领域。目前，突变论在非线性控制理论中，已经用于避免控制的突然失灵。非线性系统的反应扩散方程求解问题，不可逆系统的分支理论，耗散结构的热力学理论，都在运用突变论加以研究。在生物学方面，有学者用突变论建立了心跳的数学模型，研究刺激在神经内的传播、胚胎中体节的形成、细胞分裂等。在生态学中，突变论也得到应用，并取得了一些成果。在社会科学方面，人们也做了许多尝试。例如，用“经济收益”与“人口密度”的变化来解释古代某些城市的突然兴旺；用突变论来说明经济危机为什么突然爆发，如何选择城市发展模式，研究语言学问题，预测战争爆发等。

突变论的成果使我们有可能对突变进行预测和控制。在求出状态与控制参数之间关系，知道了势函数、分支集和平衡曲面方程的基础上，能够主动地控制演化过程，绕过突变的临界点，避免突变发生，引导系统向人们所希望的方向演变。通过不稳定状态到稳定状态的突变，达到新的更高级的稳定态。

从历史的角度看，自然发展和人类演变的步伐体现为一个一个的突变事件。发生突变的临界点（也常常是转折点）之间的连线所描绘的就是历史前进的线索。耗散结构理论、协同论、突变论的成果给人类带来了信心，克服了人类对“热寂”的恐惧，使我们可以在面对未来这个不确定的世界中，更主动地、更有信心地工作和生活。

(四) 突变论与《易经》

20世纪80年代初,当我系统地学习新三论(耗散结构理论、协同论、突变论,旧三论是指系统论、控制论、信息论)的著作时,脑中总会映出中国的三本著作:《易经》、《道德经》、《黄帝内经》。新三论是讲自然万物变化之学的,想找到不同的物类相同或相近的变化之因和变化的规律。中国的这三本著作也是寻找万物变化之母的。易就是变化,《易经》就是讲自然万物变化之因和变化规律的。《道德经》也是讲变化的,但侧重人类社会的演变之因和演变的规律。《黄帝内经》则重人本身,人的身体和精神变化的原因和规律,以及两者之间的相互影响。与此相对应的,在西方有牛顿和爱因斯坦讲述宇宙演变的书,达尔文讲述地球上物种演变的书,弗洛伊德讲人行为发生和变化的根源。这些书都深深地影响着人类和人类社会的演化。

在科学发展史中,有这样一些时候,经典科学(例如牛顿物理学)似乎已可以解释和说明一切,探索的疆域已尽收眼底。但每次在这个时候总会发现一些现象无法用已有的理论解释,于是有人提出新的理论(例如广义相对论、量子力学、新三论等)来分析和解释既有的理论所不能解释的问题,研究的疆域也由于这些新理论的建立向更深更远的地方延伸。

在20世纪之初,人们认为宇宙的基本定律是决定性的和可逆的。今天已经有越来越多的人认识到,决定着宇宙运行和万物演变之因的定律可能是几率性的和不可逆的(例如热力学第二定律、宇宙爆炸和膨胀学说)。那些描述基本相互作用的决定性和可逆性的定律不可能告诉人们自然界的全部真情。对于临界点的分支分析表明,在临界点发生分支,产生突变是必然的,至于哪一条分支被选择,系统将走向哪个分支,则由偶然的机会通过随机性的涨落来决定。所以普利高津说:"可逆性和决定论只适用于有限的简单的情况,而不可逆性和非决定论却普遍存在于世界之中。”①

《易经》(也称《周易》)是中国人第一次系统地解说宇宙形成和运转的学说。孔子作《系辞传》上下两篇来论述和发掘《易经》的思想。开始一段,是《易经》的总纲。孔子说:“天尊地卑,乾坤定矣。卑高以陈,贵贱位矣。动静有常,刚柔断矣。方以类聚,物以群分,吉凶生矣。在天成象,在地成形,变化见矣。”《易经》的道理,是根据天体运行和地上四季交替出现,根据人类社会活动和人体生命变化所呈现的周期性变化和规律而来。《易经》最基本的卦象有八个,我们可以把它看成是认识和解释世界的八个模型。乾卦代表天,离卦代表太阳,坤卦代表地,坎卦代表月亮,震卦代表雷电,艮卦代表高山,巽卦代表空气、气流,兑卦代表江河、海洋。一共八种现象,所以叫做八卦。“在天成象,在地成形,变化见矣。”中国社会长期处在农业社会,农业社会最重要的是风调雨顺,人民最关心的是气象的变化,那时谁能预测天气变化,能求雨(实质是根据天气变化的规律预测什么时候可能下雨),就会被人们尊奉为神。这八种现象(八卦)都是讲天气变化的,是人们最关切的。对于一个农业社会来讲,基本够用了。20世纪70年出现的“突变论”也只提出了七种突变后形成的模型。所以,《易经》最初是用来预测和说明天气变化的。20世纪末我去西藏和新疆调研时,看到牧区一家离一家很远,我问他们最关心什么?他们说:“天气、自己的牛羊、孩子、亲人和邻居。”在一个农业社会,这些构成了人们的基本生活。天气变化很重要,不下雨或少下雨便会形成大灾害。

随着物质财富的增加,人需求的多样化,社会要面临和解决的问题越来越多,八种模型已不够用了,就逐渐发展成64卦(64个模型),

① 湛垦华、沈小峰:《普利高津与消耗结构理论》,陕西科学技术出版社1984年版,第209页。

来预测更多的自然界和人们赖以生存的社会的变化和问题。《易经》告诉我们的就是一个变的道理。宇宙间没有不变的事,一切都在变化之中,变是一个原则。但中国人对于变化的过程、变化遵循的法则没有做深入的研究,也没有思考和提出这些变化是决定性的还是几率性的问题。中国人是整体性的认识、把握和说明世界的。中国人讲:“谋事在人,成事在天。”似乎是决定论的,是上天决定最终结果。但中国人又讲:“天道酬勤。”这又是说,是由人的努力决定最终结果。中国人讲“覆水难收”,这是与热力学第二定律相合的;但又讲“破镜重圆”,这又与热力学第二定律不合。在中国文化(哲学)的发展中,中国的学者们从没有像西方学者,例如柏拉图、亚里士多德、笛卡尔、康德、黑格尔那样对思维本身进行系统的考察和分析,提出一套认识自然界的逻辑方法和规范。只是一些零散的、经验式的观感和谚语式的结论。而这些观感和结论又常常是模糊的和相互矛盾的。这是中国发展不出西方式的自然科学的重要原因。

《易经》用“—”表示阳,用“--”表示阴。把它们用不同的排列,组合在一起,形成 64 个不同的图案。例如,“☰”表示乾卦,“☲”表示离卦。不同的排列组合,形成不同的图案,表示不同的现象和结果。用阳和阴这两种元素的交合与变化来说明大自然中复杂的现象和变化。例如,打雷、闪电的现象,水受到日晒后蒸发,遇冷结成冰的变化。但突变论中所得出的 7 种模型与《易经》中的八种模型,尤其是之后形成的 64 种模型是很不同的。突变论中的 7 种模型是通过实验和对实验的分析找到的,每种模型都有形成的过程,应用到某一领域的现象时可参照这一现象的形成过程、参加的要素来做出对比分析。八卦不同,它是用阴阳符号排列组成,并不是来自于对自然现象的总结。或许其中深藏着阴阳变化交互影响的道理,但至今并未有人给出科学的说明。64 卦就更是这样了。莱布尼茨从阴阳符号中得到二进位的灵感，甚至认为中国人是二进位的创造者。他不了解，在以前的很长一段时期，中国民众生活中用的是16进位，即一斤等于16两。

普利高津在为他的书在中国翻译出版所写的序言中讲："在西方，我们很熟悉中国庄子所写的一段名言：天其运乎！地其处乎！日月其争于所乎？孰主张是？孰维纲是？孰居无事推而行是？意者其有机缄而不得已邪？意者其运转而不能自止邪？（《庄子·天运篇》）这些问题对我们依然存在。但我相信，我们正站在一个新的综合、新的自然观念的起点上。也许我们最终有可能把强调定量描述的西方传统和着眼于自发自组织世界描述的中国传统结合起来。"①

西方科学家对中国古典文本的解读和颂扬我还可以举出一些，我想说的是：西方科学家对中国古典思想和成就的赞扬，国人不可当真，更不要沾沾自喜，认为我们在多少年以前就发现了西方今天才发现的真理。第一，西方科学家对中国这些古典文本的解读常常是错误的。我们创造了二进位制吗？阴阳之说是二进位制吗？我们的祖先提出过自组织理论吗？庄子的这段话是对自发自组织世界的描述吗？第二，假定我们认为这些科学家对中国的古典文本的认识和理解是对的，他们是在对牛顿力学、爱因斯坦提出的相对论深刻研究与把握的基础上，看到量子力学对以往的理论提出挑战，为了解决这些挑战，来重新研究和看待中国的这些古老思想的。而中国的这些思想尽管充满着智慧之光，但在其一长出来后，就固定了，像一个小老树，再也没有长粗长高了。中国人从来没有像伽利略、牛顿、爱因斯坦那样去分析和研究自然界，在西方科学引入中国之前，中国人对宇宙的认识仍然停留在很初级的、很浮浅的认知阶段。明万历三十

① 湛垦华、沈小峰：《普利高津与消耗结构理论》，陕西科学技术出版社1984年版，序言。

四年(1606 年),徐光启与来中国传教的利玛窦合译出欧几里得《几何原本》,这时已距《几何原本》在西方问世(公元前 300 年)有 1900 多年了。这时西方的文艺复兴已经结束,正处在伽利略的时代。《几何原本》代表着不同于中国思维的一种西方逻辑思维方式,一种西方建立世界模型的方法,尽管晚了近两千年才传入中国,但中国人并未重视这些成果,让孩子学习这些成果,抓住走向现代科学的机遇。这一成果编入中学课本,已是民国以后的事了。即从它在中国翻译出版后,又拖了 300 多年。在中国这个皇权专制的农业社会中,不可能产生现代自然科学。所以,国人要对中国春秋以来直至清朝派出留学生赴欧、美,带回现代科学和思想的这 2500 多年中国的科学成就,中国思想家对世界的认知,有一个清醒的估计。不能一听到外国的科学家、思想家的赞扬,就沾沾自喜起来,认为中国两千年前就比外国人认识能力和科学成就高,而忘掉了这些最基本的史实。就全体国民的科学素质看,中国今天的大部分国民还没有达到《几何原本》的认识和逻辑水平,尽管会做几道平面几何题,认识和掌握《几何原本》的思想方法是另一个层次的问题。

西方的科学家、哲学家是在把宇宙和世间万物从宏观(发现了万有引力定律、热力学第二定律、相对论、黑洞等)到微观(发现了原子结构、遗传基因、物种起源、化学元素等)用思辨的逻辑系统地分析和研究了一遍后,由于量子力学所提出的“测不准问题”,又回到对基本问题(例如决定论、几率论的问题)的重新思考上来,看看别的民族(例如中国、印度)对这些问题有些什么思考,能否从中得到一些启发?来寻找和思考中国古代先哲的思想成果的。他们是站在一个更高的基点上,回过头来重新思考这些问题。而中国古代的诸子百家仍然停留在屈原的对天发问上,并没有做出像发现万有引力和化学元素那样的研究,对宇宙和人的认识还停留在一个很初级的认识基础上，并且长期踏步不前。

我从不认为“外国的月亮比中国圆”，中国人有中国人的智慧。例如，老子不比古希腊的任何一位哲学家逊色。但这是另外一个问题。

(五) 对几种理论的梳理

1. 机械论世界观

建立在牛顿等物理学家研究成果基础之上的机械论世界观，最初以星体运行为研究对象，是物的世界的运行规律，而不是人的世界的运行规律。这种新的思想告诉我们：万物的运行是有规律的(例如，万有引力定律)，它们按照这些规律在和谐的运行。人们要做的事情是：搞清有生命的世界、人类社会的运行有没有规律？牛顿发现的这些规律能不能应用于人类社会？

这些规律的发现经过了一个漫长而又艰巨的过程。亚当·斯密提出了“看不见的手原理”(市场机制原理)，达尔文提出了“物种起源学说”。人类终于找到了自身进化和经济运行的规律，建设了一个井然有序的世界。牛顿的学说，暗含着一个决定论的思想，即世界万物的运行是被上帝很早就决定好了的，世界会沿着这个决定好的程序(规律)运行下去。人们找到了人类社会的运行规律，产生了新的希望，生活有了新的目标，丢掉了中世纪那种为了来世获得拯救的生活目标，追求现世生活的富裕和快乐成为了人们生活的新目标。人们把历史看成是不断进步的过程。科学和技术的发展，遵循市场机制进行生产所焕发出的巨大生产力，这两个巨大的推动力，解决了人类衣、食、住、行的供给问题，人们的生活得到了迅速的改善。社会从杂乱无章的状态走向机械论世界观所阐述的稳定有序、预想可期的时代。人们成为新的世界观——机械论世界观(包括达尔文“自然选择”的学说)的信奉者。这种世界观统治了人类 300 多年，尽管遇到了热力学第二定律的质疑和量子力学的挑战，今天大多数人们信奉的仍然是这种世界观。机械论的世界观成为今天世界上大多数人信奉的新宗教。

2. 熵定律

熵定律(宇宙的能量总和是个常数，总的熵是不断增加的)由热力学第一定律和第二定律组成。

人类进入工业社会，首先要解决采矿中的抽水问题。公元1698年，人类发明了第一部蒸汽抽水机，将矿井中的地下水抽出，才实现了可以继续往下挖。自此开启了人类的工业时代。而克劳修斯提出热力学第二定律则是1850年的事，已过去了150多年。人类很早就知道热力学的原理(例如蒸汽机原理)，并用此原理制造出各类发动机，用作汽车、火车、采矿机的动力。人类应用热力学原理在先，知道热力学第二定律在后，感觉到热力学第二定律对人类直接的巨大影响，则到了20世纪70年代初《增长的极限》一书的出版。

热力学第二定律是熵定律的核心内容，这一定律是按地质年代对人类发生影响的。从人类出现一直到工业时代的300万年里，这个定律似乎和人类无关，人类并不感到它的存在，因为人类用的资源很少。到了20世纪70年代，《增长的极限》出版了。这才引起了人类的警觉，因为近300年的工业社会快速地消耗了地球上大量的不可再生的资源。每个人都能感觉到：地球上的石油、天然气这些支撑着工业社会的能源和每个人日常生活需要的东西不久就会用完。人们终于开始认真地对待热力学第二定律了。《增长的极限》这本书，在对地球上现有不可再生资源的估算上有不准确的地方，对每种资源还可开采和使用的年限也有预计不准确的地方，但其基本的思想和思路是正确的，是对人类长期生存负责任的，是有益于人类长期生存的。良药苦口，人类已经到了必须认真对待这一问题的关口。

不认真对待，人类会失去最后的机会。

迄今人类所发现的宇宙规律，例如牛顿力学定律、爱因斯坦的相对论、量子力学、达尔文的进化论、新三论，它们都受制于一个总规律，即热力学第一定律和第二定律（熵定律）。万物运行，包括人类社会运行，总是大道理管小道理。宇宙之中，目前人类的认知水平可以看到的，熵定律是最大的道理，其余的一切道理都受它的影响，在它的约束下运行。也许在宇宙的暗物质中，或我们目前无法知道的宇宙里，还存在着决定熵定律的力量或定律，我们还没有认识到。人类目前所达到的认知水平，熵定律是宇宙的总定律。

宇宙中不只有人类，宇宙中或许还有更高级的物种，宇宙中的定律并不是为人而存在的。当发展中国家的人民还沉浸在发展是硬道理，每个人都期望过上美国中产阶级的好日子时，熵定律告诉我们：这是不可能的。地球上现有的和储藏的资源不可能使全世界 70 亿人口都过上现今美国中产阶级的生活。如果每个人都这样想，每个国家的领导都这样做，那最终只会导致人类对既有财富的大争夺，引发新的世界大战。

不是发展是硬道理，地球上最硬的道理是熵定律。它是宇宙中最高的定律。人们不愿意接受熵定律，因为它是冰冷的，它的运行要求人类过一种简朴的生活。而机械论的世界观是温暖的，它使人类实现了登月的梦想，它带来了汽车、电视、空调、高速公路，使人们的生活富足起来，可以享受现代工业带来的便捷和丰富多彩的生活。在机械论的世界观里，只要知道了初始条件，就可以预测到结果，一切都是可控的。人们喜欢过一种可控的富足生活，于是人们欢迎并信奉机械论世界观。

现在是全世界各国的领袖坐下来，不是去讨论如何发展，如何提高生产率，如何尽快过上更好的生活，而是认真面对熵定律，听从中国老子和印度甘地的思想和智慧，为人类选择新的简朴而快乐的生存方式，并从娃娃开始，从小学教育开始，把这种思想、这种生活方式植根在他们心里。这或许是人类迟疑即亡的最后一次机会。

3. *递弱代偿原理*

有四种理论摆在我的面前：一是熵定律，二是宇宙暴胀理论，它告诉我们，宇宙在不断向外膨胀，走向均质化，最后会进入“死寂”状态。三是耗散结构理论，它告诉我们，在远离平衡态的地方，会形成耗散结构，这是一种从无序走向有序的结构。四是递弱代偿理论，它告诉我们，“宇宙质量物态的演运趋势倾向弱化与失存”。[①] 宇宙走向均质化与宇宙走向递弱是不同的。我同意并选择前者。理由如下：

（1）我把“递弱代偿”分为“递弱”概念和“代偿”概念。这是两个层次不同的概念。“递弱”是高层次的概念。它是讲宇宙演化的总趋势、总规律。“代偿”是低层次的概念，是由“递弱”这个趋势引发的一种应付行为，是技术层面的概念。熵定律（热力学第一、第二定律）是讲宇宙总的运行趋势和规律的，对应“递弱”的概念。达尔文提出的“自然选择”、“变异”、“突变”是讲物种演化和新物种产生原因的，对应“代偿”的概念。

（2）熵定律（热力学第一、第二定律）和宇宙暴胀理论提出后，至今的观察证明了这两种理论。即宇宙不是走向递弱，而是走向均质化。

（3）一方面，我们看到宇宙是走向均质化的，热能会在宇宙中发散平均；另一方面，我们确实看到在宇宙中有许多耗散结构，地球是一个耗散结构，还有一些星体和一些正在生成的星体是耗散结构。耗散结构是可以诞生生命的结构，这给人类带来了新的希望。耗散结构与熵定律、宇宙暴胀理论是互补的。

---

① 王东岳：《物演通论》，陕西人民出版社 2009 年版，第 424 页。

(4) 递弱代偿理论的提出者王东岳认为，蓝绿藻统治地球上的海洋大约15亿年到20亿年之久，恐龙称霸于地球不过1.8亿年左右，哺乳动物出现至多不过7千万年到9千万年，人类迄今仅有300万年至500万年的生存史。即越是后继的物种存在度递弱越快，存在时间越短。“存在效价呈现为分度递降的必然趋势无疑具有最根本的确证性。”①

蓝绿藻存在了15亿年到20亿年，恐龙存在了1.8亿年。你怎么能判定蓝绿藻的存在度高于恐龙呢？一个物种的存在年限如果是1万年，它存在了1万多年。我们可以认为它存在度高，一个物种存在的年限如果是10万年，它存在了9万年，尽管绝对值高于前者，但我们可认为它的存在度低于前者。问题在于：你怎么能预知每一个物类或物种本应存在的年限呢？每一个物种的出现和消亡是与地球和宇宙相互影响、相生相存的。存在于地球不同时期的物类或物种是不能用存在的时间长短来比对后，说明哪一个存在度高，哪一个存在度低的，更不能由此得出宇宙的走向是递弱的结论。恐龙时代存在的一些物种，例如拱桐(俗称鸽子树)、大熊猫今天还存在着，与恐龙相比，它们的存在度按作者的逻辑应高于恐龙，这会成为“后继物种存在度递弱越快，存在时间越短”的一个反例。

如果达尔文理论是对的(《物演通论》作者认为是对的)，那么现在地球上的所有物种都是由最初的那一个物种演化而来，是这一个物种的后代。这说明这个最初的物种通过它不断的“变异”还繁盛地存在着，并没有递弱。不存在比较哪个物种存在度高的问题，因为它们都是一个物种繁衍的后代。这个物种通过自己的繁衍变异一直存在到了今天。

---

① 王东岳：《物演通论》，第16、18页。

(5) 太阳已燃烧了50亿年,科学家认为它还有50亿年的燃烧时间。有一天它不燃烧了,地球上所有的生物都会在很短的时间同时死亡,再也不能"递弱"了。太阳有一天要死亡,这证明着熵定律的存在和正确。太阳的死亡过程就是太阳系热能走向平均的过程。太阳的死亡,最终决定着地球上生物存在的最终时点,而不是由作者提出的"递弱代偿"决定。递弱代偿既不能决定地球和地球上千万物种的寿命,也不是宇宙运行的趋势。熵定律和宇宙暴胀理论反映了宇宙运行的趋势。

(6) 蚂蚁和蜜蜂在人类社会有记载以来,已经生存了5000年了,我们不知道它们递弱了什么,又代偿了什么?"代偿"的概念与达尔文在《物种起源》中"物竞天择"的概念、"突变"、"变异"的概念比较,"物竞天择"的概念更能反映物种演化的实况,并且包容了"代偿"概念。而"突变"、"变异"又指出了新物种产生的原因和路径。"代偿"只是讲了已存物种怎么保命,没有说明为什么会有新的物种产生与产生的原因。

(7) 作者认为沙粒的存在度高于植物和人类,"后衍者的时度更短就意味着某种加速度的存在","愈后衍的物态,其衍存时效愈短;愈进化的物种,其绝灭速率愈高","人类无疑是整个生物系统中最活跃的一系,也是生存方式最动荡的一族"。[①] 作者认为人类的所有科学文化成就不过是人类递弱代偿加快的产物,最终只能加速人类的灭亡。

人类解决了自己的食物问题,而许多动物在与人类存在的相同时期,因为环境的变化,没能解决食物问题而消亡了。人类生产出了空调机,躲过了寒冷和酷热,许多动物因为寒冷和酷热死亡了。这是人类在不断递弱呢?还是相对许多动物在趋强呢?一些科学家认为

---

① 王东岳:《物演通论》,第435、16页。

人类来自外太空，并且认为外太空的智慧生物可以把自己生命的遗传基因像种子一样向宇宙扩散。如果是这样，当人类在地球上不能生存前迁移到了别的可生存的星球，而地球上的其他生物都死亡了，那人类还是那个最弱的生物吗？

作者认为递弱代偿原理是存在于自然世界、精神世界和人类社会的，是一以贯之的。有一天人类全部死去，化为灰尘、腐败质，留下白骨，白骨又风化为沙粒。作者认为沙粒的存在度高于人类。那这个过程是趋强呢，还是趋弱？这使这个理论出现了自相矛盾的地方。因为递弱的趋势不可能使存在度低的人走向存在度高的沙粒，即同时又发生递强的趋势。这个现象用热力学第二定律很容易解释，是向均质变化。说明热力学第二定律比递弱代偿理论有普解性。

所以，用递弱的趋势说明宇宙（世界）的演化趋势是粗造的，并与事实不符。它既不能替代熵定律和宇宙暴胀理论，也不能包容这两种理论的普解性。

作者认为老子在《道德经》中所说的“弱者道之用”（《道德经》第四十章）“是说，弱化现象是‘道’的展开和实现”。是提出了：“存在者何以趋弱？趋弱者何以续存？”[①]即是说，老子《道德经》中有万物演化趋弱的思想。纵观《道德经》，老子多次讲到“弱”和“强”的道理，并且用水和树枝作比喻。他说，水看起来（即表面看）是柔弱的，实际上是强的。“天下莫柔弱于水，而攻坚强者莫之能胜。”（《道德经》第七十八章）老子也讲树活着的时候，枝条是柔软的，树死了，枝条就干硬了。老子是说：那看似柔弱、柔软的东西，其实是最强的、最有生命力的。老子是想说这么一个道理，让人从这个道理中学习生存和治国的办法，并没有世界的演变是递弱的（或弱化）的意思。一部《道德

---

① 王东岳：《物演通论》，第19、20、21页。

经》,没有一句讲世界的演变是递弱的或弱化的意思。这是作者对《道德经》的误读和误思。

作者在评述古今中外的哲学家和思想家的成就时,用他提出的"递弱代偿"原理作为评判的标准。即作者认为那位哲学家的思想比较靠近"递弱代偿"原理,或他认为提出了存在趋弱的现象,例如对叔本华和老子的评述。它都给予了很高的评价,反之,则给予较低的评价。这显然走在了一条错误的道路上。例如,你不能用牛顿提出的力学原理作为评判标准去评价古今中外的物理学家,认为凡是与牛顿力学接近的就给予高的评价,反之,则给予低的评价。因为牛顿力学、递弱代偿原理,都只是一种假说,它本身是否对,还要靠一致性、相符性、普解性、简洁性去验证。理论(假设)的对与错,是在比较几种理论后,看哪种理论更有相符性、普解性,更简洁、更具一致性来判定的。

一位哲学家对哲学的贡献,要看他对哲学的基本问题,例如,人是什么、精神是什么、人是如何认识世界的、世界是什么的认识和贡献,而不能用任何一位哲学家提出的某一个原理(假说)作为评判标准。

作者这两本书中(《物演通论》和《人类的没落》)可商榷和讨论的地方还有一些,我看重的是一本书或一种理论大方向上和方法论上的问题,其余的就不一一提出讨论了。

作者的《物演通论》一出版,我就在国内外发行的中国核心期刊《人文杂志》上发表长文给予介绍、推荐和高度评价。[①] 既然对递弱之说不同意,何以要推荐并给予高度评价呢?

第一,哲学剥离说

哲学在古希腊人那里是"智慧"之学,是各种学问之上的学问。

---

① 赵永泰:《与达尔文对话——中国学者提出万物演化的递弱代偿原理》,《人文杂志》2000年,第二期。

所谓“在物理学之后”，说的就是这个意思。我认为，哲学在古希腊时代之后，经过了一个剥离的过程。随着人类对各类科学问题的深入研究，科学研究开始了分工。所谓科学，就是分科之学。数学、天文学、物理学、化学、生物学、心理学、社会学等就逐渐从哲学中分离了出来，成为了一门一门独立的科学。在此之前哲学家与物理学家、天文学家等是不分的。在分科之后哲学剩下了什么呢？我认为剩下了三大领域：一个领域是有关人的，人从哪里来，要到哪里去？人的本质是什么？第二个领域是认识领域，人能认识自然界吗？精神是什么？人是如何认识自然界的？这些认识的结论都对吗？如何衡量这些结论的对与错呢？第三个领域是关于宇宙的，宇宙是什么？它是由什么构成？宇宙运行有没有统一的规律？我认为，在哲学被剥离之后，剩下的就是这三个领域。谁在这三个领域做出贡献，谁就对哲学做出了贡献。

王东岳写的《物演通论》，对于人的来源是与达尔文的意见一致的，即现有的物种最终可能是由一种物种演变而来的。但他比达尔文走得更远，他问：这个有生命的物种又是由哪里产生的？他一直推到原子分裂，认为由于原子分裂，那逃逸出的原子演变成了有生命的最初的那个物种。这样，这个物种的存在度就开始降低了，它总想回到它原本生存的那个家里去，但已无法返回了。所有的新物种都是这样产生出来的，于是这些物种就有了两个特性：第一是开始了自身的递弱代偿过程，第二是其特性中(DNA 中)存在一种强烈地要返回到原有存在之壳中去的本能。他是母亲身上掉下的一块肉，他依恋母亲，强烈地要回到母体中去，因为只有回到母体中，才能实现最稳定的存在。即一种存在度最高的状态。

它与世界原本是一体的，所以不存在康德等纠缠不休的那个彼岸世界，那个自在之物。它对世界的认识是感应式的，就如同电子对原子核的感应。所以，王东岳提出，人类对外部世界的认识是感应式的，不存在彼岸世界或自在之物。这样认识论中的“二元论”就迎刃而解了，二律背反的问题也就不存在了。他对以下名词的重新解释和定义，反映了他的这一认识论。

“自由——是失位性衍存者的特定依存质态。所谓‘失位性衍存者’，系指一切具有自主能动性的生物，它包括从单细胞原生动物如鞭毛虫直到高等哺乳动物如人类；所谓‘特定依存质态’，系指在极其繁杂的依存条件中寻觅自身依存位置的动荡生存方式，它包括从原始单细胞生物的离散型亚结构初级社会存态直到人类的密合型强结构晚级社会存态。由此提示：作为自然代偿属性之一的‘自由’，必然从生物性自由向社会性自由自发过度。……这表明，‘自由化’趋势是生物衍存及其社会发展的自然规定。

“归属——就是残化了的自身去追求失去的完整。

“美——既不是纯客观的东西，也不是纯主观的东西，而是发生于客观的感应属性耦合之间的一种定向性主观体验。……是使趋于分裂的‘感’与‘应’之间达成配合的特定心理作用。……因此可以说，失位为‘美’——失而有位，感而无应，美也。

“未来社会的具体形态是不可预知的，甚至就连未来逻辑的思维形态也是不可预知的，因为‘未来社会’和‘未来思想’一样，都是高速嬗变的临末代偿产物，你不处于那种‘存在效价进一步有所流失的衍存位格’上，如何可能堕入那个‘代偿效价进一步有所递增的相应情境’中？也就是说，‘当下之知’尚且不知‘未来之知’的模样，又如何可能借用‘此知’来捕捉‘预知’的对象呢？由此可见，对未来社会的憧憬永远只能是乌托邦式的空想。”①

---

① 王东岳：《物演通论》，陕西人民出版社 2009 年版，第 338、339、364、207、210、362 页。

由以上的引文，读者就可看出作者在“人是什么？人从哪里来？”和“人是如何认识世界的？”这两个问题上的思考和认识。我对这本书的第二部分：精神哲学论，给予很高的评价。他找出了“精神”的自然源头，回答了休谟与康德所思虑的“感知失真与感知效用的关系”问题，首次对理性逻辑的高级阶段作了系统性的分析和论证，使我们对认识论和形式逻辑有了新的更深刻的理解和认识。

第二，中国的历史和现状

中国春秋战国“百家争鸣”的时代与古希腊柏拉图、亚里士多德的时代前后同期。这是人类社会中最辉煌的时代，今天人类社会一切要讨论的问题在那个时代都提出了，并且进行了深入的讨论和争辩。英国哲学家怀特海认为，柏拉图之后两千多年的哲学研究都是对柏拉图哲学做的注角。在这个辉煌的时代，以老子、庄子为代表，中华民族在哲学思想和文化建树上是走在世界前列的。仔细比较春秋时期的学者与古希腊的学者，其生存状态和研究底蕴有很大差别。中国没有出现过一位学者肆意地按自己的想法生活，而不管任何人的看法。当一位国王（亚历山大）来到他（第欧根尼）的身边问他需要什么帮助时，他说，“你站到一边去，你挡住了我的阳光。”中国的学者是急切地把他们的治国治民之论拿给统治者，希望能有一官半职。而拿出的治国方案又都是维护皇权和等级制的。他们没有独立生存的能力，靠依附在皇权制度上生存，见了皇帝要下跪，连大声说话都不敢。这样一群人，能做出有什么独立精神的成果？他们很少从人的本质出发去探求社会结构，提出以满足人性为原则的学说。也不去追究人是什么？从哪里来？宇宙由什么组成？物质的最后组成元素是什么？精神是什么？这是两者的基本不同，形成了之后发展出的思想的巨大差别。

百家争鸣之后，一直到清朝衰亡，在哲学思想领域，中国再也没有出现过像老子一样的巨匠。而西方出现了牛顿、达尔文、康德、爱因斯坦、玻尔等一大批杰出的思想巨匠。清朝末年,中国知识界和统治集团意识到了自己的落后,开始向外国派出留学生,主导思想是要学习外国的“船坚炮利”。所以,留学生的绝大多数是去学自然科学和技术,并不看重哲学,翻译的国外哲学和社会科学著作也很少、很不准确。

民国之后,除了公派留学生外,出现了一些私费留学生,但大多数人仍然是选择了自然科学和技术,很少有选择哲学的。中国有一个情况,就是学习理工类感到吃力的学生才会选择文科。这造成了文科学生与理工科学生相比,智力和学习能力要差很多。一直到“文化大革命”时,允许各大学办报,文科大学办的报纸几乎都不如理工科大学办得好。这说明,学习理工科的学生其文科水平也比学文科的学生高。所以,学习哲学和文科类的留学生翻译的哲学和社会科学方面的著作是很粗糙和不准确的。

西方哲学是以数学、物理学、天文学、化学等为基础的,这些学习哲学的留学生由于其自然科学的知识基础差,很难真正搞懂西方哲学,回国后在大学任教,翻译和编写西方哲学教材,只能是误人子弟了。这是中国哲学、社会科学至今一直落后于西方的重要原因之一。加上中国哲学家对西方哲学的浮浅和错误理解,例如把西方哲学简单地分为唯物主义和唯心主义,认为唯物主义对,唯心主义错。宣传部门简单化的宣传和压力,使中国的孩子从小学到大学,在学习这一门本应使人聪明和深刻的学问时,学到的是错误的知识和方法。这都造成了中国在哲学和社会科学领域至今远远落后于西方国家。

中国内地的哲学家、经济学家、社会科学研究人员,绝大部分人的主要工作是解释、歌颂和宣传现有的各项政策,是现有政策的宣传员或宣传家，而不是社会科学的研究者、探索者。所以他们很难写出能与世界一流研究成果对话的著作。

在这样一种中国的历史和现实情况下，一位来自民间、学习医科出身，自学中外社会科学、苦苦钻研和思索，远离喧嚣的人群，用十多年的时间完成了《物演通论》的学者，提出了自己独特的宇宙演化理论，对精神本源进行了深入的思考，达到了这一领域世界研究水平的前端，可以与这一领域世界大师级的人物对话。对于现今的中国，这是弥足珍贵的，是中华民族的成就，是我们这个民族自立于世界民族之林的需要。

基于以上所说的两个方面，我看重并推荐这本书。

4. 更深一层的分析

热力学第二定律所说的“热寂”，是讲在一个系统中，例如一个容器，中间用板隔开，一边气体分子多，一边气体分子少，去掉隔板后，气体分子就会均匀地分布在容器中。这一过程只朝着一个方向进行，只要没有人为的因素去改变它，它不可能朝逆方向进行，又回到一边气体分子多的状态。所以，这一过程也称为不可逆过程。这一过程最终的“热寂”状态，热力学第二定律没有讲是混乱的或无序的。他们认为是走向一种均质的静止的状态。不是一直走向弱，最终到至弱的过程。而是最终不再有任何变化发生，宇宙进入永恒的宁静。克劳修斯并不认为这种趋势是递弱的，他的第二定律没有递弱的含义。世界演化是不是递弱的？是一个需要证明的问题。他也没有讲宇宙到了“热寂”之后会不会再收缩回去。并且克劳修斯认为，说宇宙的边界是很难想象的，边远的地方发生着什么，我们并不知道。为许多事情的发生留下了空间。

霍金说：“人们必须把科学基本定律的研究和人类行为的研究分开来。由于我已经解释的原因，人们不能利用基本定律推导出人类行为。”[①]有没有一个既决定宇宙(自然)运行又决定着人类社会运行的统一的规律?人类已经发现的宇宙运行规律(例如万有引力定律、热力学第一、第二定律)能不能用来说明人类社会的运行?有没有一个一以贯之的决定着无机世界、有机世界、人类精神、人类社会运行的、统一的规律(例如递弱代偿原理)?都仍然是需要讨论的问题。

法国科学家巴斯德批判生命的“自然发生”论,他说:“生命只能从生命中产生。”米勒用曲颈瓶实验,发现其中生成了一些氨基酸。尽管人类已经找到了一些从无机物到简单有机物的可能途径,也发现了从蛋白体到原始单细胞生物的可能路经,但无机物并不是无,仍然是“物”。这个“物”来自何处?如果现存的宇宙是由大爆炸那一刻产生,在那一刻都产生了什么?我们并不知道。就在现在,那遥远的宇宙未知之处正在发生着什么?我们仍然一无所知。动植物是否如达尔文所说是一个单线的演化过程?即最终是由一种生物发展演变而来,仍然是一个未经证明的问题。或许在宇宙大爆炸的那一刻,就产生出形成日后无机物、有机物的多种最基本的元素,现在繁多的物种,是由这多种基本的元素演化而来?而不是由一种物质、一种元素演化而来?这都是需要思考、实验、发现和证明的。

宇宙进入“热寂”状态后,会不会又收缩,形成一次新的爆炸?如果是这样,那包括热力学第二定律在内的所有说明宇宙运行规律的理论都需要重新思考。

在目前人类的发现和认识水平上,还不可能产生出一以贯之的能解释无机世界、有机世界、人类精神和人类社会运行的统一的理论。面对无限的宇宙,人类在消亡的那一刻,也找不到这种理论。因为我们那个时候仍然不会知道在遥远的人类通过各种办法都无法观

---

① 史蒂芬·霍金:《霍金讲演录》,杜欣欣、吴忠超译,湖南科学技术出版社 1996 年版,第 98 页。

测到的宇宙之处正在发生着什么。你连发生着什么都不知道，何以能找到描述宇宙演化的统一的理论？

“人类一思考，上帝就发笑。”就是我们已经发现的星体运行规律（例如万有引力定律），是由可见的星体决定的，还是由宇宙中不可见的暗物质决定的？我们并不清楚。科学家认为，宇宙中的暗物质占整个宇宙质量的90%以上，他们起着什么作用？如何决定着宇宙的演化和运行？我们也不知道。我们仍是在海滩上捡拾贝壳的那个孩子，面对无垠的宇宙，我们所知道的仍然是很小、很少的。人类要认识自己的局限性，虔诚的对待宇宙，小心呵护生育养育我们的地球，善待和我们一样有生存权利的万物。

5. 耗散结构理论、协同论与突变论

20世纪70年代，世界形势波澜不惊，平静沉闷。发生的几件不为历史学家重视的事情或许影响着人类生活方式的改变。1972年《增长的极限》出版，之后被译成34种文字，在全世界范围内引起政治家、社会学家、经济学家和科学家的巨大反响。该书要求人们重新思考人类社会发展的目的和极限，指出若按现在的方式发展，后果不堪设想。之后，由美国两位学者写的《熵：一种新的世界观》出版，告诉人们：热力学第二定律，这个一直被科学家和各国领导认为是以地质年代（以千年、万年为单位）对人类社会发生影响和作用的定律，现在已敲打着人类的门窗，让人们从各自的美梦中醒来。

一个从感觉到熵定律，谈论熵定律，到重新思考和规划人类未来新的生活方式的时代已经到来。

似乎是要响应这些新的思考，物理学家们带来了新的研究世界运行和变化的成果，耗散结构理论、协同论、突变论相继提出。这三种理论都是研究一个系统从无序变为有序，或从有序突变为无序的。三种理论目标一致，方法不同。通过不同的方法，来探索和解释一个复杂的系统是如何从无序变为有序，或从有序变为无序的。他们提出的方法和模型，对研究不同的复杂系统的演变各有优劣。

当熵定律的脚步越来越近，人们预感到“热寂”的恐惧时，耗散结构理论告诉我们：不要怕，在远离平衡态的地方会形成一种耗散结构，这是一种有序结构，人们可以在这个结构中生存下去。这似乎为人类带来了新的希望。但任何一种有序的结构，或自组织结构都是需要能量流入或能量交换的。一艘远离地球的宇宙飞船，是一个复杂的有序系统，人可以在其中生活和工作，但它需要太阳不断提供能量，需要人制造能转换这些能量的设备，需要地球人不断运送食物等生命的必需品。一个在太空工作的人，需要地球人耗费多少人力和资源来保证其工作啊！太空飞船不可能解决地球人在地球上不可再生的资源用光时的生存问题。他们仍然要用这些资源保证自己在太空中的生存。

在自然界和人类社会中，有许多复杂的系统和突发的事变，都可以用耗散结构理论、协同论和突变论提供的方法和模型去分析和解决，但熵定律所决定的结果，是这几种理论都无法改变的。人类所能选择的办法是寻找新的能源，或合成新的能源。如果这两个办法都已走到了终点，剩下的就是去太空寻找人类新的家园。但这在人类可预期的时间内是不可能实现的。就是地球被全部污染，它还有人类生存所需要的空气、土地和水。仰望太空，目力所及，还看不到一个有这些基本生存条件的星球。就是在宇宙中存在着可供人类生存的耗散结构，在地球上不可再生的资源用尽时，人类可能还找不到，就是找到了，还有一个怎么去的问题。所以，最简单和省力的办法是好好的爱护和重视我们的地球，与其把希望寄托在新的科学理论和新的能源的发现上，还不如听从老子和甘地的智慧和意见，尽快开始过一种简朴的生活，为地球人解决热力学第二定律所提出的问题，争取更多的时间。时间就是生命，是人类当下的生命和后代子孙能否衍存的生命。

我们与热力学第二定律在赛跑，这是人类的宿命。

八　世界是因果的，还是几率的？

(一) 问题的由来

世界是几率的？还是因果的？

这是量子力学创立后提出的重大科学问题，也是认识论的重大问题。爱因斯坦与量子力学的创立者们（玻尔、玻恩、海森伯等）为此争论了三十年之久。这也是一个如何指导科学研究和认识世界的重大问题。

因果论，是说任何一个结果，必有其原因，只要这些原因具备，就会产生这个结果。例如：水在零度时（原因）结成冰（结果）。由于万有引力的存在（原因），地球环绕太阳旋转（结果）。任何现今我们可以观察到的现象，都是由其原因形成的。宇宙和宇宙中的万事万物今天的状态，都是由其前因决定了的。所以，因果论也是决定论。

这种以牛顿力学为代表，能够给出事件实现与否的确定预言，人们称之为决定论或因果论，现在人们称为严格的决定论。另一种以统计力学和量子力学为代表，对事件实现与否，只能以实现的几率加以描述的，人们称之为非决定论或几率性规律。这两种认识论和对自然界的描述，谁是谁非，谁为根本，是争论的核心问题。

在古希腊，那时的学者，一直在探究自然界最后的原因。公元前6世纪，米利都学派的创始人泰勒斯(Thales)把万物归结为水，提出“水是万物的质料因。”尼采指出：这一命题的提出，表达了哲学的三个基本观念：(1)提出万物的质料因问题；(2)要求对这个问题做出合理的回答，而不求助于神话和神秘主义；(3)假设最终必能把万物还原于一个本原。这是三个很重要的哲学和认识论的问题。泰勒斯最初是从气象学的考察形成他的观点的。在万物之中，水能够呈现多种形态：冬天的冰雪，烈日下的蒸汽，山中的云雾，江河下游的冲积平原似乎也由水变成。水又能从地中喷出，水是生命的条件。假如说有一种基本实体是最终之因，人们很容易想到水。也有学者认为："空气是原始实体。"(阿那克西米尼)"火是基本元素。"(赫拉克利特)"万物皆数。"(毕达哥拉斯)中国古代有五行之说，即认为世界由金、木、水、火、土五种元素组成。今天，物理学家提出，组成物质的最小单位是夸克。在人类漫长的发展过程中，科学家一直在探寻组成物质的最小的最基本的元素，人类的探索和认识一直是沿着"有果必有因，有因才有果"这条因果论的认识信条发展的。但从量子力学产生后，这一认识的铁律受到挑战，并发生了巨大的变化。

在牛顿力学中，人们能够谈论一个电子的位置与速度，并能观察和测量这些量。① 但在原子尺度的世界，"当进一步研究单个原子的结构时，人们弄清楚了，围绕着核的云中的电子不服从古典的力学定律。1900 年，普朗克的量子假说提出了第一个暗示，它表明我们已经碰到了某种全新的东西。在以后的 25 年中，这些开端慢慢地发展成为现代的量子力学。"②海森伯发现：观察者无法同时准确地测量出这两个量。"如果要非常准确地定出粒子的位置，波列就必须非常之短。但是这个条件和准确定出动量的条件是互相矛盾的，若要准确定出动量，在一个包含许多完整周期的范围内波列必须类似于正弦波。如果我们接受对粒子所作的波的描写，我们就一定要断言：

① 海森伯：《物理学和哲学》，范岱年译，商务印书馆 1981 年版，第 12 页。

② 玻恩：《我的一生和我的观点》，李宝恒译，商务印书馆 1979 年版，第 52 页。

不能以不受限制的精确度同时知道粒子的位置和动量。”“海森伯看出，同时（即对于同一个波函数）确定位置和动量，它们的准确度有一个原则上的限度，而分别确定动量或位置的精确度是没有限制的。1927 年 3 月，海森伯完成了《关于量子理论运动学与力学的可观测内容》的论文，文中海森伯把这个思想表述为著名的测不准原理。”①“这种新的力学原则上只做出概率的陈述。它不回答一个粒子在某个瞬间在哪里这个问题，而只回答一个存在于某个时间，某个地方的粒子的概率是什么这个问题。”“因而，古典力学中用来预言运动进程的数据，原则上是不可能得到的，自然规律本身禁止得到这种数据。这种可测性的限制，是海森伯的著名的测不准原理的本质。”②

1919 年 6 月，爱因斯坦在写给 M. 玻恩的信中说：“人们实在应当为量子论的成功而感到羞愧。”30 年后，1949 年 7 月，爱因斯坦在写给贝索的信里讲：“我对统计性量子论的反感不是针对它的定量的内容，而是针对人们现在认为这样处理物理学基础在本质上已是最后方式的这种信仰。”1944 年 9 月，爱因斯坦在写给 M. 玻恩的信中说：“在我们的科学期望中，我们已成为对立的两极。你相信投骰子的上帝，我却信仰客观存在的世界中的完备定律和秩序。”“甚至量子理论开头所取得的伟大成就也不能使我相信那种基本的骰子游戏，尽管我充分意识到我们年轻的同事们会把我这种看法解释为衰老的一种后果。毫无疑问，有朝一日我们会看到谁的本能的态度是正确的。”爱因斯坦在谈到量子论时，多次讲过：“上帝不是在掷骰子。”他曾把自然界的有序运行比喻成一个合上表壳的手表，我们看到指针在走动，不知其原因，但其背后一定有一个决定指针有序走动的原因

① ［美］E. H. 威切曼：《量子物理学》，“伯克利物理学教程”第四卷，复旦大学物理系译，科学出版社 1978 年版，第 280、275 页。

② 玻恩：《我的一生和我的观点》，李宝恒译，商务印书馆 1979 年版，第 52、53 页。

和规律。[①]

需要指出的是:量子的概念,并不是以玻尔为首的量子理论学家提出的,反而是普朗克和爱因斯坦提出的。1900 年普朗克在一次讲座中提出量子的概念,当时是作为能量的单位提出的,是一份能量。即能的量份问题。1905 年,爱因斯坦在涉及量子的一篇论文中提出光量子的新概念。这与能的量份不同,是讲光子存在的一种形式。这更接近量子理论中量子的概念。1925 年玻尔等提出完整的量子理论,取代了普朗克和爱因斯坦的旧的量子理论。新的量子理论以波动方程和测不准原理为基础。

量子理论的提出,颠覆了既有的认识论,使人们必须从一个新的视野去重新认识和验证过去人们认识的东西。这是人类认识史上翻天覆地的大事变。回观人类认识世界的大事变,一次是哥白尼提出天体运行论(1543 年),一次是牛顿提出天体运行的精确力学理论(1687 年),一次是达尔文提出万物进化论的学说(1859 年)。最近一次是爱因斯坦提出相对论(1915 年)与玻尔等提出量子理论(1925 年)。量子理论的提出,彻底改变了我们认识世界的思路和传统理念。

(二) 分歧与争论

一方以爱因斯坦为代表,一方以玻尔、玻恩、海森伯为代表,在长达 30 年的时间里,这些世界上最智慧的头脑对这一重大问题的研究和争论是很深刻的。他们的分歧反映在三个层次:

(1) 是围绕着测不准原理的测量和实验方法的讨论和分歧。

(2) 是在认识论层面上,到底应该用因果论的信念和方法去观察和认识世界呢?还是用几率的,即非决定论的方法和信念去观测

---

① 《爱因斯坦文集》,许良英等编译,商务印书馆 1976 年版,第一卷,第 108 页;第三卷,第 478 页;第一卷,第 415、221 页。爱因斯坦:《物理学的进化》,周肇威译,上海科学技术出版社 1962 年版,第 23 页。

和描述世界？哪种方法是最基本、最完备的？

(3) 世界是几率的吗？上帝真的是在掷骰子吗？这是一个更深的，对世界的信念层次的分歧。

1. 操作层面的分歧

量子力学建立以来，观测问题就成为一个引起激烈争论的问题。在观测过程中，测量仪器和被测量系统之间存在相互作用。在观测宏观物体的运动中，这种极小的相互作用可以完全略去不计；但是对于微观粒子，仪器的作用就不能忽略不计。海森伯就从三个方面讨论了测不准的原因：一是测量仪器对测量对象的扰动；二是测量仪器本身的测量精度的限制；三是测量者(观察者)对被测系统知识的不完备、观察能力差异的制约。前两方面是客观的，第三方面是主观的。这些都会造成测不准。[①] 一些科学家为了解决“测不准”的问题，设想了一些新的实验，也设计了一些新的测量仪器和测量方法。他们想通过对测量仪器和测量方法的改进，来解决测不准的问题，最终能用决定论的精确语言描述量子力学所发现的理论，而不是给出几率的答案。但所有这些努力，至今未能取得所期盼的结果。

这就使更多的科学家和哲学家思考：微观世界真的只能用几率去描述吗？

2. 认识层面的分歧

认识层面的分歧反映在三个方面：一是事实(事件)本身是几率的，还是因果的？二是我们的认识是否能把握住事实的全部相关方面。例如：我们知道冷空气和热空气交锋后会形成雨，我们通过仪器也能观测到冷空气与热空气交锋，但我们今天仍不能完全准确的预报天气。这说明我们至今还未能把握住形成雨的全部原因。三是

---

① 海森伯：《物理学和哲学》，范岱年怿，商务印书馆 1981 年版，第 20、21 页。

哪种方法是最基本、最完备的。玻尔认为电子受辐射的照射就按自己的自由意志而行动。因提出介子场理论而获得诺贝尔物理学奖的汤川秀树指出：当我们通过一个电流计数器去观测原子发射电子的微观过程时，"经典力学就完全不适用了。这里的问题不在于原子中电子的连续运动，而在于电子从一个态跳跃到另一个态的几率。如果再把这种几率和事实世界联系起来，那就意味着电流计指针的运动是由支配着微观过程的那些几率定律来控制的"。"不连续性是原子的本性所固有的，但是我们在依赖于时间的过程中也遇到一种在普通世界中完全无法想象的不连续性：自然界实际上是跳跃的！如果我们假设一个人起初在某一个地方，然后他又在远离这个地方的另一个地方，那么我们知道，他必然在这两个地方之间走过了一段连续的路程。然而，在量子力学世界中，能量有时从一个地方跳跃到另一个地方，而我们却不能说它曾经通过中间的各点。"[①]如果在原子尺度上，粒子的出现是几率的，那么，任何想通过改进测量仪器达到观测粒子运动全过程的想法就是徒劳的。问题并不到此为止，爱因斯坦指出："在原子大小的范围内，人们不能以为所欲为的精度来做预测，我认为是无关紧要的，而且我认为理论不能从观察的结果编造出来，而只能被发明出来。"他反问："难道你是认真地相信只有可观察量才应当进入物理理论吗？"他回答说："在原则上，试图单靠可观察量来建立理论，那是完全错误的。实际上，恰恰相反，是理论决定我们能够观察到的东西。"这就告知我们，单靠不断地改进观测，即使提高了观测的精确度，也是建立不起科学的理论的。他在写给薛定谔的信里讲："理论的原则上的统计性肯定不过是描述不完备的后果。""完备的描述不能建立在加速度概念之上，也同样不能

① 汤川秀树：《创造力和直觉》，周林东译，复旦大学出版社 1987 年版，第 123、146 页。

建立在粒子概念之上。在我们这行业的工具库里，只剩下了场的概念。”[①]他寄希望用场的概念来重建统一的物理学理论的基础。

争论的另一方认为：粒子的跃迁和出现是几率的，不能再用决定论去思考和描述，只能用几率的概念、非决定论的思想和方法去认识和描述，并把此提到哲学的高度，认为这应成为科学家的新的认识论信念。

玻恩指出：“量子定律的发现宣告了严格决定论的结束，而这种决定论在经典时期是不可避免的。这个结果本身具有重大的哲学意义。在相对论改变了空间和时间的观念以后，现在又必须修改康德的另一个范畴——因果性。这些范畴的先验性已经保持不住了。不过，这些原理原来所占据的位置现在当然不会空着，它们被新的表述来接替了。对于空间和时间的情况，换成了闵可夫斯基的四维几何规律。对于因果性的情况，同样也有一个更普遍的概念，这就是几率的概念。必然性是几率的特殊情况，它的几率是百分之一百。物理学正在变成一门从基础上说是统计性的科学。”[②]

哪种思考和描述才是最基本，最完备的呢？

从以上的引述中我们知道：爱因斯坦的意见很明确，(1)世界在本质上是有秩序的和可认识的；(2)用几率解释世界是有缺陷和不完备的；(3)“我坚定地相信：当代量子理论的本质上的统计特征，完全是由于这种理论所运用的是一种对物理体系的不完备的描述。”[③]现在的量子理论是由于我们还未找到更正确更一般的理论，它至多只是一个暂时的方案；(4)上帝不是在掷骰子，“我仍然相

① 《爱因斯坦文集》，第一卷，第 336、337 页，第 211 页，第 516、517 页。

② 玻恩：《现代物理学的某些哲学方面》，引自周林等主编：《科学家论方法》，内蒙古人民出版社 1984 年版，第一辑，第 352、353 页。

③ 《爱因斯坦文集》，第一卷，第 463 页。

信可能有一种实在的模型——那就是说，相信有这样一种理论，它所表示的是事物本身，而不仅是它们出现的几率。”[①]最终我们一定会找到一种完备的解释世界(包括量子力学)的理论，它一定是决定论的，而非几率的。

玻恩的回答是：“毫无疑问，量子力学的形式体系及其统计解释在整理和预言物理经验上是极为成功的。但是一个直截了当而不加掩饰的统计性和非决定性的理论，能否满足我们的理解欲，满足我们解释事物的欲望呢？我们能否满足于接受几率而不是因果性来作为支配物理世界的最高规律呢？我对后一个问题的回答：是。”[②]

3. 信念层次的分歧

任何一位科学家都有自己的信念，这信念来源于他常年的实验和思考，也来源于他对世界的总体认识，这里会有宗教情结。“相信世界在本质上是有秩序的和可以认识的这一信念，是一切科学工作的基础。”[③]这便是爱因斯坦的信念，这也是他在长达 30 年的时间中，不同意对世界作几率解释的深层原因。

创立量子理论的科学家们是否一开始就信仰非决定论呢？玻恩写道：“在 1921 年，我相信——我同当时多数物理学家共同这样相信——科学产生关于世界的客观知识，而这个世界是受决定性定律支配的。在我看来，科学方法要胜过别的、比较主观的形成世界图像的办法——哲学、诗词和宗教；而且我还认为科学的无歧义的语言是走向人类之间进一步谅解的一个步骤。在 1951 年，我一点也不相信这些了。客观同主观之间的界限已经模糊了，决定论性定律已经被统计性定律代替了。”“就这样，古典的科学的哲学变换成了现

---

① 《爱因斯坦文集》，第一卷，第 317、318 页。

② 《科学家论方法》，第一辑，第 353 页。

③ 《爱因斯坦文集》，第一卷，第 284 页。

代的科学的哲学，这种哲学在尼耳斯·玻尔的互补原理中到达了顶峰。”①

玻恩把因果性与几率性都看做一种认识世界的信念。他说：“即使像物理学这样一门严正的科学，也是建筑在基本信念的基础上的。”“因果性就是这样一个原理，只要我们把它定义为相信在可观测的情况之间存在着相互的物理依赖性。另一个形而上学的原理是融合在几率(或然性)的观念里的。它相信统计计算的预言不仅仅是大脑的一种经验，在实在的世界里它们也是可以信赖的。”②

量子力学家们非常推崇玻尔提出的“互补原理”，也把它作为他们观察认识世界的信念。量子力学家认为，微观世界的一个根本特点是它的不连续性。例如，经典概念中只具有波动性的光，也是由一个一个光子所组成。它的另一个特征是遵从统计性规律。而经典概念中只具有颗粒性的基本粒子的运动又表现出统计的波动性。基本粒子的这种颗粒、波动二重性是不能用经典的粒子模型或经典的波动模型来描述的。面对这一新的问题，玻尔想搞清楚测不准原理在逻辑上与认识论上的含义。玻尔认为，波动与粒子描述是两个理想的经典概念，每一个概念都有一个有限的适用范围。在特定的物理现象的实验探讨中，辐射与物质均可展现其波动性或粒子性。但在这两种理想的描述中，任何单独一个都不能对所涉及的现象给出完整的说明。为了表达这种彼此不相容，而为了完整描述又都是必要的逻辑关系，1927 年 9 月，玻尔在发表的“量子假定及量子理论的最近发展”演讲中提出了“互补原理”。玻尔把两种图像——粒子图像和波动图像——看做是同一个实在的两个互补的描述。“在人类思维的许多领域中，同一事实可以从不同的但是互补的方面来了解。”

① 玻恩：《我这一代的物理学》序言，转引自《爱因斯坦文集》，第一卷，第 194 页。

② 玻恩：《关于因果与几率的自然哲学》，引自《科学家论方法》，第一辑，第 339、340 页。

“互补原理”的提出，是认识论上一次里程碑式的大事件。

玻恩对因果决定论提出了这样的反问：“我们人类是自然界的一部分，受自然界定律的支配。因而，我们所做的应当恰好像任何自然过程一样是事前决定了的。但是我们认为自己是能形成意见和在自由决定的基础上行动的人；因而我们对人类的行动作出判断，把它们叫做好的或坏的，正义的或非正义的。如果每一个人类行动只不过是一个事前决定了的、无意识的过程的一部分，我们怎么能做出这样的判断呢?”他回答说：“玻尔的互补性观念是为普通人的态度辩护的，因为它使人们注意到这样一个事实，即使是像物理学那样一种精密科学，也甘心运用互补的描述，只有把互补的描述结合起来的时候，这种描述才为世界提供了一个真正的映像。”①

从以上叙述可以看出，量子力学家们是以“测不准原理”、“互补原理”作为自己的认识论信念的，并在这个信念层次与爱因斯坦有着明确的深刻的分歧。

(三) 讨论和认识

1. 重新认识因果论

搞清事物存在的原因，是人类生存的需要。从狩猎时代到农业文明，人类都是通过因果关系来获取自己生存之所需的。例如，人类要获得更多的粮食，就要搞清粮食是怎么生长的；人要得到稳定的肉食来源，就要搞清家禽的出生和养殖过程。种下种子，适量浇水(因)，才能长出麦子，结出果实(果)。合理施肥(因)，粮食才能增产(果)。人类用因果关系来认识自然，指导自己的生存与人类进化的历史一样漫长。

在狩猎时代和农业文明时期，人类更多的是通过感官来获得事

① 玻恩：《我的一生和我的观点》，第53、54页。

物因果关系的知识。我把这一时期的因果论，或这一认识层次的因果论称为感性的因果论。人类进入工业文明时代，把因果关系发展到一个新的阶段。人类要找寻的不只是一种表征的、显见的、可用手触摸的因果关系，而是不可眼见的，事物背后的原因，即普遍之因，规律性之因。例如，万有引力(因)，地球绕太阳旋转(果)。这时期出现了找出这种规律之因的科学巨人伽利略、牛顿、爱因斯坦。我把这一时期的因果论，或这一认识层次的因果论称为理性因果论。

人类的需求越来越多，人类想探访别的星球，为了减少病痛，人类要观察和研究致病的细菌和病毒，要把握和认识世界运行的规律，人类要寻找哪个最终组成物质的最基本的元素。发现原子、粒子、介子是人类探寻世界之因的必经环节。量子力学的提出并没有终结人类寻找世界之因的工作，只是对人类长期信赖并沿用的因果论思维和信仰提出了挑战。这使我们必须重新审视和认识因果论。

(1) 在人类诞生、成长的近 300 万年历程中，因果论是人类生存、繁衍、发展的最重要认识工具和信心来源。

(2) 从欧几里得到爱因斯坦，逻辑学为人类带来了工业文明。逻辑学的根基是因果论。例如三段式逻辑：

A：所有的动物都会死。

B：牛是动物。

C：牛会死。

A 是从实践中观察得出的结论(果)，B 是一个归纳论述，通过这个论述，使 B 成为 A 的结论之因。C 是结果。从中我们可以看出，逻辑学的基础是事物的因果性。

(3) 人类靠着对星球运行规律之因的认识，已经登上了月球。

(4) 人类至今仍无法把握和认识一个结果的全部原因。例如:人类对雨的预报仍不能做到完全准确。在多数情况下,我们说成一个事件原因的那种东西,实际上只是许多原因中的一个或几个。

(5) 伽利略、牛顿对因果论作出了巨大贡献,把人类从感性的因果论认识提高到理性的因果论认识阶段。爱因斯坦又把牛顿的理性因果论认识向前推进了一步,在此基础上发现和提出了狭义相对论和广义相对论。

狭义相对论与自牛顿力学以来普遍假设的时间空间结构不同。"这个新发现的时间空间结构的最突出的特征是存在着一个极限速度,这就是任何运动体或任何传递信号均不能超越的光速。因此,如果在相距很远的两点上的两个事件发生于这样的时间,使得在一个点上发生的事件的瞬间发生的光信号只是在另一点发生了另一事件之后才能到达该点,那么,这两个事件之间就不能有任何直接的因果联系;反之亦然。"[①]爱因斯坦提出的狭义相对论,使我们对因果论的认识更深刻准确了。这里暗含了一个界限,即人类对因果的认识是以光速为界限的。

(6) 现在是依据量子力学发展中所提出的问题,把爱因斯坦等所掌握的理性因果论再向前推进的问题,而不是否定因果论。

2. 对几率性或非决定论的讨论

(1) 几率性或非决定论与人类的诞生、发展一样古老。"大概"、"有可能"、"差不多",这些词汇和概念在各民族的语言和文字中都有,说明人类在其漫长的发展与进化过程中,一直在使用几率性的概念描述和说明他们在当时还不能完全认识和把握的事物和现象。

(2) 把几率性或非决定论作为一种认识的哲学,甚至要用它来

① 海森伯:《物理学和哲学》,第104页。

代替因果论，则是量子力学创立后的事情。量子力学的创立者们把“测不准原理”作为非决定论的基础。

(3)“测不准原理”是由海森伯在1927年提出的。与此同时，数学家哥德尔在1930年提出了“不完全性定理”：“一个包括初等数论的形式系统，如果是协调的，那就是不完全的。”[①]数学家M.克莱因在1980年写成一部书，书名就叫：“数学：确定性的丧失”。他在这本书的序言中说：“数学曾经被认为是精确论证的顶峰，真理的化身，是关于宇宙设计的真理。现在我们知道，数学已不再受到普遍尊重和景仰。人类对于宇宙以及数学地位的认识已被迫做出了根本性的改变。”“受理性指导的人们必须充分认识到他们所掌握的工具的力量，认识到推理的能力及其局限性，这远比盲目相信有益得多。”[②]

随着人类在宏观上对黑洞等新的宇宙现象的了解，在微观上对原子内部结构的认识，许多新的现象人类越来越难找出其确切成因，并把握其全部的原因。人类在认识论上进入了一个迷茫的时期。

(4) 看一下人类对雷电的认识过程：在人类不知道光速和音速时，认为闪电是打雷的原因。因为人先看到闪电，之后听到闪电处传来的雷声。现在连小学生都懂得闪电并不是打雷的原因，闪电与打雷是同时发生的，因为光速比音速快，所以我们先看到闪电，后听到雷声。即使我们认识了光速与音速，搞清了闪电不是打雷的原因，我们还是用因果论的思维，发现了两个带电的云相撞是闪电和打雷的原因。

(5) 如果我们在宇宙中或在原子中，发现了比光速更快的速度，那么狭义相对论对因果性所设下的界线会被打破，但事物之间的因

① 胡作玄：《第三次数学危机》，四川人民出版社1985年版，第120页。

② [美]M.克莱因：《数学：确定性的丧失》，湖南科学技术出版社1997年版，第1、2页。

果性不会就此完结，因果论又会有新的发展。

(6) 爱因斯坦认为量子力学的哥本哈根解释是一种暂时的理论。他认为任何建立在几率性的基础上对世界的解释都是不完备的、暂时的。他提出理论的完备性标准是：内在的完美（逻辑的简单性与严谨性）和外在的证实（实验验证）。“以统计学为基础的理论，尽管取得很大的成功，但还是停留在事物的表面。”[①]

(7) 我们观察一只奔跑的豹子，它会突然地转弯。对它的位置和速度也是测不准的，它在奔跑中会突然离开原来的路线。这有些类似于我们对粒子的观测。但我们总能搞清这只豹子偏离原有路线的原因，是受了惊吓，或发现了新的猎物，或其他暂时我们还不了解的原因。但这一问题我们总会用因果性做出研究和解释。

(8) 由于人的认识能力与观测手段的局限性，在许多领域，人类还不能用因果性对发生的事件做出研究和说明，只能用几率性做出描述与预测，这并不说明几率性的认识方法对，而是人类的一种无奈。随着人类认识能力的提高和观测手段的增强，人类会在更大的范围和更多的领域用因果性的分析取代以前的几率性描述。这已被从伽利略以来的自然科学的发展所证实。

(9) 人类不断改进自己的认识手段，发明新的观测仪器，例如：哈勃望远镜、火星探测器等。随着时间的推移，人类会把以前只能用几率性去描述的事物和现象逐渐用因果性的论述代替，但又会出现新的未知的东西在当时只能用几率性描述。这一过程永远不会完结。

(10) 不论用因果论还是几率性去认识和把握世界，都是服务于人类的生存和发展的。有些事物用几率性去认识和把握暂时可以满

---

① 《爱因斯坦文集》，第一卷，第 10 页；第三卷，第 480 页。

足人类这一阶段的生存和发展，人类也会选择用几率性去描述和预报，例如，天气预报。这有一个经济原则：一是全部准确把握费用太大，一是现在把握的程度已经可以满足人类目前生产和生活的需要。

（11）在伽利略、牛顿时代，当人类认识宏观世界获得大踏步前进时，人类忽视了人是浸泡在宇宙中去观察认识世界的。当人举起天文望远镜时，人已经扰动了宇宙，但人不意识并认为这种扰动是无关紧要的，而当人想探寻原子结构内部的秘密时，宇宙便开始惩罚人类，让人类意识到这种扰动的代价。“不识庐山真面目，只缘身在此山中。”这是认识论要思考的课题。今天，这个问题已摆在了人类的门槛上，舍此，人类的认识无法前进。

3. 世界是几率的，还是因果的？

（1）量子力学的理论认为：原子结构中电子从一个态跳跃到另一个态是几率的。

（2）大爆炸理论告诉我们：宇宙是从大爆炸那一刻形成的，这是宇宙形成之因。而大爆炸是几率的。

（3）达尔文的进化论说明：生物在进化的过程中，变异是几率的，而这种变异常常导致新的物种的产生，所以，新的物种的产生是几率的。

（4）量子力学产生后，越来越多的年轻物理学家用几率性的思维去研究原子结构与其他现象。他们的研究获得了同行的承认，一些研究成果在实际中获得了应用。这又反馈给更多的后来者，使他们选择了非决定论的认识信念和研究方法。

（5）量子力学产生以后，越来越多的青年物理学家选择非决定论的研究和论述方法有这么几个原因：一是这种方法得到了同行的认可，并可以使他们的研究成果获得同行的承认和赞许，解决了他们对收入和成就的需求；二是有些科学家本身就认为世界是几率的；三是有些科学家虽然怀疑世界是几率的，但在他们所研究的客体内，无法用因果性去描述，或用几率描述更容易些；四是人类在某一阶段，几率性的认识可以满足应用的要求，并可节约研究成本。

(6) 大爆炸相对于别的结果是几率的，变异相对于不发生变异是几率的，甚至这个几率只有万分之一、亿分之一，但大爆炸和变异本身一定是有原因的。我相信，大爆炸的出现有其我们现在还不知的原因，总有一天人类会找到大爆炸与生物变异的原因。

(7) 这里有一个谁包容谁，谁决定谁的问题。即谁是一般规律，谁是特殊情况的问题。爱因斯坦认为是因果论决定着几率论，量子物理学家之所以作出几率性的描述，是他们还没有找到所观察到的现象背后的最终原因。而这个原因最终是一定会找到的，那时就可以用因果论给出精确的说明。而玻尔等创立量子物理学的科学家则认为：几率论包容着因果论，因果论只是几率性中的一种特殊情况。“必然性是几率的特殊情况，它的几率是百分之一百。”[①]即当一种现象出现的几率是百分之一百时，就成了因果的，就可以用因果论给予说明和精确描述。

4. 我的猜想

爱因斯坦与玻尔等争论了30年，到现在，100年过去了，这个争论仍没有一个确定的答案。但是这场旷日持久的论争并没有影响科学在这100年里的飞速发展，急切地要分出一个谁是谁非或许是幼稚的，甚至是愚蠢和有害的。2000多年前，两小儿辩日，难倒了当时的大学问家孔子，今天一个普通的中学生就可以把两小儿争论的问题说清楚。但两小儿的发问，对人类认识自然界、人类对自身认识能力的机理、人类对自己认识能力的局限性的思考起到了巨大的推动

① 玻恩：《现代物理学的某些哲学方面》，《科学家论方法》第一辑，第352页。

作用。

有人遵循爱因斯坦的科学信念从事科学研究，取得了很大的成绩；有人用“几率论”的思维方法也推进了科学的研究和发展，相得益彰，使科学研究的方法更加多样化，科学研究的领域更深入和宽广。如果人们只能用一种模式或方法去研究和思考问题、观察世界，那结果可能是有害的。或许，人原本就需要用这两种，甚至多种的方法去观察和认识世界。也许再过 50 年或 100 年，那时的大学生都能把宇宙中“黑洞”的来龙去脉说清楚时，这场争论就迎刃而解了。就像现在我们回首看 2000 年前的两小儿辩日之争。但谁又能说清“两小儿之争”、“知鱼之乐”之辩和类似于这种情况的争论，对人类认识世界、认识自己的意义和作用呢？

读过庄子这个寓言故事的人，都认为惠子是对的，庄子是在狡辩。那么，聪明的庄子为什么要把自己置于一个狡辩者的境地呢？有懂鸟语的人，为什么就没有知鱼之乐的人呢？谁能判定人知道什么，又不知道什么呢？

在很小的电子世界，某一种电子的形成和出现是几率的，在地球这个尺度大小的世界，我们所观察到的事物变化，例如刮风下雨，是因果的。在更大尺度的银河系中，我们观察和思考地球的形成和出现可能又是几率的。跳出银河系，当我们回望银河系时，看到日月运行那么有序，又会发现它们的运行和变化是有因果可循的。我想象，整个宇宙像洋葱一样，一层包裹着一层。最核心层（电子）可能是几率的，再外一层可能是因果的，从更外一层看这层（例如地球的形成和出现）又是几率的。所以，从本层去观察本层的事物变化，是因果的；在本层之外去看这一层的形成和出现，又是几率的。我把这种对宇宙、星球、电子的观察和对因果论、几率论的认识称为“洋葱模型”。

“横看成岭侧成峰，远近高低各不同。不识庐山真面目，只缘身在此山中。”这种中国式的智慧告诉我们：想认识一个事物，站在事物之内与站在事物之外所看到的事物特性是不同的。把两者结合起来，或许才能搞清那个事物的本质。但问题是：你能站在电子之内去观察电子吗？你能站在宇宙之外去观看宇宙运行吗？你能既站在宇宙之内，又站在宇宙之外去观察宇宙吗？

面对无穷的宇宙，我们每一个人都像印度故事中那些摸象的瞎子。每个人只能用自己的办法去感知宇宙之象的一部分，把每一个人所说的合在一起，经过一番梳理和思考，才能合成一个比较接近事物本真的东西。这或许是“互补原理”的产生之因和它具有强大、长久生命力的终极之因。

这里有两个前提：一个是要允许每个人用自己的方法去观察和认识；另一个前提是，要允许并鼓励每个人把自己所观察到的、想到的东西无保留地全部讲出来。不能限制、压制或取笑他们，如果压制或取笑他们，你就很难收集到完整的信息，并把这些信息拼成一幅接近事实的图像。这也告诉我们：言论自由、研究问题的自由对于一个民族的兴旺和一个国家的发展多么重要，那些限制言论自由和研究自由的国家和民族，会进步缓慢，落后于有这些自由的国度，最终失去认识真理的机会，沦为一个愚昧的民族。

我在讲述“瞎子摸象”这个富含哲理的印度故事时，对故事中每一个认真摸象，又那么急切地、真诚地讲出自己全部所感所知的瞎子充满敬意。这是我对这个印度故事的解读。

宇宙是无限的，我们永远也不可能知道宇宙最外一层是什么，也不会知道这最外一层是几率的，还是因果的。我们既无法钻进电子内部去认识电子是几率的，还是因果的；我们也无法站在宇宙之外去观察宇宙的形成和出现是几率的，还是因果的。这是人类的宿命，是人这种动物的局限性的终极之因。所以，“人类一思考，上帝就发笑。”

因果论与几率论的争论还会争论下去，从事研究工作和喜欢思考的人怎么办呢？

5. 一点建议

科学理论不仅仅是实验事实的描述，也不是从这种描述中就能推论出的某种理论。而是如爱因斯坦所强调的，物理学家只有通过思辨的方法才能得到理论。在物理学家的方法中，不是从事实推演到理论的假设，而是从假设的理论推演到事实和实验数据。因此，人们必须思辨地提出理论，并且用演绎法推导出这些理论的许多结果，以便使这些理论能够接受实验检验。而这一切的指导信念是：世界是有序运行的。所以，在你所研究的对象中，如果用因果性的方法能较好较快地认识这些现象，就坚持用因果论的方法；如果在你所研究的对象中，由于目前科学家认识能力的局限性与观测仪器的制约，只能观测到几率性的结果，那就先用几率性的方法，得出几率性的结论，待认识能力提高与观测仪器改进后，可以再用因果性的方法去研究和说明。

“朝菌不知晦朔，蟪蛄不知春秋。”当宇宙偶尔露出真容，有谁有幸看到？看到者，又看到了多少呢？

九 弦论：宇宙中一对恋人的故事

著名数学家丘成桐与物理学家史蒂夫·纳迪斯写成《大宇之形》一书，对“弦论”的产生和意义，做了这样的说明：“自从爱因斯坦在1915年发表了广义相对论以来，这个以几何为基础并总结我们对引力理解的理论，一直非常成功，并通过了每一项实验的考验。另一方面，量子论则优美地描述了三种已知的作用力：电磁力、弱力和强力。”“不幸的是，这两个非常稳固的理论却彼此毫不相容。”“量子力学的一切都是建立在概率上。当把广义相对论丢进量子模型里,计算出来的常常会是无穷大。而如果在推导过程中蹦出无穷大,通常就表示计算里遗漏了某样东西。假如最成功的两个理论,一个描述星系、行星之类的巨大物体,另一个描述电子、夸克之类的渺小之物,但是一结合起来就产生无意义的结果,这绝对无法令人满意。把它们隔离开来也不是好办法,因为在某些地方例如黑洞,最大的和最小的理论汇集在一起,而且任一理论都无法单方面给出完满的解释。"

"物理学家认为,宇宙可以,而且理应只由一个把所有的自然力交织成整体的'统一场论'(unified field theory)来描述。这种想法既有美学上的吸引力,而且也联系到宇宙起源于一场极其炽热的大爆炸的观念。""爱因斯坦没能建立一个囊括一切所知物理的理论,我们是否能再做尝试,并且在伟大的爱因斯坦失手之处获得成功?"

"这正是弦论的允诺。弦论是一个迷人但尚未证明的统一理论,它将粒子物理学的点状物体以延伸(但仍然很微小)的弦来取代。"

"弦论试图搭起广义相对论与量子力学之间的桥梁,它的核心概念认为:物质与能量的最小单位,不是点状的粒子,而是微小的、振动的弦。弦的形式也许像闭圈、也许像绳段。而且就像吉他弦可以弹奏出许多不同的振动,对应到大自然的不同的粒子与作用力。假设弦论成功了(这尚待验证),那么大一统理论便大功告成。因为这样一来,所有粒子和作用力都出自同一本源,它们都是基本弦的外在表现与激态。我们可以说,'弦'是最基本的零件,构成整个宇宙,当你下探到宇宙最底层时,一切都是弦。"①

物质追问到最后,是一段弦。弦的本质是什么?我猜想:可能

① 丘成桐、史蒂夫·纳迪斯:《大宇之形》,翁秉仁、赵学信译,湖南科学技术出版社2012年版,第16、17、18、145页。

是一缕思绪。由此可窥见老子的“有生于无”。不是生于无，是生于一缕思绪。种子、精子、粒子、DNA，最核心的东西是其中蕴含的信息（遗传密码等），是带着这些信息的一段弦。

如果是这样，你去想佛教的深邃和高妙。

《大宇之形》给我们描述了一个新的宇宙图景。从哥白尼到牛顿，从牛顿到爱因斯坦，每一次对宇宙的新认识，都使人类的认识水平发生一次大的飞跃，推动科学技术经历一次突发性的大发展。而对宇宙提出新的认识的国家和民族，其科学和文化将走在世界前端，并引领世界前行。

美国斯坦福大学教授、实验物理学家、弦理论创始人之一莱昂纳德·萨斯坎德（1940年—）提出宇宙发展需要一个外在的力量来参与而非自身发展的看法。他提出黑洞不会消灭资讯。英国著名天体物理学家霍金曾提出黑洞会吞灭一切资讯，后来同意萨斯坎德的看法。萨斯坎德创建全息理论，指出凡是进入黑洞中的物体，它本身会进入黑洞中心，而它所留下的信息会以二维全息图像形式留在黑洞的边缘。他提出了一个很有意思的“思想实验”，即他在头脑中构想出而在实验室无法做的实验。他说有一对恋人，漂在宇宙中，女的被黑洞吸走，男的看见女朋友向着他微笑，并向黑洞飞去，到黑洞边缘时，越来越慢，看上去好像停止在了那里，并一直向他微笑着。但女方感到自己已被黑洞的巨大吸力把整个身体压缩成像一张纸一样薄的东西，向里吸。男方和女方在同一时间所观察和感受到的事实是完全不同的，如果他们各自说出自己的感受和看到的东西，即事实。他们中哪一个人的感受和观察是真实的呢？

萨斯坎德提出的新理论，改变了人类对空间的认识。他提出新的问题：为什么空间是三维的，而空间中所储存的信息量是二维的？（一维是线，二维是面，三维是静态空间，四维是动态空间，因为加上

了时间这一维度)

让我们设想,我们坐上了一艘比光速还快的宇宙飞船,离开地球飞向宇宙深处,地球上几千年前发生的事情,通过光已不断地传向宇宙深处,当我们超过光速时,反看地球,地球上过去发生的事情像放电影一样一一呈现在我们面前。我们的速度超过光速越多,我们就会越早地看到以前在地球上发生的事,但都是二维的,像看电影一样。我们可以清楚地看到三国时代赤壁大战的壮烈场面,也可看到古都开封清明上河图中人们生活的各种场景,看到诺曼底登陆。但我们不能参加进去,我们并不知道看到的这些或打仗、或做生意的人心里想的是什么?他们对其所处的社会真实感受是什么?我们能讲述给别人的是我们看到的场景和我们思考后的解释,就像那一对恋人中的男子,他看到的只是一张停留在黑洞边沿的二维图像,女友向他微笑着。对于女友现时的遭遇和痛苦,他则一无所知。问题是:你看到的和说出的是真实的吗?我们通过阅读古人写的书去了解古代人生活的情形,例如,我们阅读《三国志》去了解三国时的赤壁之战。书也是二维的,古代真正存在过的赤壁之战,对当时的参加者来讲是四维的。那么,参加者讲述的是真实的?还是西晋陈寿在《三国志》中记述的是真实的?我们同时生活在二维和三维世界之中,会面对大量的这类问题,这可能也是悖论产生的原因之一。

所以萨斯坎德说,真实是什么?也许你认为很简单,我们看到的就是真实的。但是实际上,真实世界的本质可能远远超出我们的理解力。科学家们发现:宇宙的96%是由暗物质和暗能量构成的。这些暗物质和暗能量是什么?在世界演化中起着什么作用?我们一无所知。[①] 人类也许永远无法理解真实的世界。我们是自己的神经构

① 罗伯特·兰札、鲍勃·伯曼:《生物中心主义》,朱子文译,重庆出版社2012年版,第1页。

架的“囚徒”，我们能想象出一些事物，但想象力是有限的。在很大程度上，那些试图了解真实世界最深层本质的物理学家，其实都是在萨斯坎德构建的理论框架下工作。但现在，这个研究领域发生了重大问题：萨斯坎德怀疑，物理学家能否真正理解真实世界。

萨斯坎德不是首先提出这种观点的人，早在20世纪20年代，以爱因斯坦为一方，以著名的量子力学家玻尔为另一方，曾就这些问题展开过30年之久的争论。爱因斯坦认为，物理学的全部意义在于：物理学家可以描绘出一些反映客观现实的思维图像。而玻尔则认为，描绘这类思维图像是一件很难或不可能的事。物理学家做出一些经验性的预言，然后去检验这些预言就足够了。

萨斯坎德认为，现代物理学中的矛盾和悖论证明，玻尔的谨慎是有道理的。他说，在量子力学中，有两个概念颠覆了我们对真实的传统看法。一个是所谓的纠缠，这是一个非常怪异的现象：你可以知道一个复合系统的一切特性，却无法了解系统中那些单个组成的任何事情。另一个是海森伯的不确定原理，如果你想同时描绘一个物体的位置和动量，你会发现根本做不到。你能做到的是：确定这个物体的位置，或者它的动量，你别想同时确定这两个物理量。这就是物理学家所谓的“互补性”。事实证明，黑洞视界的数学原理与不确定原理极为相似。这又是一个“或”与“和”的问题。在传统观念看来，我们可以同时说：有些东西落入了黑洞，有些东西没有落入黑洞；或者说，有些东西在黑洞外部，有些东西在黑洞内部。我们得到的教训是，这是一种错误的思考方法。不要尝试同时去想发生在视界内外的事情，它们是对同一件事情的不同描述。你可以这样描述它，或者那样描述它。一个黑洞内部的信息都在这个黑洞的表面上。所以，当你对系统的描述越细致、越精确时，你最终得到的结果是：信息都存在于边界上。对真实这个概念，有两种不同的描述：真实是环绕着边界的时空区域，或者环绕这个时空区域的边界。到底哪个描述对？这个问题没法回答。我们既可以把一个物体看成是时空区域内部的一个物体，也可以把它看成是一个由时空区域的边界信息拼凑出来的、复杂的集合体。两种描述不可以同时考虑，只能是第一种或第二种描述。这种像一个东西是另一个东西的不规则映射，令人感到不可思议。其实，柏拉图在讲到人认识世界之难与人是如何认识世界的这两个问题时，所讲的“洞穴比喻”，说的也是人认识世界之难。

萨斯坎德说，很大一部分物理学家已经不再执著于把我们的世界解释成一个独一无二的、数学上唯一可能存在的宇宙。现在的答案是多重宇宙。宇宙非常非常大，根据经验，我们知道它的体积至少要比我们看见的部分大 1000 倍。暴胀宇宙理论（宇宙起源于大爆炸）的提出，告诉我们这样一种可能性：宇宙在足够大的尺度上是千奇百怪的。对我们来说，弦论就像一个万能工匠，让我们可以将一堆积木用数不清的方法堆积在一起。所以，试图解释“为什么我们这个世界恰好是这样的”是没有意义的。这是因为，在其他地方，还有很多与我们不同的世界。不可能存在可以解释一切事物的万能理论。没有人知道多重宇宙的基本规则，它只是一幅图像。没有人知道如何利用它来做出预言。一种宇宙与另一种宇宙的比例，可以是无穷大比无穷大。由于我们太想得到一个概率分布图，从中获知某种宇宙的形成概率是否比另一种大，从而据此做出预言，因此我们已经逐渐远离了那幅原本令人信服的图像，踏上了歧途：妄想测量无穷的概率。如果暴胀理论最终崩溃，这就是它崩溃的原因。[①]

300 万年以来，人类一直居住在地球这个相比较宇宙和更小的

---

① 《环球科学》2011 年第五期：《宇宙暴涨的核心漏洞》。

原子来讲，是一个中等尺度的星球上。所以，人类的一切生存体验、记忆、认识都受到地球这个基本存在的影响，并深深打上了地球的烙印，也带着地球对人的认识所造成的局限性。宇宙无限之大，每个星球千差万别，人类只要把眼光投向宇宙，所见到的图景，每一个都是见所未见，闻所未闻的。人类在地球上所形成的经验、认知能力、类比能力能否应用于别的星体，是一个未知数。人类对极小尺度，例如原子的认识也是这样。人类对宇宙和原子的认识，每前进一步，都是在艰难地摆脱地球带给人的这种局限性。从亚里士多德到伽利略，从牛顿到爱因斯坦，是人类认识宇宙和原子世界取得巨大成就，并不断摆脱这种局限性的过程。牛顿强调一切自然科学的结论，都要由实验来证实，这在牛顿那个时代是非常重要的。但爱因斯坦的相对论，是人类大脑思维和推论的杰出产物(所谓思想实验)，是先有了想象和理论，再去求证。地球在宇宙中是一个很小的局部，在这个人类方舟上所做的一切实验，都打下了地球本身独特性的烙印，只能用来说明地球上的事物和变化。能否应用到其他星球，则是未知的。人要认识浩瀚的宇宙，没有超凡的想象力，没有思想实验是不行的。

人类在自然科学上取得了巨大成就，人类发现并依靠万有引力理论，把人送上了月球；根据电磁理论，发明了电灯，使人类战胜了黑暗。这些巨大的成就使人类骄傲起来，认为自己无所不能，可以用这些手段探明和战胜宇宙。宇宙不语，人要挑战宇宙，“挑战者号”宇宙飞船爆炸解体。继苏联切尔诺贝利核电站泄漏事故后，以严谨、制造水平高、质量好著称的日本核电站再次泄漏，环境污染越演越烈，人类已走到需要深刻反省自己的最后关口。

受地球局限性制约着的人类，是否能发现一个能解释大到宇宙，小到夸克的统一理论，从现有的情况看，答案是否定的。宇宙中是否存在这样一种力量，或一种规律，即老子所讲的“道”？爱因斯坦认为是存在的。他常讲“上帝不是在掷骰子”，“相信世界在本质上是有秩序的和可以认识的这一信念，是一切科学工作的基础。”①他坚信最终我们一定会找到一种完备的解释世界（包括量子力学）的理论。

就是存在这种万物演变的规律和理论，人类能否发现？对人这种物种而言，答案也是否定的。就是存在这种“道”，我们也做不到“朝闻道，夕死可矣”。在发现这种“道”之前，人类就消亡了，而万物仍在演变和运行。

十　世界是什么？

（一）世界是什么？

1. 世界是什么？

世界是什么？一直是人类一代一代追问，至今仍未完全搞清的问题。这一问题现在仍是天文学、气象学、地质学、物理学、化学、哲学所研究的重要问题。

古希腊的学者和哲学家从两个方面研究这一问题。一个方面是以柏拉图为代表的哲学家，提出“理念”的概念，认为“世界是理念的显现”。即世界有规律地运转，万物和谐生存都是由一个理念决定，都是这个理念的显现。另一个方面是研究世界的构成元素和结构，即世界最终（最基本的单位）是由什么元素构成的？组成的结构是什么？这一派的代表人物有泰勒斯，认为“水为万物之源”；德谟克利特提出“原子论”；毕达哥拉斯说：“世界是数”。沿着柏拉图所开创的方向，产生了哥白尼、伽利略、牛顿、克劳修斯、爱因斯坦、霍金这一传承有序的科学巨人，他们一步一步地揭示出世界（宇宙）运行的规律。沿着后一种方向，产生了拉瓦锡、道尔顿、法拉第、达尔文、孟德尔、麦克斯

① 《爱因斯坦文集》第一卷，第284页。

韦、玛丽·居里、卢瑟福、玻尔、克里克等，他们从物理学、化学、生物学等不同的领域，研究了各类有生命的生物和无生命的物质最基本的构成元素和结构，加深了我们对人类自身和世界万物的认识和了解。

反观中国，在古希腊的柏拉图时代，正值中国历史上最辉煌的百家争鸣时期，各类学说竞出。老子提出“道”的概念，很类似柏拉图的“理念”之说，但没有人在此基础上去做深入的探寻，提出类似于“万有引力”和“相对论”的学说。中国人很早就提出宇宙运行变化的“阴阳”学说和五行（金、木、水、火、土）组成说，但没有人在此基础上提出化学元素学说和物质构造的原子论。黑格尔在讲到中国的“易经哲学”时，说：“他们也达到了对于纯粹思想的意识，但并不深入，只停留在最浅薄的思想里面。这些规定诚然也是具体的，但是这种具体没有概念化，没有被思辨地思考，而只是从通常的观念中取来，按照直观的形式和通常感觉的形式表现出来的。”[①]黑格尔指出中国的哲学“停留在最浅薄的思想里面”，“没有被思辨地思考”这两点是很中肯、很重要的。这个问题从孔子时代一直到2000年后，1606年外国传教士利玛窦把翻译成中文的《几何原本》送到中国人面前时，都没有改变。在身边小国日本没有战胜中国之前，中国的统治阶级和老百姓不知科学为何物，也没有要知道的渴望和需求，沉浸在“吾国之大，无所不有”的美梦中。直到清朝乾隆时期，才有极少数的中国官员从外国传教士带来的世界地图中，第一次知道世界是一个什么模样，中国在世界中的位置。在此之前，中国人一直认为世界是一片平地和海洋，中国是世界的中心，是世界上最富最大的国家。

科学和技术的每一次爆发式飞跃和发展，都源于人类对宇宙的新认识、新发现。哥白尼新的宇宙运行理论，奠定了近代天文学的基

① 黑格尔：《哲学史讲演录》第一卷，贺麟、王太庆译，商务印书馆1981年版，第120、121页。

础，推动了远洋航行的巨大发展。牛顿的理论带来了工业革命，推动了机械制造业的大发展，各种新产品不断涌现，大大丰富了人类的生活，把人们从繁重的体力劳动中解放出来。爱因斯坦的相对论把人类带进了原子时代，为人类提供新的清洁能源，使人类遨游太空的期望成为现实。一个民族如果在对宇宙的认识上没有好奇、没有探索、没有发现，他怎么能知道自已在宇宙中的位置呢？他怎么能看清世界大势呢？这样的民族是没有前景的。中国在老子之后，虽有屈原对天的 172 个发问，其中不少是问天、问地、问宇宙的。但只是发问而已，他没有回答其中的任何一个问题，在此后的 2000 多年里，对宇宙是什么？它是如何运行的？物质是什么？物质的结构是什么？中华民族一直是缺位的。这是近现代以来中国落后的重要原因。一个在“宇宙是什么?”的问题中没有好奇，没有探索，没有思考，没有发言权的民族是不能立于世界民族之林前列的。

2. 生物中心主义与王阳明

王守仁(1472—1528 年)明代哲学家、杰出的军事指挥家。字伯安，浙江余姚人，因在故乡筑阳明洞，故也称他为阳明先生。是宋明理学的代表人物。

宋明理学是中国古典哲学发展的一个重要阶段，依据对世界演化原理的不同认识，大体可分为三个学派；一是以张载(1020—1077 年)为代表的气本论学派，主张气是世界的本质或本体，道或理是气运动的规律或准则；二是以程颖(1033—1109 年)、朱熹(1130—1200 年)为代表的理本论学派，主张以客观的精神本体“理”为世界第一原理；三是以陆九渊(1139—1193 年)、王阳明为代表的心本论学派，主张心，即人的意识是世界万物的本原。陆九渊继承孟子学说，提出了“宇宙便是吾心，吾心便是宇宙”的思想，他说“圣人之学，心学也”。后来人们便把陆九渊的学说称为心学。到明代中叶，王明阳提出“致良知”说，使理学中心学一派盛行一时，打破了程朱理学的独尊局面，成为影响了明中期之后，直到近现代中国知识分子和政治领袖的思想流派。明中叶以后他的心学传到日本，成为显学，影响了明治维新时期的日本思想界，对日本的改革和维新起了积极作用。

《大学》里讲：“致知在格物，物格而后知至，知至而后意诚，意诚而后心正，心正而后身修，身修而后家齐，家齐而后国治，国治而后天下平。”这就是中国知识分子认为的人生之正途的“八条目”：“格物、致知、诚意、正心、修身、齐家、治国、平天下”。“八条目”的第一步是“格物”，这是“穷人理”的下手处。但是《大学》里并没有就什么是“格物”作出说明。朱熹作《格物补传》，将“格物”解释为“即物穷理”。这就提出了一个问题，即“穷人理”为什么要从“穷物理”开始？朱熹认为“物我一理”，只要通过“今日格一物，明日格一物”的不断积累，就会豁然贯通，达到“穷人之理”。

王明阳年轻时，相信朱熹说的一草一木都有理，都应当格过（格在这里是动词，是观察、分析、探究、得出结论），由此逐步“穷人之理”。他就与一位朋友，以院中竹子为对象，面对翠竹，静思苦想，整整七天，结果不但没有穷到“理”，两人反都累病了。之后他到龙场悟道静思，有一夜突然大悟，得出结论，认为理本来就不在物上，而在人的心里。离开了心，便没有理。人应反省自己的心，而不是向外部之物去寻理。

他说：“朱之所谓格物云者，在即物而穷其理也。即物穷理是就事事物物之上求其所谓定理者也。是以吾心而求理于事事物物之中，析心与理为二矣。夫求理于事事物物者，如求孝之理于其亲之谓也。求孝之理于其亲，则孝之理其果在于吾之心邪，抑果在于亲之身邪？”（《传习录中·答顾东桥书》）他说，人见孩子将入井，产生恻隐之心，难道说孩子身上有恻隐之理吗？

《大学》里所说的“格物”，究竟含义是什么呢？王阳明认为“故致知必在于格物。物者，事先。凡意之所发，必有其事，意所在之事谓之物。格者，正也。正其不正以归于正之谓也，正其不正去恶之谓也，归于正者为善之谓也。夫是之谓格。”（《大学问》）他认为“明德”的主要内容就是“以万物为一体”的“仁”，这个“一体之仁”就本然地存在于人“心”之中。

王阳明的思想，由他的一位弟子选编为《传习录》，其中讲了这么一件事：“先生游南镇，一友指岩中花树问：‘天下无心外之物，如此花树，在深山中，自开自落，于我心亦何相关？’先生云：‘尔未看此花时，此花与尔心同归于寂。尔来看此花时，则此花颜色，一时明白起来。便知此花，不在尔的心外。’”又一段讲：“先生曰：‘尔看这个天地中间什么是天地的心？’对曰：‘尝闻人是天地的心。’曰：‘人又什么叫做心？’对曰：‘只有一个灵明。’‘可知充天塞地，中间只有这个灵明。人只为形体自间隔了。我的灵明，便是天地鬼神的主宰。……天地鬼神万物，离却我的灵明，便没有天地鬼神万物了。我的灵明，离却天地鬼神万物，亦没有我的灵明。如此便是一气流通的，如何与他间隔得？’”（《传习录下・王文成公全书卷三》）由此可以看出，王阳明认为，心（精神意识）与天地万物是“一气流通”的，心外无物。

“似曾相识燕归来”，500 年之后，2011 年美国一位生物学家（罗伯特・兰札 Robert lanza）和一位天文学家（鲍勃・伯曼，Bob Beman）合作完成了《生物中心主义》一书，提出了新的宇宙观。他们在这本书的第三章里提出了一个与王阳明相似的问题：森林中有一棵树倒下，没有人在场，这棵树倒下时有没有发出声音？他们的回答是超越常识的，他们说，如果没有人在场，树倒下时，没有声音。就像没有人在场，就没有彩虹一样。由此发端，他们提出了新的宇宙观，共有 7 个原理：

“生物中心主义的第一个原理：我们感觉真实的东西是一个与我们的意识有关的过程。如果存在一个‘外在’的实体，将会——根据定义——必须存在于空间之中。但这是没有意义的，因为空间和时间并不是绝对的实体，而是人类和动物的思维工具。

“生物中心主义的第二个原理：我们的外在和内在感觉是相互纠缠的。它们是一个硬币的不同的两面，不可分开。

“生物中心主义的第三个原理：亚原子粒子——实际上所有的粒子和对象——的表现与观察者的在场有着相互纠缠作用的关系。若无一个有意识的观察者在场，它们充其量是以概率波动的不确定状态而存在的。

“生物中心主义的第四个原理：没有意识，‘物质’就处在不确定的概率状态中。任何可能先于意识的宇宙，都只存在于一种概率状态中。

“生物中心主义的第五个原理：唯有生物中心主义才能解释宇宙的真正结构。宇宙对生命做精微的调节，使生命在创造宇宙时产生完美的感觉，而不是相反。‘宇宙’纯粹是它自身的完整时空逻辑体系。

“生物中心主义的第六个原理：在动物意识的感知之外，并无真实的时间存在。时间是我们在宇宙中感觉变化的过程。

“生物中心主义的第七个原理：空间与时间一样不是物体或事物。空间是我们动物的另一种理解形式，并不是独立的实在。我们像乌龟的壳那样承载着空间和时间。因此，并没有与生命无关的物理事件发生在其中的、自我存在的绝对基体。”①

几乎相同的问题，王阳明在500年之前就提出了，也思考了，得出了一个飘忽不定、似是而非的结论。这个结论没有一步一步的逻

---

① 罗伯特·兰札、鲍勃·伯曼：《生物中心主义》，朱之文译，重庆出版社2012年版，第131、132页。

辑推理和求证。你说他错，也指不出错在那里，是哪一步求证错了。孟子也说过类似的话："万物皆备于我"(《孟子·尽心上》)。这就是中国学者"微言大义"式的做学问的方法和结果。但王阳明的这些述说要比孔子、孟子精确得多，进入了初步求证的阶段。但不及老子的语录与世界本初相近。

这是一个很古老的问题："山中有一棵树开花了，你不在场，那棵树开花了吗?"罗伯特·兰札把它变成了一个更好理解的问题："你走过厨房回到卧室，厨房还在那儿吗?"他的回答是："它(厨房)只是一个概率的群集。"[①]并得出了七个原理。其原因和理论基础来自量子理论的测不准原理。

中国的屈原(公元前353—前295年)在春秋战国时代就对宇宙和人间提出了172个问题，但他没能静下心来，研究其中任何一个问题，后继者也没有人研究和说明其中任何一个问题。到王阳明，这么清晰地提出了一个哲学上的重大问题，也思考了，但他的回答又是那样似是而非，并不能证明他的"心物一体，心外无物"。我多次讲，中国从春秋时代一直到清朝末年派出留学生去欧美学习，其间2000多年，中国与西方(古希腊—意大利—英国—美国)人的生存状态，看重的东西(所谓价值观)，追求的东西(所谓世界观)不同，使得两者的研究重点、研究方法、得出的结论不同，导致为今天不同的社会状态和生存状态。我相信，认真从本章开头看到这里的读者，应该能回答王阳明与这位美国生物学家对这一重大问题回答不同的原因。我建议读者认真阅读一下他写的《生物中心主义》这本书，就会更具体、更深切地认识中国学者与欧美学者，中国哲学与欧美哲学，中国人思维与欧美人思维的本质不同。我常常把人从知识水平上分为知道并理解

---

① 罗伯特·兰札、鲍勃·伯曼：《生物中心主义》，朱之文译，重庆出版社2012年版，第11页。

了量子理论的人与还没有理解量子理论的人，并认为这个分界很重要。在中国，90%以上的大学生和教师并不知道“测不准原理”，知道的百分之几中，大部分人也不理解。读这本书，你会逐步知道并理解量子理论。这会是你人生认识水平的一次飞跃。

3. 我对世界的认识

(1) 根据大爆炸理论，世界是向四周不断暴胀的。

(2) 根据热力学定律，世界是不断走向均质的。

(3) 在以上的大趋势下，世界中不断有新的耗散结构生成。

(4) 地球是一个耗散结构，生命是耗散结构。

(5) 生命在耗散结构中形成和繁衍。

(6) 依据耗散结构的原理，来考虑人类今后的续存和存在方式。

(7) 惧怕和等待宇宙的“死寂”是没有意义的。

(8) 活着，游戏着(包括探险、探索和创造)。这或许就是人生的终极意义。

(二) 人与世界(人类生存的三个极限)

1. 人与世界

世界本身是没有目的和意义的，是人的出现赋予了它意义。这就是“人择原理”：我们看到的宇宙之所以是这个样子，正是因为我们的存在。它的意思是说：“存在非常大量不同的分开的宇宙，它们具有不同的物理参数值和初始条件。这些宇宙中的大多数不能为智慧生命所需要的复杂结构发展提供恰当的条件，只有在少数具有和我们居住的星系类似的条件和参数的星系中，才可能让智慧生命得以出现和发展，并且询问道：‘宇宙为何像我们所观测的那样？’其答案当然是：如果宇宙换一种样子，就不存在去问这个问题的人类了。”①中

① 霍金：《霍金讲演录》，杜欣欣、吴忠超译，湖南科学技术出版社1996年版，第37页。

国的老子,很早就认识到这个问题。他讲:“天地不仁,以万物为刍狗。”(《道德经·第五章》)所以,宇宙的目的和意义,都是人观测和寻找的。宇宙有没有运行规律?这些规律是什么?都是人要寻找的。人是靠世界生存的,不断地认识这个世界,人才能生存。这是人生存的需要。

不论人来自地球之外,还是由地球所孕育,整个宇宙都在静静地等待着人的降临。人的出现使一切有了名字,有了意义。没有人的出现,尽管会有秋虫美妙的合鸣,世界仍然没有意义。世界在海豚和黑猩猩的眼中一定与人类不同,它们赋予世界的意义也与人类不同。它们会从它们生存的需要出发,告诉它们的后代世界是什么?到哪儿获取食物,如何获取食物。“人择原理”的伟大在于:有了人,才有了科学、哲学、艺术和伦理,从此世界才有了秩序和意义,才有了波普尔所说的世界 2 和世界 3.所有对世界和人的研究,都要从“人择原理”说起。

人怎么样去认识世界,人认为世界是什么样子,人预测世界未来会如何变化,影响着人的生活方式和制度选择。

古希腊人生活在靠海的一个个城邦社会之中,他们的生活主要靠海上贸易交换自己的所需。两种东西是他们的生命线:一种是航海安全,一种是交易守信。前者需要造船技术和航海与天文知识,由此发展出了科学和技术(天文科学和造船、航海技术等)。这种生存方式本身就需要搞清世界是什么,需要船坚炮利。后者发展出了商业交易原则和信用制度,形成了市场经济的规则。在这两种生存条件的基础之上,建立的社会必定是一种契约式的社会,即社会的重大决策和制度条文的制定,是通过议事(议会)协商的办法决定的,而不是通过最高统治者的专制、专断决定的。所以,古希腊(雅典)和罗马很早就有元老院议事的完备规则和程序,这是西方议会制度、三权分立的雏型。由此形成了他们对世界(主要是地球、海洋、太阳、月亮)的探求和认识,对一个国家应如何组织和运行的讨论和协商制度。这与处在内陆,以农业为主要生存手段的中国社会有很大的不同。农业社会以家庭或家族为生活、劳动单位,自给自足、交易很少,主要是用农产品换一些简单农具和食盐,靠天吃饭。这种生存方式使他们形成了:一是敬畏老天,乞求老天给他们带来风调雨顺;二是信奉长辈,长辈给他们带来田产和农业生产知识,使他们得以生存。由此形成了祖先崇拜和祀天礼规,并不关心宇宙运行和海洋潮汐。在此生存方式和生存观念的基础上,形成了中国式的封建皇权专制的社会制度。只要这种生存方式不改变,适应这种生存方式的“皇权农夫式”专制制度就会继续存在。

1543 年,哥白尼出版了他的伟大著作《天体运行》,告诉人类:地球不是宇宙的中心,地球是绕着太阳运行的。这一新的世界观震动了教会,引发了教会的质疑和反对。伽利略因宣传哥白尼的学说,受到罗马教廷的迫害,被判终身监禁。布鲁诺因宣传哥白尼的学说,被宗教裁判所监禁达 8 年之久,并于 1600 年在罗马百花广场上被活活烧死。这时正值中国明朝万历年间(1573—1620 年),北方的诗人在描绘着“大漠孤烟直”的景观,南方村民生活在“小桥流水”的安适之中,如果有外国旅行者将《天体运行》一书呈给或讲给中国皇帝听,他会像听一件海外的奇异传说,并会详细询问,而绝不会惩罚这一学说的提出人和宣传者。但这一新的学说动摇了西方的宗教理念,引起了教会和信仰基督教的人们的震惊。这是由于西方人和中国人对世界的认识和理念不同,尊重和崇拜的东西不同。

人同时生活在物质世界(衣、食、住、行)和精神世界(宗教信仰和伦理道德)之中,当物质需要基本满足后,人更多的依赖精神世界这个支柱,若这个支柱倒塌了,人就会陷入迷茫,失去生存的意义和前进的方向。而这个意义在东西方社会是不同的，如果西方的旅行者告诉中国的万历皇帝，皇帝和他父亲的祖先都是猴子，那一定会引来杀身之祸。中国人信奉祖先崇拜，至于是太阳绕地球转，还是地球绕太阳转，中国人是不太在意的。这是中国人与西方人对世界认识和信仰的不同。这种不同植根于不同的生存方式，反过来又影响着对未来生存方式的不同选择。

1969 年 7 月 20 日，正当中国人热情百倍、聚精会神地进行着史无前例的“无产阶级文化大革命”，选择着自己新的人间生活方式时，美国宇航员阿姆斯特朗和奥尔德林在月球上留下了他们的脚印，并告诉人类：“这是一个人跨出的一小步，却是人类巨大的一跃。”中国的领导和老百姓当时并没有认为这件事有多么重要。不同的世界观、不同的对世界的认识带来了不同的结果。差之毫厘，失之千里。

2. 人类生存的三个极限

我并不认为现在发达国家人们的生活方式（不是宪政制度）就比中国皇权农夫时代农民的生活方式高明，我也不认为中国皇权农夫时代人们的生活方式比现在非洲和南美洲丛林中的部落社会里人们的生存方式高明（注意：我没有用好、坏、幸福或不幸这些比较词汇，而是用了高明这个词汇）。因为人类存在着三个生存极限：第一个是太阳的寿命，科学家认为太阳的寿命为 100 亿到 110 亿年，那时太阳将耗尽它的核燃料。现在太阳已生存了 50 亿年左右，还有 50 亿年。万物生长靠太阳，这个 50 亿年足够人类生存了，也足够人类把地球恢复到过去适宜人居住的面貌或在宇宙中寻找适宜于人类生存的家园了。所以，这个极限可以不考虑。第二个极限是人类进入工业社会和资本主义时代后的生活和消费方式，这样的生活和消费方式，按照目前地球上已探明的资源看，石油、天然气最多可供人类再用 50 年。50 年后，人类就无法按照目前的生活、消费方式生存了。

这是一个迫在眉睫的问题，现在还在读大学的学生，后半生就会碰到这个问题。尽管中国的青年人还在做着种种对未来美好的打算，沉浸在各种美梦之中。宇宙每天都在变化，地球的表壳之下每天也会生成一些新的物质，但要在 50 年之中生成可供人类持续使用的石油和天然气，则是不可能的。

第三个极限是 100 年，这是霍金提出来的。霍金说："人类的未来非常不妙。……如果我们能再存活一个世纪左右，我们就能扩散至其他行星，甚至其他恒星上去。这就使得全人类被诸如核战争的灾难抹平的可能性大为减少。"①霍金讲 100 年有两层意思：一层是人类有可能在 100 年内就被核战争或其他灾难消灭了；第二层的意思是移民到其他行星，需要 100 年。我认为霍金是太乐观了，100 年以内，人类可能还找不到一颗像地球一样的人能生存的行星，就是找到了，发射一艘或几艘宇宙飞船和把一定规模的人移上去，是完全不同的两件事，后者要难得多。霍金的这篇讲话是 1990 年在剑桥大学作的，100 年后是 2090 年，现在还剩 70 多年，人类能完成这件事吗？我的回答是否定的。所以，从这后两个极限看，人类采取中国农耕社会时的生活和消费方式，会给人类争取到更长的时间。从这个视角去看人类生存方式的选择，中国农耕社会时的生活和消费方式比现今发达的资本主义国家人们的生活和消费方式高明，更适合人类的长远衍存，更符合人类的根本利益。

不同的生存环境和条件，决定着人们对世界利用和认识的差别，而这些差别（意识）又反过来形成路径依赖，把中国与西方锁定在不同的生活方式和制度模式之中。资本主义在西方兴起，这种制度必然地要把世界变成一个统一的市场，面对一个巨大的、封闭的、皇权

① 霍金：《霍金讲演录》，杜欣欣、吴忠超译，湖南科学技术出版社 1996 年版，第 98 页。

专制的农业社会中国，谈判不成，采用战争的办法（鸦片战争）是一个必然会发生的事情和历史过程。人的生存方式决定着人对世界的索取方式和世界观，这种索取方式和世界观又反过来影响着人未来的生存方式和制度选择，而那种最强势的（生产力最发达，生产效率最高的）生产方式最终会统治世界。

3. 未来世界

对于未来世界，未来世界中的人，科学家、思想家、未来学家有许多研究和设想，普通人更怀有极大的好奇。20 世纪 80 年代人们在美国电影《未来世界》中直观地看到了未来世界中机器人的形象，内部装置、能力和情感。人们的反应和意见各有不同，但有一点是相同或相近的：绝大部分人认为这是很遥远的事情，有可能不会发生。

2005 年，美国发明家、预言学家雷·库茨韦尔的一本新著《奇点临近》震醒了世界。他通过系统地研究和推算告诉我们：这一天正在临近，2045 年，类似于电影《未来世界》中的机器人就会出现，人类将与这些智能型的机器人（他称为纳米机器人）在这个星球上共同生存。人工智能将超越人类智能，我们将超越自身的生物极限，人类历史将彻底改变。

比尔·盖茨称雷·库茨韦尔是“预测未来最权威的人”。克林顿总统 1999 年授予他国家技术奖章。2009 年，基于他的奇点理论，Google 与美国宇航局（NASA）联合创建了一所培养未来科学家的学校——奇点大学。旨在解决“人类面临的重大挑战”，由他出任校长。

“奇点”由约翰·冯·诺伊曼首先提出，并把它表述为一种可以撕裂人类历史结构的能力。“奇点”（Singularity）是一个英文单词，表示独特的事件以及种种奇异的影响。数学家用这个词来表示一个超越了任何限制的值，如除以一个越来越趋近于零的数，其结果将激增。例如，函数 $y=1/x$，当 x 的值趋近于零，其对应的函数 y 的值将趋于无限大。在天体物理学中，如果一个大质量恒星经历了超新星爆炸，其残余部分最终变成体积为零、密度无穷大的点。这时“奇点”便在该点的中心诞生。当这个星球达到了无限密度后，连光都无法摆脱它的吸引力，所以称为“黑洞”。黑洞构成了空间和时间结构中的一种破裂。[①]

雷·库茨韦尔认为科学的发展不是线性增长（以重复增加一个常量扩张），而是以指数级的速度增长（以一个常量重复相乘的速度）。开始的时候增长速度很慢，几乎不被觉察，但是一旦超越曲线的拐点，它便以爆炸性的速度增长。人们往往看不到这种愈往后愈加速增长的趋势，低估了这种趋势。这就是有名的“百合浮萍效应”。这种浮萍每天以其自身两倍的数量增长，即第一天一片叶子，第二天增长为两片，第三天增长为 4 片，第四天增长到 8 片。当一个巨大的湖泊中百合浮萍占满了一半湖面时，人们认为它要全部占满整个湖面，还得一段时间。但第二天奇迹出现了，仅仅一夜它就占满了整个湖面。今天科学的发展速度正处在这么一个加速时段。每天都会有奇迹发生。

他认为这一天会在 2045 年来临，离现在只有 30 年。那时人类社会将会发生突变，有两种人活跃在地球上，一种是我们的同类——生物人，另一种是纳米机器人。纳米机器人已具有人的思考能力和情感，有创造新的纳米机器人的能力。与此对应的是生物人的生殖能力大幅度下降了。再发展下去，纳米机器人会不会取代生物人？在这两种人共处的社会中，纳米机器人会不会控制生物人？把生物人变成一种劳动力或奴隶？这不是遥远的事情，是今天在校的大学生 50 多岁时就会面临的问题。这是库茨韦尔与“百合浮萍效应”告

---

① ［美］雷·库茨韦尔(Rurzweil)：《奇点临近》，李庆成等译，机械工业出版社 2014 年版，第 10 页。

诉我们的。人类做好了准备吗？中国的领导人和知识分子知道这件事情吗？中国人需要重新认识自己在人类的位置和前景。

21 世纪刚刚开始，这将是人类历史上发生现在难以想象的巨大变化的时代，是最激动人心的、也是难以预料会发生什么灾变的时代。它将对人的本质意义、人的存在方式提出新的挑战。

人类已到了认真审视现今发达国家人们的生产方式和生活方式的最后时刻。100 年太久，上帝不会给我们太长的时间。这个问题应在今后 30 年内，最迟 50 年内有一个决断。不是 50 年后人类会走向灭亡，而是人类不在 50 年内做出一个新的全球人可行的生产和行为方式，按现有的生产和行为方式，人类会加速走向灭亡，浪费掉这个可供我们做出新的选择的最后时光。

十一　平行宇宙与三类文明

(一) 平行宇宙与三类文明

天文学家分析了从 WMAP 卫星传回的像雪片一样多的数据和图像后，一幅新的宇宙图景显现了。到目前为止，有关宇宙起源的最重要的理论是“膨胀宇宙理论”，它对大爆炸理论做了重大改进。在这个理论中，我们居住和看到的宇宙只不过是众多宇宙中的一个，像泡泡一样漂浮在无边无际的泡沫宇宙之海中，随时都有新的宇宙在诞生。这就是弦理论为我们描绘的宇宙新图景——平行宇宙。即有多种宇宙存在。

在这样一个新的宇宙中，人们当然想知道那些与我们所在银河系平行的其他宇宙中的景象和运行规律。20 世纪 60 年代，苏联物理学家尼古拉伊·卡尔达舍夫(Nikolai Kardashev)在对外太空可能存在的文明所发出的射电信号进行分类时提出，宇宙中可能存在科学技术发展水平不同的三类文明，每类文明类型所释放的辐射都有其特有的形式，可以被测量和分类。

“Ⅰ类文明已掌握了行星级别的能源。他们能够利用到达他们星球的全部太阳能，相当于 10^{16} 瓦。他们可以对天气进行控制或更改，使飓风改道，或在海洋上建立城市。这种文明真正成了他们行星的主人，并建立了一个行星级的文明。

“Ⅱ类文明已耗尽了单独一颗行星的能源，并已掌握了整个一颗恒星的能源，大约相当于 10^{28} 瓦。它能够利用它的恒星的全部能量输出，因而也可以想象，他们能够控制太阳耀斑，并点燃其他恒星。

“Ⅲ类文明耗尽了单一一个太阳系的能量，并已在其本星系的广大范围内进行殖民。这种文明能够利用 100 亿颗恒星的能量，大约相当于 10^{36} 瓦。”

每类文明之间的差别为 100 亿倍。假设文明以每年 2%—3%的低速度在能量产出方面增长，他们估计现在的地球文明还需要 100 年到 200 年的时间才能达到Ⅰ类文明。达到Ⅱ类文明需要 5000 年到 1 万年的时间。天文学家卡尔·萨根提出在每类文明中设置更具体的等级，例如分为 10 个等级。在这个等级上，他们认为当今的地球文明处在 0.7 的Ⅰ类文明等级上。“真正的行星文明已经在我们的‘射程之内’了。”①

（二）人类在宇宙中的位置

一些科学家和哲学家寻找和说明过人类在自然界（地球上）的位置，例如赫胥黎。如果我们站在平行宇宙与宇宙文明Ⅰ的新平台上去看待和认识人类，我们会知道：不同的宇宙之间存在着等级不同的文明。文明Ⅰ，甚至文明Ⅱ在别的宇宙中有可能已存在。那么地球文明（人类）的使命（或希求）是什么呢？是要完成Ⅰ类文明向Ⅱ类

---

① 加来道雄：《平行宇宙》，伍义生、包新周译，重庆出版社 2013 年版，第 229、230 页。

文明前进。

几乎每个民族的古老神话和传说中，都有“奔月”、“太阳神”、天上诸神的故事。我们至今既不能证明，也不能排除地球人来自外星文明。如果我们来自外星文明，其基因之中就带有返回出生地的愿望。这会像弗洛伊德发现的“潜意识”一样，成为推动人类前行方向的最隐秘的力量。如果人是从地球上诞生成长的，当人类占满地球，面临用完地球上不可再生资源的问题时，人类也会寻求去其他星球生存。这也会使地球人走向外太空。就是出于好奇，人类也会走出这一步。当行星文明已在我们的射程之内时，地球人会加快完成Ⅰ类文明的步伐。这是人类的宿命，也是今天我们看到的事实。科学在以指数量级飞速发展，人类已把巨大的资金投入在探测宇宙、寻找星外文明上。

在已经过去的300万年里，我们的祖先生活在一个严酷而不宽裕的世界中。在人类历史的大部分时间里，他们像禽兽一样生存，生命短促，食不果腹，平均预期寿命不到30岁，对疾病和死亡的恐惧无时不在，命运不能自己掌握。对早期人类遗骨检测的结果发现，他们劳损到难以置信的程度，证明他们承受着十分繁重的体力劳动。甚至就在上个世纪，我们的祖辈们也没有享受到现代的卫生条件、互联网和医疗保障。人类从农业文明进入到工业文明和资本主义的生产方式后才解决了这些问题。

人类在从0.7类文明向Ⅰ类文明过渡时，科学的新发现和技术的发展都会加速，每年以指数量级增长。管理人类共同事务的地球联盟领导人与各国领导人会进一步年轻化，会具备向Ⅰ类文明迈进的相关天文学、宇宙学、生物学知识。人们会淹没在向Ⅰ类文明过渡时科学技术所取得的一个个辉煌成就的惊喜之中，而忽略和忘记前行的方向和人类的危机。当人类在科技发展走得很远时，常常会忘记我们为什么走出这一步？出发的目的是什么？精神危机的问题还没有解决，就被向Ⅰ类文明过渡时的新问题、新任务所替代。人类会更多地关注下一步“如何做?”的方法和知识，忽略“做什么?”“做了这些后果是什么?”的知识和智慧。手段变成了目的。这是科学技术高速发展给人类带来的最大危机。人类茫然不知，仍欢欣跳跃着，不断添加柴火来煮自己这只青蛙。

如果这时人类找到了外星文明，并且人类所达到的科技水平超过了找到的外星文明，人类又解决了抵达到外星文明星球的方法，我们看到的将不是现在的科幻小说家所构想的外星文明对地球的入侵，而是人类对外星文明的入侵，把又一个可以成为人类新家园的行星变成全面污染的另一个地球。就如同所谓文明人对印第安人的入侵和杀戮。如果那个星球的文明超过了地球人，又建立起了相应的精神文明，他们会教育和改造地球人共渡到那种文明中去。这是地球之幸，人类之喜。

人类在采集狩猎时代、农业文明时代，甚至工业文明时代，想象有一天人类可以登上月球，是没有人相信的。今天我们想象在不远的将来(100 年内)，人类可以发现外星文明，并与其联系。又有多少人相信呢？我认为，在 100 年之内，人类找到外星文明或者类似地球的行星是一个大概率事件。

从平行宇宙的视野去看地球人，在我们的有生之年，将能目睹人类历史上最伟大的一次过渡——向Ⅰ类文明过渡。这将会是人类历史上最重要也是最惊险的一次过渡。池田大作曾问历史学家汤因比：“您希望出生在哪个国家?”他面带笑容地回答：“我希望生在公元 1 世纪佛教已传入时的中国新疆。”[①]我们生活在这样一个时代，人类

① 池田大作、汤因比：《展望二十一世纪》，荀春生译，国际文化出版社公司 1985 年版，中文版序言。

既有手段毁灭地球上的一切生命，也有能力为我们的孩子建造一个不再受欲望、饥饿和疾病纠缠的乐园。如果让我选择生活的时代，我会选择现在这个时代。

我们正处在人类有史以来最壮观的宇宙大发现的时代，处在向Ⅰ类文明过渡的、人类历史上最激动人心的时代，各种伟大的发现会接踵而来，我们会看到人类相继上演的一幕幕壮丽的大剧。从这个新的宇宙看去，我们有更高远的使命——走向星际文明，把人类的种子播撒到其他的平行宇宙中。

十二　西方哲学告诉了我们什么？

西方哲学源自古希腊。在古希腊，哲学的原意是"爱智慧"。英文是 philosophy，philo 是爱，sophy 是智慧。中文翻译为哲学，源自近代日本学者的翻译。中文的"哲"本意为"聪明、有智慧"，"学"有"学习、学问、学说"的含义。所以，汉字的翻译没有准确、全面表达出古希腊和欧洲 philosophy 一词的原意，漏掉了"爱智"这一重要的含义。

苏格拉底说："我认为'智慧'这个词太大了，它只是合于神；但'爱智'这个词倒适合于人。""'爱智'是人的自然倾向。"[①]爱有喜欢、渴望、追求、崇拜的含义。所以，哲学是"智慧"之学，包括了当时所有的学问，是各种学问之上的学问。所谓"在物理学之后"，说的就是这个意思。它要完成的是对宇宙和人的认识，要探索"宇宙之理"，即万物的共相。哲学是关于"宇宙和人"的理论。

（一）哲学剥离说

1. 哲学的剥离

哲学在古希腊之后，经过了一个剥离的过程。随着人类对各类

---

① 柏拉图：《费德罗篇》。

问题研究的深入,研究工作开始了分工。所谓科学,就是分科之学。在此之前哲学家与物理学家、天文学家等是不分的。

在分科之后,许多原本属于哲学研究的问题和领域被剥离了出去,例如物理学、天文学。哲学还剩下了什么呢?我认为剩下了三大领域:一个领域是有关人的,人从哪里来,会到哪里去?人的本质是什么?第二个领域是认识领域,人能认识世界吗?人的意识(精神)是什么?人是如何认识世界的?这些认识的方法都可靠吗?认识的结论都对吗?怎样衡量这些结论的对与错呢?第三个领域是关于宇宙的,宇宙是什么?它是由什么构成的?宇宙运行有没有一个统一的规律(老子的道,柏拉图的理念)?如果有,这个统一的规律是什么?

我认为,哲学被剥离之后,剩下的就是这三个领域。谁在这三个领域做出了贡献,谁就对哲学做出了贡献。

2. 物理学与哲学

罗素在他写的《西方哲学史》的绪论里讲:"哲学,就我对这个词的理解来说,乃是某种介乎神学与科学之间的东西。它和神学一样,包含着人类对于那些迄今仍为确切的知识所不能肯定的事物的思考;但是他又像科学一样是诉之于人类的理性而不是诉之于权威的,不管是传统的权威还是启示的权威。一切确切的知识——我是这样主张的——都属于科学;一切涉及超乎确切知识之外的教条都属于神学。但是介乎神学与科学之间,还有一片受到双方攻击的无人之域;这片无人之域就是哲学。思辨的心灵最感到兴趣的一切问题,几乎都是科学所不能回答的;而神学家们信心百倍的答案,也不再像他们在过去的世纪里那么令人信服了。"①

① 罗素:《西洋哲学史》,远景出版事业公司 1982 年版,第 9—10 页。

物理学是一门成熟和有代表性的自然科学，我用物理学来说明自然科学与哲学不同的地方。

每一门科学都有它本身的主题，有专门的研究对象，有其特有的一套研究和述说的方法。例如，数学是以数及空间作为研究对象的，这与生物学的研究对象——有机体的生命现象——很不同。其认知方法也不同，数学是通过严格推理，从一些无可置疑的证据（公理等）依据一套公认的逻辑法则推导出一个一个命题。生物学是通过感观知觉和实验观察到一些不很精确的变化和现象，做出归纳概括，形成一些结论。从这个方面看，数学是精确性的，生物学是粗糙的。可是数学也有它本身的问题：它的理论所描述的对象并不真实地存在，而是如笛卡尔和莱布尼茨所说，是“幻想的”。在 16 世纪，出现了一门新的学科，即伽利略所说的“新科学”。它既具有数学推理的严谨性，又是实存的物质。这门学科的结论既以严格的逻辑推理为依据，又得到了感官观察的保证。这种两方面都有所依托的研究和结论，有史以来还是第一次出现。这就是物理学以及它的数学推导和实验方法。

实验的方法、感官的验证和严格的数学推导还不足以使物理学立于各科之首，“还要有第三种特质——那就是物理学理论的重大实用价值。你可以运用这些理论干预大自然，征服它、利用它”。[①] 这三个特质都是神学（宗教）和哲学所没有的，所以物理学取得了飞速的发展，脱颖而出，占据了知识的顶端，成为人类智性的奇迹。

科学所秉持的不是一种纯粹的求知欲，它带有实用倾向，因此他不研究没有限制的疑问。哲学不同，它没有明确的实用倾向。那么，它对宇宙整体之理的追求源自人类的什么冲动呢？这种冲动是任何

① 【西】何·奥·加塞尔：《什么是哲学》，商梓书等译，商务印书馆 1996 年版，第 18 页。

活生生的心灵自然而然就具备的。我们生活的每一刻，都或隐或显地感觉到一个整体的世界，只是科学把这个整全的世界割裂开来认识和研究了。亚里士多德他在写的《形而上学》一书中，开卷就说："人在本性上有一种求知的冲动。"所谓求知，就是不满足事物向我们呈现的表象，而要寻找它的本质。求知根源于人有所不知。只有人是这样，上帝和其他动物都不是这样。上帝无所不知，其他动物一无所知或其机能无法使它们知道更广阔更深入的世界。只有人知道自己有所不知，又有知的能力，才产生了一种强烈地要知道那不知部分的冲动和愿望，这便有了哲学和之后从中分离出的各类学科。与动物相比，每个人都是哲学家。哲学是万物之学。哲学产生之后，各种学科才逐步从哲学中分离出来，形成一门门新的学科。所以，古希腊的哲学家同时也是科学家。随着科学的飞速发展，产生了各种学科的职业科学家，例如物理学家、天文学家、化学家、生物学家、伦理学家、历史学家、心理学家、艺术家等。哲学家与某些学科的科学家合于一身的伟大人物越来越少了，但每个学科的最高学问要研究的，仍然是一个哲学问题。

(二) 西方哲学的发展历程

1. 哲学的发端(问天、问地)

我认为哲学发端于问天、问地，深化在问自己。哲学就是：问天、问地、问自己。

问天、问地，就是问身外的世界。身外的世界，有两个范畴：一个是宇宙整体，人们本能地认为宇宙是一个整体，看到日月星辰、万物和谐运行，人们会问：这个宇宙是如何来的？看到日出日落、四季轮回，人们会问：宇宙运行有规律吗？它运行的规律是什么？第二个范畴是组成宇宙的物质是什么？一个是问总体，一个是问其最小的组成元素，即今天人们所说的基本粒子。这两个方面组成了哲学的本体论。

在中国的春秋时代，就有人提出“五行”说，认为世界由“水、火、金、木、土”五种物质组成(《国语·郑语》)，也有人提出“阴阳”学说，用阴阳的消长来解释自然界的变化。老子提出“道”的学说，思考万物形成的根源，认为“道”是万物的始基。到战国时代管子提出“水”是万物的根源(《管子·水地篇》)。认为一切东西都是从“水”转化而来，并且认为人是由“水”最精华的部分凝集而成。

在古希腊，泰勒斯提出：“水为万物之源”。这是人类认识史上的惊天一语。提出宇宙是一个整体，这由每天每个人的直接观察就可以看到；提出万物由“水、火、金、木、土”组成，也可以由直接观察和生活经验得出。但宇宙中纷繁的万物，怎么会源之一物呢？那飞翔的雄鹰和一粒石子同源吗？这一语告诉我们：万物是同源的，就是说万物构成的基质是相同的，万物有一个逻辑的始点，这个始点是水。这一语使泰勒斯成为了哲学的始祖。人们忘记了管子，或者，根本不知道中国古代的管子也讲过相同的话。我想，在古印度、古埃及一定也有人讲过类似的话。

人们问：既然万物发端于水，那么，水是如何变成我们所看到的相差很大的不同物质呢？这就启发人们去思考万物的演化之理，由此哲学展开了其生命的历程。

毕达哥拉斯提出“世界是数”，柏拉图认为世界的本源是“理念”，世上万物由“理念”生成，整个世界不过是这个理念的显现。黑格尔提出“绝对精神”，认为世界的发展和变化不过是“绝对精神”演化的一个个环节。这一思绪相继出现，传承有序。

留基伯与德谟克利特提出“原子”论，莱布尼茨提出“单子”说，直到近代原子物理学的产生和量子理论的出现。这是另一思绪对世界组成的不同认识和结论。

提出“水为万物之源”是违背人的经验和常识的，所以是惊人的一语。提出“世界是数”，更不得了。水说到底还是一种人可见可感的物质，与万物同类。“数”不是，它不是具形的物质，是人思维的创造，是来无踪去无影的符号。它怎么会是世界之源、万物之基呢？由此发展到“世界之源是理念”，“世界是数”起了一个桥梁的作用。之后莱布尼兹提出“预定的和谐”，康德提出“感知系统的内在格律先于感知过程而存在”，都与此有关。其最深层要探究的东西都是一样的，包括老子的“道”。这个看不见，摸不着的“道”是什么呢？它怎么决定世界的演变呢？这个千百年来的不解之谜，直到有一天人类找到了 DNA，DNA 是可以观察到的，DNA 中的遗传密码是人看不见的，它是一种“理念”，一个“道”。它决定着万物生成和演化的一个个环节，并把它们的演变一步步展现给了我们。

从有到有，是比较好研究和解答的。老子说“有来自于无”，从“无”到“有”是很难观察、研究和解答的。这就需要先找到一个最基本、最牢靠、大家都公认的存在，在这个确信不疑的存在的基础上一步一步地研究和推理。

2. 哲学的演变（问自己）

笛卡尔（1596—1650 年）出现了，他为人类找到了这个确信不疑的基础：“我思”（“我思故我在”）。你可以怀疑一切事物的存在，“思考”不一定存在，“我”也不一定存在，但“我思”一定存在。我在思考，我能感知和确认。所以，“我思”一定是真真确确存在的。笛卡尔得出：只有“我思”才是唯一可以证明的存在。由此开启了近代“认识论”的先河。但他又不能否认外部世界的存在，“二元论”由此产生。

所以，笛卡尔是开启现代哲学的第一人，从此哲学开始了对意识（问自己）深入的研究。当古希腊人问天、问地（对自然本体的追问）时，就隐含着一个对精神本身的设问，即问自己。直到 17 世纪，笛卡尔才敏锐地感到：所谓“外部世界的存在”，只是被精神感知之后才能成为可以指谓的存在。对身外世界的追问，那个追问者也是这个统一世界的组成部分，离开了他，谁去关心和述说这个外部存在与不存在的问题呢？这个外部世界还有意义吗？所以，外部世界的存在与人的存在（精神、意识）合在一起才组成了可以研究和述说的存在（世界）。

由于笛卡尔提出“我思故我在”，并在此基础上展开了对外部世界的探索和认识，成为将“精神实体”与“物质实体”明确地区分开来研究的开创人。由此引发了近代哲学对“知”与“在”的关系进行二元横向研究的方式和风气。这使得“精神存在”失去了物质之基，“物质存在”失去了精神反观催生之光。从而使“在是什么?”这个最古老的哲学问题变得扑朔迷离，导致后继研究在“知”与“在”这两大领域陷入纷争与迷失，也是海德格尔及存在主义哲学家在 20 世纪要重新寻找和追问“存在”的原因之一。

以笛卡尔为分界，“认识论”问题取代“本体论”问题成为了近代哲学的中心问题和主流，造成“存在论”与“知识论”的分离，带来所谓“唯物论”、“唯心论”以及“不可知论”之间无休止的“风车式战斗”，也引发出其后莱布尼茨、贝克莱、休谟、康德、黑格尔对认识论（精神是什么？它的来源与作用）的深入研究和丰硕成果，大大提高了人类对自身认知能力的了解和思辨过程的认识。

从笛卡尔之后的哲学家对“精神”探索的成果看，古希腊的哲学家几乎提出了全部哲学的重要问题，并对这些问题进行了开拓性的初步研究，但其成果和认识，与笛卡尔之后的哲学成果比，还是简单和粗糙的。

莱布尼茨（1646—1716 年）与笛卡尔一样，既是一位有创见的哲学家，也是一位有着非凡建树的数学家。他与牛顿同时发现和建立了“微积分”，他的表述更为简洁。他的哲学探索就是要解决笛卡尔哲学所引发的一系列新的问题。

笛卡尔从统一的世界中分出了“知”与“在”，但没有解决“心灵”或“知识”与“物质实体”之间到底是一种什么关系，或怎样关联为一体的问题。莱布尼茨敏锐地感知到这一问题，即人类没有感知以外的其他方法和通道可以捕捉外物。所以产生了这样一个结果：凡是人能指谓（描述）的外物都是已经主观化了的东西。即贝克莱所说的“物是观念的集合”。莱布尼茨提出“预定的和谐”，把这个问题推给了先天的设定。他的“单子论”给单子注入了精神之魂，想以此解决笛卡尔留下的“思”与“物”二元论的问题。但“预定和谐论”、注入灵性的单子都未能彻底解决这一问题。

从洛克（1632—1704 年）经过贝克莱（1684—1753 年）到休谟（1711—1776 年），有一条清晰的线索，这就是“英国的感觉论”。洛克说，所有外物都通过感觉到达心灵。贝克莱说，既然所有的知识都经过感觉才能获得，那么我们就没有感觉之外的方法来确定它。你确切知道的，只是感觉，而不是感觉之外的存在。

贝克莱想从三个层次解决这一问题：他提出“存在就是被感知”、“物是观念的集合”、“对象和感觉原是一种东西”。他想从前两个结论得出“感知”与“物”是一体的结论来解决笛卡尔“思”与“物”的二元分离问题。

这种“唯我论”并不能有效地证明我所感知的和描述的“物”，就是那个物的本质。但有谁又能举出“主观感知以外的证据”来证明“纯粹客体”的本真呢？甚至连什么是本真都成了一个有待解决的大问题。这就是唯心主义屡遭批判而仍能存在并且不断发展的根本原因。

贝克莱虽然没有解决笛卡尔的“二元论”问题，但他提出了一个认识论上更重大的问题:“感知和理论的终极无效性”问题。这个问题的提出,促使休谟开始重新探究经验本身的有效限度问题。休谟提出“从特称判断不能导出全称判断”的结论。即从个别经验不能导出一般性的普遍的结论,从而对“归纳法”的可靠性提出了质疑。他也否定了因果关系的客观性,认为因果关系只是人的知觉对时空上重复相随出现的现象的误判,是人心理上的联想和期待。这就把除知觉之外,人类其他的认识能力及其所得出的结论加以怀疑和否定。更进一步,他说不但外部世界的存在很可疑,自我也很可疑。因为讲到自我,只是我现在的感受,我前一刻的感受,我下一刻的感受,你没有办法确认都属于同一个我。休谟以此开启了“不可知论”,使“不可知论”成为了哲学史上继“唯物论”、“唯心论”之后最重要的支脉。他自己成为了这一脉哲思的开山之祖。

这些思想传到了德国,震惊了康德(1724—1804)。他说休谟把他从独断论中唤醒。康德认为休谟是对的,因此他的哲学任务就是要寻找普遍必然性的东西在什么地方?他重新审视自己以前的研究,把新的研究方向放在认识开始之前人的认识能力及其可能的运用范围。他独居在宁静的小镇,远离闹市,过着很有规律的生活,小镇上的居民以他每天出来散步的时间来核对自己的钟表。他是个很沉得住气的人,年复一年的思考、研究,直到将近60岁时,才写出《纯粹理性批判》这部重要的著作。

康德提出,哲学的基本任务就是批判地研究人的认识能力,确定认识的方式和限度。他认为,不事先考察人的认识能力究竟有多大的限度,就断定人的思想可以认识客观事物本身,是一种独断或武断。康德称他的哲学为“批判哲学”,就是因为他的哲学出发点是要在进行实际认识活动之前,对人的认识能力做一番“批判性”的考察,看看认识能力本身对于认识对象是否会做出“增加和改变”,探寻认识能力究竟能不能如实地认识客观事物，以免独断地或武断地把认识能力本身所主观自生的东西误认为是客观事物中的东西。

康德认为，人的认识能力有三个环节，依次为：(1)感性，(2)知性，(3)理性。康德称“时间”和“空间”为“感性直观的纯形式”。“纯”的意思是康德认为它们不依赖于经验，是先天存在的。康德认为，人是通过先天的时间和空间这两种形式感知对象的，感知的结果，给被感知的对象打上了主观的时间和空间形式。人所感知到的，只是“物自体”的“现象”，而不是“物自体”的本质。人的认识能力(“感性”)在进行认识活动时，因为时间和空间的这种先天主观性而“增加和改变”了客观事物，使客观事物(“物自体”)成为不可知；另一方面，人所得到的感性知识，带有了主观的、先天的、不依赖经验的性质。康德是欧洲哲学史上第一个提出“先验论认识论”的哲学家。

康德认为，感性的知识是零碎的、个别的、缺乏联系的东西。因而还不是严格意义上的知识。例如，太阳晒热了石头这个结论，如果单凭感性认识是不能得出的，这就需要人的主观认识能力——“知性”——来分析综合。把太阳照在石头上和石头变热这两件事之间的关系分析综合。康德把因果关系之类的概念、范畴叫做“知性的纯粹概念或纯粹范畴”。“纯粹”是说这些概念和范畴是不依赖经验的，是“先天的”。康德认为，“知性的纯粹概念或纯粹范畴”总共有12个，有“因果关系”、“必然性”、“可能性”、“否定性”等。所以，人是通过知性先天就有的这12个范畴来整理感性知识的。所以，康德认为，人们平常所说的自然规律，不是自然本身所具有的而是人通过感性和知性赋予自然的，人成了自然的立法者。

康德说，“人类知识有两个来源，即感性与知性。”感性是获得知识的第一步，知性是第二步。感性和知性的认识只停留在“现象”层面，而不能进入“本质”。人类的第三种认识能力——“理性”——却要求超出“现象”的范围到达“本质”。当理性去探索“物自体”的本质时，不可避免地借用了知性的那12个纯粹的概念或范畴，这会使理性陷入自相矛盾的境地。例如，“世界”这个“理念”，当理性用知性的概念、范畴去认识“世界”时，两种相反的规定都会成立，这就是自相矛盾。康德把这种矛盾叫做“二律背反”。他认为，当人认识现象以外的“世界”时，会陷入四个“二律背反”：(1)世界在时间上和空间上是有限的；世界在时间上和空间上是无限的。(2)世界上的一切都是由单一的不可分的东西构成的；世界上没有单一的东西，一切都是复杂的和可分的。(3)世界上存在自由；世界上没有自由，一切都是必然的。(4)世界有最初的原因；世界没有最初的原因。康德认为，既然人的最高认识能力——理性在超出“现象”的范围认识“物自体”时，会碰到上述“二律背反”，这就说明“物自体”是人的认识所达不到的，说明人的认识是有限度的。

他是这样解决“休谟问题”的，既然现象内容本身没有普遍性和统一性，我们所能感知的现象，从来都是已经具有形式的现象，这些形式包括空间、时间、因果性等。这些形式是属于主体的。他的思考是：法则不是自然加于理性的，而是理性加于自然的。具有普遍性、必然性的规律在外在世界是不存在的，是人给予自然界的。“人为自然立法”。这就把常识性的看法倒转过来，类似于哥白尼把常识性的日落日升，倒转为地球环绕太阳的“日心说”。因此，康德自称他在哲学中完成了哥白尼式的革命。

既然人类除知觉外，其他的认识能力和结论是靠不住的，康德就从“纯粹理性”入手，展开批判性研究。他首开“先险的纯粹知性”研究，探寻在“经验发生以前人的理智能力”的主观规定性。他层层分析，步步追问，提出“先天直观形式”整合了经验素材。在“先验逻辑论”中，他提出了“先天综合判断”如何推导出了具有普遍必然性的知识，来回答和解决“休谟问题”。他接着对“实践理性”、“判断力”进行批判性研究，完成了自己的三批判书，创立了批判哲学体系，奠定了近代知识论的基础。

发现和认识理性，是人类发展史上的重大事件。理性带来了科学，在此之前，各种文明古国的神话和传说都把宇宙描绘成从黄金时代到白银时代、青铜时代、最后到最坏的黑铁时代。是一个越走越坏的生存系列。中国有“克己复礼”，要回到周朝的制度礼仪，是向后看。阿拉伯人把历史描写成了一个循环。所有这些认识和想法都没有讲人可以创造一种新的生活，新的生活会好于他们正在过着的生活。按说，这应该是人很容易想到，也会有人很容易提出。但历史告诉我们，情况是相反的。我们看古希腊、罗马的神话，看中国的远古传说和文献，都是讲远古的社会比当时好，最好的道路是复古。到了17世纪，启蒙学者和科学家感到自己手里掌握了一种新东西，这就是理性。人们不必再靠传统告诉我们什么是好的，什么是不好的。人们通过理性和科学可以计算、推导出来，还能把它制造出来。人们开始用新的眼光看待世界，逐渐把世界看成是一个可以把握和控制的世界。17世纪人类最大的改变，就是人认识和找到了理性。人开始认为他们的生活是可以改变的，他们也有能力改变。这是人类历史上人的观念的一次伟大的转变。理性改变了人类，也改变了世界。

欧洲人发现和发展出理性，开始是用来批判各种各样的传统和偏见的，比如宗教上的偏见，野蛮习俗等。理性使人可以追问皇帝的特权从何而来，上帝的权威从何而来？它向前发展，就会追问自己(理性)的权威从何而来。这一点经过休谟之问，到康德手中结成正果。

康德的哲学是批判的哲学、追问理性本身的哲学。这是人类在认识领域一次革命性的深刻反省，对理性的反省、对认识论的反省、对人的反省。这是人类史上的大事件。从此人类才彻底摆脱了300万年以来像动物一样活着的状态。人类的社会形态开始了飞速的变化,创造了工业文明的奇迹。短短的300年,超过了既往的300万年。理性之光的重要,由此可见。

康德是历史上最伟大的哲学家之一,他的哲学思想综合了由笛卡尔、斯宾诺莎、莱布尼茨为代表的理性主义和由培根、洛克、贝克莱、休谟为代表的经验主义两大思潮。因此可以称康德为近代哲学的集大成者和现代哲学的先驱。康德在"认识论"、"知识论"上做出了开创性的研究和重大贡献,但是留下了"自在之物",没有解决"知"与"在"的关系问题,"认识论"与"本体论"的统一问题。

不管你同意他,或者反对他,在他之后,你只要进行"认识论"和"知识论"的研究,你都得读他的书,在他研究的成果和留下问题的基础上进行思考和研究。

为了回答康德哲学留下的问题,黑格尔(1770—1831年)建立了他自己的庞大哲学体系。这是哲学史上最系统、最全面的哲学体系。它包括了哲学史上全部的范畴和所有重要问题。他在《精神现象学》一书中阐述了人的意识从纯意识开始,经过自我意识、理性、精神、宗教,最终发展为绝对知识。在《哲学全书》中,他按照他提出的哲学最高原则——"绝对观念"分析和解释了哲学、自然、历史和社会的几乎所有重大问题。

黑格尔认为在自然界和人类出现之前,就存在着一种精神或理性,这种精神既不是一个个人的精神,也不是人类的精神,而是整个宇宙的精神。黑格尔称之为"绝对精神"。"绝对精神"是一切现实事物的源泉。世界上任何现象,无论自然的、社会的以及人思维的现象,都是它的表现,是从它派生出来的。

黑格尔认为"绝对精神"处在辩证发展中。它的辩证发展分为三个阶段：逻辑阶段、自然阶段、精神阶段。在逻辑阶段，自然界还没有出现，只有精神，没有任何物质的东西。“绝对精神”在这个阶段中仅仅作为抽象的、纯粹逻辑的概念而存在着。其发展还只在纯粹思维的范围内进行，表现为纯粹抽象的概念范畴间的转化和过渡。经过一系列的环节，发展到最后阶段——“绝对观念”。这时，过去的一切矛盾都调和了、统一了，转化、发展也停止了。“绝对精神”再不能作为纯粹抽象的概念、范畴发展了。于是它否定自身，转化为自然界，突破逻辑阶段转化到自然阶段。黑格尔称为“外在化”或“异化”。在自然阶段中，思想、概念披上了它自己所建立的自然的、物质的外衣而成为有外壳包裹着的思想、概念。思想、概念在这种包裹下运动和发展，在自然阶段最后，出现了人。人的出现标志着“绝对精神”超出了自然阶段进入了下一个阶段——精神阶段。

在黑格尔看来，“绝对精神”在脱离了自然以后，自然就成为了被“绝对精神”所遗弃的一种毫无生气的东西。它只是一具僵尸，只能重复旧的东西，不能产生任何新的东西。

在“精神阶段”，“绝对精神”摆脱了它在自然阶段中的那种“外在化”的形式。回复到与自己相适合的精神形式，重新作为精神而出现。它既不像在自然阶段中那样处在一种格格不入的状况下，也不是简单地回复到逻辑阶段中那种纯粹的、抽象的状态。它是两者的结合，是“绝对精神”自我发展的最高阶段。在这个阶段，“绝对精神”通过了漫长曲折的辩证发展之后，完全回复到了它自身，把它自己全部丰富的内容都表现了出来，达到了完全自觉、完全认识自己的阶段。这时一切矛盾都调和了，发展也最后完成了。

黑格尔认为第一个阶段即逻辑阶段是最根本的，是第一性的；第二阶段和第三阶段即自然阶段和精神阶段是派生的，是第二性的。他说，“逻辑学”是“自然哲学”和“精神哲学”的“灵魂”，“自然哲学”和

"精神哲学"则不过是"应用逻辑学"。

从逻辑阶段经自然阶段到精神阶段的转化，也就是由思维转化为存在，又由存在转化为思维的过程。黑格尔全部哲学体系的内容，是对"绝对精神"辩证发展过程的思考和描述。他的哲学体系也就由逻辑学、自然哲学、精神哲学三个部分组成。

正像物理学的最前沿问题是如何把四种力（弱力、强力、引力、电磁力）统一起来，用一种力（或一种理论）给予说明。哲学也需要把"知"与"在"给予统一证明。黑格尔所建构的哲学体系主要是为了解决康德批判哲学所留下的一系列问题。黑格尔在建立自己的哲学体系时，把从古希腊以来，亚里士多德所提出的辩证逻辑系统，继承和发展到了一个新的高度，在这个领域做出了杰出的贡献。但他建构的这个辩证逻辑系统是一个自封闭循环的精神系统，没能解决从笛卡尔到康德所留下的"二元存在"归一的问题，也存在马克思指出的头脚倒置的问题。

黑格尔认为，他所建立的哲学体系解决了在他之前哲学所提出的所有重大问题，他终结了哲学。在物理学发展的过程中，也有不少的物理学家认为牛顿终结了物理学。从牛顿时代物理学领域的重大问题看，牛顿终结了物理学。牛顿的力学理论统治了物理学 300 年，直到爱因斯坦提出相对论，从一个新的角度（新的时空论）重新观察和想象宇宙结构和运行规律问题。相对论的提出，使物理学家认识到：物理学远未终结。许多过去已经证明并公认的结论，需要从新的宇宙图景、新的思维框架上给予新的研究与认识。哲学也是这样，需要在物理学、天文学（黑洞、弦论等）、生物学、医学（DNA、克隆羊等）、机器人（深蓝国际象棋、阿尔法围棋等）、心理学等新的成果的基础上，做出新的探索和结论。这个过程永远不会完结。任何一种新理论的提出，都不能终结一门科学（例如物理学）与在此之上的哲学。

黑格尔所建立的这个庞大的哲学体系，在他去世后就衰落了。

叔本华(1788—1860年)是最早起来批判黑格尔的德国哲学家，他认为现在德国哲学是吹牛的骗子和假充内行的骗子(前者指费希特、谢林，后者指黑格尔)的产物。他对康德给予很高的评价，自认为是康德的忠实继承人，致力于把康德“善良意志”的伦理学改造为意志主义的本体论。

在康德的批判哲学中，理性被分为理论理性和实践理性两种，理论理性不能纯粹，必须和感觉材料相结合才能成为经验和知识。康德的第一批判是针对“纯粹理性”所做的批判。另一方面，实践理性必须纯粹，如果它和感觉感情结合而成为不纯粹的实践理性，那就不会有真的道德准则和行为。康德的第二批判是对“实践理性”所做的批判。把这两个批判结合起来，就会得到：可知的理性不能行，可行的理性不能知的结论。康德关于理论理性不纯粹而实践理性纯粹的观点，还隐含着实践理性高于理论理性的思想。这种纯粹的实践理性又被康德称为“善良意志”。

康德的这些思想为叔本华的意志主义开辟了道路。叔本华说；“一切一切，凡已属于和能属于这世界的一切，都无可避免地带有以主体为条件的性质，并且也仅仅只是为主体而存在。世界即是表象。”“那认识一切而不为任何事物所认识的，就是主体。”①这个主体，在叔本华看来，既不是贝克莱的感知主体，也不是康德的知性主体，而是行动的主体，这就是意志。意志的每一个活动都立即表现为身体的活动，身体活动就是客体化的意志。例如，胃和肠道的蠕动是客体化的食欲，生殖器的勃起是客体化的性欲。不但人是主体和客体的统一，整个世界都是主体和客体的统一。世界的主体是意志。我

① 叔本华：《作为意志和表象的世界》，商务印书馆1982年版，第26、28页。

们可以像感受到自己内心行动的意志那样感受到外物类似的趋向。例如石头自由落下，植物向上先长，磁针指向北方，太阳吸引地球，动物的欲望冲动，水流向前奔腾，等等，都是意志主体的活动。叔本华认为，我们总是使用最熟悉的语言去描述我们不熟悉的东西，既然我们最熟悉自己的意志，就让它也成为支配外部世界的决定力量吧。外部世界的本质不是物理学所说的“力”或“能量”，而是“意志”。[①] 这样，叔本华就把康德的“善良意志”改造成了他的意志主义的本体论哲学。

尼采(1844—1900 年)是继承叔本华意志哲学的一位影响力很大的哲学家。他在叔本华“生存意志”的基础上，提出了他的“强力意志”说。他说：“世界除了强力意志外，什么也不是；同样，你本人除了强力意志外，什么都不是。”[②]尼采在“强力意志”说的基础上，提出了“超人”理论。在他看来，超人完全按照强力意志行动，是完全摆脱了奴隶意志的纯粹的强者，他有巨大的创造力，是超越芸芸众生的“伟大而又完全的人”。超人是强力意志的化身，“超人是世界的意义，让我的意志说，超人将成为世界的意义。”[③]就其对哲学主要问题的认识深度和研究成果讲，尼采不及叔本华，但他克服了叔本华的悲观意识，以一种火山喷发式的激情讴歌人类的创造力和超人精神。他是一位充满文学才气和艺术激情的哲学家，他像上帝一样俯瞰人群，吹起他的新号角。读尼采的书你会沉浸在郭沫若年青时代写“站在地球边上发号”的激情之中。

尼采作为一个哲学家，他的成就远不及笛卡尔、康德、黑格尔，但作为一个诗人、思想者，他影响的广度超过了以上这些哲学家。通过

---

① 赵敦华：《现代西方哲学新编》，北京大学出版社 2000 年版，第 15、16 页。

② 尼采：《权力意志》，张念东等译，商务印书馆 1993 年版，第 700 页。

③ 尼采：《苏鲁支语录》，张念东等译，商务印书馆 1994 年版，第 6 页。

对年轻一代的鼓动和召唤，通过对政治家的影响，尼采改变了世界的政治格局。不管你是青年、中年、老年，不论你从事什么工作，拿起尼采的书，你都会心潮澎湃、热血沸腾，想冲锋陷阵，完成一些伟大的事情。

也许哲学走到黑格尔，他所建立的庞杂体系太沉闷、太四平八稳、太死气沉沉了，上帝召唤出了叔本华和尼采，一扫哲学的沉闷之气，把哲学带回到朝气蓬勃的人的生命热血中，让“生存意志”成为万事万物的最终之因和发动之力。

哲学从古希腊发端，我们一直可以清晰地看到两条研究线索和传承：一条是对宇宙是什么的研究，现在更多地交给了物理学和天文学；一条是对人的认识能力，认识机理的研究。后一条研究在近代变得越来越突出，越来越重要。从笛卡尔提出“我思故我在”，经过莱布尼茨、贝克莱、休谟、康德、黑格尔传承有序地研究和探索，使人类对其自身意识（精神、认识能力与机理）的研究，取得了突破性进展。在这条线上的研究是理性和沉闷的，或许是为了打破这种沉闷的气氛，叔本华和尼采带着他们的“生存意志”向我们走来。

叔本华另辟新径，从生命本身去认识和说明世界。他除了在认识论上提出“世界是我的表象”外，在世界是如何演化形成的这条研究路径上提出“生存意志”的理论，认为“世界是我的意志”，“生存意志”是一切事物生存变化的根源。尼采继承了他的“生存意志”学说，提出“强力意志”和“超人”的学说，给哲学的研究和万物的繁衍注入了一剂生命舞动的兴奋剂。

黑格尔没有终结哲学，任何哲学家和学者都不能终结哲学。哲学是人类对宇宙和精神认真和执著地探寻。人类天生好奇，哲学是人类与宇宙及自己心灵的对弈和游戏。哲学从黑格尔之后再也没有产生像柏拉图、亚里士多德、笛卡尔、康德、黑格尔这样有里程碑意义和做出重大贡献的哲学家了。

3. 现代西方哲学

西方哲学从19世纪后期进入危机时期,黑格尔哲学逐渐衰败,自然科学中新的领域不断发现,新的问题不断提出(例如广义相对论、黑洞、量子纠缠、弦论、遗传基因、克隆、平行宇宙等),这些都构成了对传统哲学的挑战,使既有的哲学结论面临危机。于是有了20世纪初的“哲学革命”,产生出两大新的哲学运动:分析哲学和现象学。但这两大派别都未能解决哲学面临的挑战,反而陷入了更深刻的理论危机之中。

按流派分,现代西方哲学的主要流派有:新托马斯主义(新经院哲学)、新黑格尔主义、新康德主义、意志主义、生命哲学、实用主义、分析哲学(包括逻辑原子主义、逻辑实证主义、日常语言分析哲学等)、现象学、存在主义、法兰克福学派、社会批评理论、结构主义与后结构主义、解释学等。

按研究对象分,现代西方哲学又可分为语言哲学、科学哲学、政治哲学、社会哲学、生命哲学、心理(或心灵)哲学、存在哲学、道德哲学、艺术哲学、经济哲学、法哲学、历史哲学等。

黑格尔之后,哲学进入了琐碎和实用。面对科学的巨大成就和所提出的新问题的冲击,不少哲学家主张哲学与科学结盟,为科学服务。在法国有孔德的实证主义,在英国有以斯宾塞为代表的生机论,密尔、边沁为代表的功利主义,在德国有马赫的经验一元论,美国兴起的实用主义也属于这一思脉。也有人主张哲学高于科学,生命哲学坚持生命的原则、精神的原则高于科学的原则;意志主义认为意志是本体,科学经验只是现象;新康德主义主张以哲学的先验原则指导科学的方法。

所有这一切,都没有解决“知”与“在”,“认识论”与“本体论”的关系问题。

从克尔恺郭尔开始（包括尼采），西方哲学进入了现代阶段。面对“知”与“在”，“认识论”与“本体论”到底是一种什么关系这些重大哲学问题，长期以来没有一种类似于牛顿力学一样的可信的解决理论。科学技术和工业的大发展，又催生出了消费主义和人们巨大的物质享受欲望，哲学也陷入浮躁之中。喧嚣和琐碎、偏执与浅薄混杂在一起，哲学进入了喧闹而又无大建树的现代时期。

这一时期，虽有海德格尔（1889—1976 年）对“存在”的重新追问和思考，以及他、萨特、加缪等提出“存在无定义”、“存在先于本质”、“存在荒谬感”等，但都没有新的突破性建树。无论是克尔恺郭尔提出的“存在的个人既是无限的也是有限的”，萨特提出的“世界从本质上说是我的世界”，还是海德格尔提出的“此在”概念，都未能走出此前哲学对这些问题研究中的迷雾，结果是“此在的主体”与“被赋予的本质”仍然找不到存在的源头。

海德格尔对“烦于畏”的描述，萨特对“他人即地狱”的感慨，加缪对“生存荒谬感”的认识，这一切，一方面说明了现代人的生存焦虑和无奈；另一方面，他们更像一群多愁善感和愤怒正直的诗人，远离了哲学家的缜密思考、逻辑推理和恢宏气脉。

胡塞尔、海德格尔、伽达默尔（解释学）等所开启的现象学运动，实际上是对既往的“认识论”的一次新的改造尝试。他们提出的“现象学还原”、“悬搁”，实际上是对康德和布伦坦诺哲学思想的技术性修正，并未解决“康德问题”和其他哲学悬疑。

以弗雷格、罗素、维特根斯坦为代表的分析哲学，是西方现代哲学众多学派中，从一个新的视角对哲学做出了贡献的学术流派。他们的创见主要表现在逻辑学领域，运用数理逻辑来规范日常语言逻辑。当他们表述“命题函项”与“真值”时，完全是一种数学表达的范式，导致他们脱离了哲学的根本问题，例如，哲学上的“真知”与“假象”的认识论问题。这使得他们自己封闭了进入哲学核心区域提出创造性建树的大门。

有一些学者认为，由分析哲学所引发的哲学向“语言学”的转向，是哲学发展的第三阶段，即“本体论——认识论——语义论”的演进路线，并给予很高评价，认为是“元哲学”、“元研究”或“哲学的哲学”。

哲学从“本体论”走向“认识论”，有其必然性。因为在追问本体是什么时，就暗含着一个追问者的问题，追问者是如何追问的？这种追问的方法（逻辑）能追问出“真”的本质吗？这都是“认识论”要讨论的问题。由此也会引发出“语义论”的问题，即语词的意义和作用是什么？你就是搞清了“真”，你能表达出这个“真”吗？这里有一个语言表达的问题。所谓“只可意会，不能言传”、“才抵唇齿，便落意思”，都是说的这个问题。但这些问题绝不是哲学的元问题，也不能升格为“哲学的哲学”。哲学的元问题永远都是人类对宇宙的发问和探索，即“本体论”。如果把“语义学”作为“哲学的哲学”，那就使哲学丧失了根本，变成了飘忽不定的技术层面的讨论和说明。

在此期间，发端于英国的工业革命，在美国达到了顶峰，也由此催生出了美国的实用主义哲学。与其说这是一种哲学，不如说它是一种服务于科学技术的思想方法。中国人开始学习西方哲学时，胡适所引进的，正是这一脉实用之学，造成中国人对西方哲学的学习和认识先天不足，现在仍迷失和游离在哲学本体之外，“只把他乡当故乡”了。

以柏格森（1859—1941 年）为代表的生命哲学为哲学带来一缕新风。他的“生命之流”和“绵延”说，反映了现代生命科学对思想界的影响。他说：“对有意识的存在者来说，事物不是存在，存在只是活动”（《创造进化论》），“宇宙不是被造成，而是正在被不断地造成”，

“没有自我保存状态，只有正在变化的状态”(《形而上学导论》)等，都从一个新的角度对“本体论”做出了探寻。生命哲学家赋予生命的本质以本体论(而不是生物学)的意义。生命的本质不是自然科学所阐述的意义，也不是传统意义上的精神，而是一种富有创造性的“活力”。一种可以自由释放的能量，可称之为“生物能”。它与物理学“力”或“能”的概念的不同在于它的非物质性和不能度量的连续性；它与传统哲学的“精神”概念的不同在于它的非实体性与非理性。传统哲学的“精神”与“思想”不可分，生命哲学家在肯定生命的精神性时，并不认为生命必然具有思想。他们把思想看作属于人的生命的一种特殊的、派生的形式，思想不能等同于存在于一切事物之中的原初的精神。生命哲学用只限于描述人类精神现象的概念，如“直觉”、“记忆”(柏格森)、“领悟”(怀特海)、“精神”(奥伊肯)表示生命的本质。他们强调的是超越理性、支配生命的创造力，以此来消解近代哲学中“物质”与“精神”的区分。

生命哲学提出了一种与传统哲学不同的世界观。传统哲学的中心是“存在”(Being)，它的意义是本体、本质；生命哲学的中心是“生成”(Becoming)，它的意义是过程、创造。生命哲学家批评传统的静止的、孤立的、非连续性的、机械性的世界观，认为世界是一个充满生机与活力的整体，有形事物在时间和空间中独立存在的形式仅仅是人为分析的产物。生命的本质是活动，活动的本质是自由创造。世界不是冷漠、孤寂的，它是有价值的、“人化”的世界。

19世纪末期，自然科学获得重大发展，但对于解决人类的道德问题，却无能为力。宗教也失去了指导人们精神生活的力量和权威。生命哲学对生命本质的思考，满足了人们对新的人生观的思索和渴望。生命哲学家告诉人们：广义上的生命(世界)是什么，狭义上的生命(人的生活)应该是什么。柏格森说：“我们做什么取决于我们是什么，但必须附加一句，我们是自己生活的创造者，我们在不断地创造自己。”[①]他们认为，人的道德生活应当是创造，而不是服从；应该是行动，而不是沉思；应该是进取，而不是守成。

法兰克福学派是西方现代哲学的一个重要分支。它发端于对青年马克思的发现和对马克思思想的重新认识和解读。由于马尔库塞(1898—1979年)对弗洛伊德学说新的解释，主要是他把弗洛伊德的“爱欲”上升为人的本质，并与青年马克思提出的“异化”理论相结合，对人是什么？人要走向哪里？提出了一系列新的思考和见解，影响了几代年轻人。年轻人尊其为他们的精神领袖。由于马克思主义对人类社会发展的巨大影响，这一脉新的研究和解释，现在仍然对年轻人有巨大的影响力。

在其他政治哲学方面，波普尔的“历史决定论的终结”、“乌托邦工程批判”，罗尔斯的“正义原则证明”，诺齐克的“最小政府理论”等，都对当时的社会制度和社会问题进行了深入的分析和思考，影响了各国的政治制度变革。

波普尔(1902—1994年)提出的“证伪”理论与库恩提出的“科学结构”理论一起，成为了科学哲学的代表性理论。在科学领域对一种科学思想的产生和发展，在认识论的层面进行了分析和研究，对当代科学的发展起了促进作用，但很难把它作为一种哲学。因为它对哲学的基本问题并未做出新的分析和贡献。

解构主义与后现代主义。在1968年发生的震撼资本主义世界的“五月风暴”之后，西方马克思主义和存在主义、结构主义等流行思潮突然退潮。福柯、卫尔特、德里达等人提出了被称为“后结构主义”的哲学。后结构主义仍然坚持了结构主义的一些基本原则，例如个

---

① 柏格森：《创造进化论》，湖南人民出版社1989年版，第10页。

体服从整体、结构的社会性和非意识性等。但他们对传统进行了更彻底的批判，从对结构的认可转向否定、消解结构，因此又自称为解构主义。

后现代主义原来并不是一种哲学思潮，它的主要成分是后现代的文学艺术（包括建筑的艺术风格）和后工业社会的社会科学。解构主义思潮蔓延于西方文化界，与文学、艺术、历史学、社会学、政治学等领域的一些思潮汇合。在解构主义的哲学加入到后现代主义行列之后，它才成为广泛的社会思潮和文化现象。

综上所述，在黑格尔之前，哲学发展的长河中有一棵棵参天大树拔地而起，像柏拉图、亚里士多德、笛卡尔、康德等。进入现代时期，这些参天大树还屹立着，但已显出老态。周边长满小树和草丛，哲学最重要的问题没有解决。这些问题已被人们追求物质享受的争吵声所淹没，哲学进入了琐碎和平庸的时代。涌现出一片片哲学的次生丛林，他们从各自不同的角度看到和发现了传统哲学的种种问题，也都零敲碎打地提出和修正了一些问题，但都未带来具有划时代意义的突破性成果。有许多碎片式的聪明和睿智，但缺乏总体性的眼光和智慧。虽有海德格尔对"存在"的重新追问，但已是哲学发展走向绝境的回光返照。

面对我挚爱的哲学，心中有一种苍凉之感。哲学衰败了。衰败不可怕，可怕的是这浅薄的喧嚣和颓废的失落。

（三）西方哲学的危机

一些学者认为，西方哲学已经有过三次危机，现在正在经历第四次危机。他们认为西方哲学在公元前 5 世纪时遭到智者的相对主义、怀疑主义的诡辩和功利精神的挑战，是第一次危机。危机之后，出现了古代哲学最为辉煌的成果——柏拉图和亚里士多德的哲学。希腊哲学在罗马时期被罗马官方哲学家的虚伪道德所裹胁，造成哲学的伦理化危机，是第二次哲学危机。基督教的兴起，满足了人们对普遍原则和道德伦理的追求，到13世纪在大学里占据了思想教育的制高点。随着经院哲学的衰落，15至16世纪虽有文艺复兴和文化上的繁荣，哲学却面临第三次危机。这一时期，新旧学说交替，真伪科学混杂，相对主义盛行，哲学的功能和信誉下降。黑格尔之后，西方哲学进入第四次危机。①

我认为，这四次危机都不是哲学真正的、根本性的危机。今天哲学面临的是一次根本性的危机。

1. 对世界是什么探索的危机

(1) 世界的基本组成元素是什么？

我在第一部分"哲学的剥离"中提出，哲学经过一次次剥离(每次大的剥离也可以说是一次危机)后剩下了什么？我认为，剩下了三大领域：一个领域是探寻世界是什么？一个领域是认识人是什么？一个领域是搞清意识(精神)是什么？世界是什么又分为宇宙是什么与构成世界的基本元素是什么？这是从古希腊一直到今天的哲学家都十分关注的大问题。在这个领域，从古希腊的哲学家一直到叔本华都做出了研究和贡献，并在理论上提出了不同的观点和学说。在这一领域，哲学家一直握有话语权。

现在不行了。量子物理学家提出了"测不准原理"，物理学家提出了物质的最小单位是"弦"，并且进一步讨论"弦"有没有意识？之前量子物理学家在讨论量子纠缠时就讨论过量子有无意识的问题。生物学家发现了DNA，告诉我们：所有物质变化和发展的秘密都由DNA中的遗传密码控制和决定。生物学家发现和掌握了克隆技术。在这个领域，哲学家再也没有大的发现和突破性的贡献，已经失去了

① 赵敦华：《现代西方哲学新编》，北京大学出版社2000年版，第455页。

话语权。

(2) 宇宙是什么?

在宏观的宇宙领域,哲学家一直是有话语权的。随着“黑洞”的发现、平行宇宙理论的提出,天体物理学家开始了对宇宙新的探索和认识,发现了许多新的天体现象和问题。告诉我们:宇宙是由90%以上的暗物质组成。这些暗物质是什么?决定宇宙运行的还是万有引力理论吗?信息在黑洞的边缘丢失吗?这一系列新的发现成为了当代人最关注的问题。宇宙是什么?现在人们更关注来自天体物理学家的研究和发现,哲学家没能做出新的研究和发现,被边缘化了。

2. 人是什么?

今天,科学家已经可以创造出阿尔法围棋计算机,并战胜了世界上一流的围棋选手;生物学家已具有克隆人的技术和能力。这克隆出的人和机器人与人的本质区别是什么?他们会消灭或替代现在的生物人吗?这些问题的解决更多地交给了科学家而不是哲学家。

3. 人是如何认识世界的?

中国人相信“眼见为实”,用“格物致知”、“实事求是”的方法认识世界。亚里士多德用“逻辑三段论”、“演绎”的方法,培根用“归纳”的方法,黑格尔用“辩证逻辑”的方法,爱因斯坦用“思想实验”的方法,汤川秀树用“等同确认”的方法,都是寻找人是如何认识世界的。从亚里士多德到康德,对人是如何认识世界的(认识论)做了大量的深入研究,取得了巨大的进展。康德之后,哲学家在这一领域的研究就没有大的进展和成就。哲学家之外,脑科学家、计算机专家、生物学家的研究取得了突破性进展。先是深蓝计算机与国际象棋冠军对弈,各有输赢。今年(2016年)阿尔法围棋计算机与世界一流围棋选手比赛,大获全胜。阿尔法围棋计算机的学习能力、学习速度、分析决策能力都超过了世界一流围棋选手。它是怎么认识世界(国际象棋、围棋)的？它经过了怎样的思考程序和路径，作出了正确的决策？它的学习能力是如何建立的？这都成为了认识论要研究和说明的新问题。这些问题，现在更多地是由科学家和工程师完成的。

哲学在一次次剥离后剩下的这三大领域中，在黑格尔之后，至今未取得突破性的成就。但天体物理学家、量子物理学家、生物学家、脑科学家、遗传学家、计算机专家在这些领域取得了突破性进展，哲学家在留给自己的领域里越来越失去了发言权。还在从事哲学研究的人和学习哲学专业的学生未来做什么呢？他们工作的领域在哪里呢？这才是问题所在，这才是当代哲学面临的真正危机。

物理学也曾面临过危机，现在仍然面临着把四种力统一的问题。这个问题没有解决，短时间内也看不到解决的希望。但这并未构成物理学家的最终危机。爱因斯坦用了30年的时间来解决这一问题，也未取得公认的结果。但这一问题的解决权仍在物理学家的手中，人们仍然关注着物理学家在这一领域的研究动态和进展，把希望寄托在他们身上。话语权仍然在物理学家手中。哲学不同，哲学家在被不断剥离后剩下的三大领域中的工作已被相近领域的科学家替代并获得了突破性进展，取得了重大的研究成果。在这些领域，人们更多地关注科学家的研究成果，而不再关注哲学家的争吵。从研究领域和研究工作的成果看，哲学家已经失业。这才是哲学的危机所在。哲学家、哲学工作者、学习哲学专业的学生今后做什么？

(四) 哲学的前景

在欧洲，以前学问在两个地方：一个是宫廷，一个是大学。但新奇的思想，对自然最新的探索和认识主要在宫廷。思想家、哲学家、科学家、艺术家、文人墨客大都是王公贵族的朋友和座上客，他们资助其生活和研究。像笛卡尔，莱布尼茨等。他们的研究成果，好多都是献给王公贵族，特别是写给贵族夫人的，或由她们资助出版。之后，哲学研究进入大学，主要在世界上一些有名的大学进行，这些大学也成为一个个哲学派别的思想重镇。这种情况一直延续到今天。

随着自然科学的专门化，哲学研究也开始专门化。哲学成为大学里的一个专业。教学变成了哲学家的工作和职业。17 世纪之前不是这样，那时哲学家与科学家不分，笛卡尔、斯宾诺莎、莱布尼茨，他们既是重要的哲学家，也是有成就的科学家、数学家。这些哲学家的生活方式也与今天大学的哲学教授不同。培根是个官员，笛卡尔当过军官，之后闲居在家，过着一种类似中国员外的闲适生活，斯宾诺莎以磨镜片为生，莱布尼茨做图书馆馆长，没有谁做哲学教授。今天的自然科学研究专门化程度已非常之高，需要先进的实验设备和大量实验和计算才能发现或证明一种理论。研究方式不是一个专家独自思考与实验，而是一个或多个专家团体合作进行，完成一项研究。与此相反，哲学思辨仍然是一种个人性的研究活动。康德是个哲学教授，康德之后，包括讨厌教授职业的叔本华和尼采，也都长期或短期做过教授。哲学家的生存方式发生了很大变化。

哲学被剥离后剩下的三大领域，再也不是一个人冥思苦想就能做出大的发现了。大到对黑洞的观察研究，小到对新粒子的发现，都需要借助大型的高端研究设备，需要一群人共同工作和讨论。这都使自然科学家在这三大领域获得了远比各自独立思索和研究的哲学家更大的突破和成绩。使留给哲学家的这三大领域也开始剥离分割出去。

哲学家做什么？学习哲学专业的学生毕业后做什么？

西方哲学从古希腊开始，人要解决在大自然中的生存问题，所以要问天、问地，即需要搞清农业生产、海上航行（贸易）的天气和自然运行的规律问题。当时的中国也是这样，人的生存面临大自然的制约，即风、雨、雷、电引发的自然灾害问题。《易经》中的八卦，就是讲的八种天气现象，这关乎着农业生产的收成好坏。哲学发展到17—18世纪，工业革命发生了。在工业革命的推动下，人类的生产能力迅速提高，可以稳定地解决自己的衣、食、住、行问题。科学技术的发展和工业革命源自于人类发现了理性。所以，解决认识论的问题（人是如何认识自然的）变得愈来愈重要。反映在哲学上，问人（人的意识）成了最重要的问题。于是有了笛卡尔提出的“我思故我在”，有了在此基础上认识论的大发展。笛卡尔、莱布尼茨、洛克、贝莱克、休谟、康德、黑格尔为此做出了巨大贡献。

随着资本主义生产方式的产生，人类的生产能力获得了前所未有的发展，工业革命后的300年，生产力的总产出超过了之前的300万年。人类已可以解决自己的生存和较好的生活问题。这时，人类把遥望宇宙的目光收转回来，开始关心人类本身的问题：人是什么？人类在向何处去？这个去处是我们渴望的伊甸园吗？人类最好的生存方式是什么？这些思考成为了哲学的重要问题。叔本华、尼采开始从这个基点思考问题，哲学也进入了现代阶段。马克思提出了解决人全面自由发展的新路径，即共产主义学说。弗洛伊德认为潜意识影响和决定着人的行为，柏格森提出“生命哲学”，马尔库塞提出快乐存在的本质是爱欲的解放。所有这一切，都是在探究人生的最高意义是什么？哲学从“人是什么？他从哪里来？要到哪里去？”开始，经过对世界和精神的追问，现在又回到了人。

“知”与“在”的统一问题离我们越来越远，不那么紧迫了。哲学家们暂时也看不到解决的希望，人们更关心自己眼前的事情，把关注的重心放在了人自己身上。人的未来会怎样？什么才是幸福地活着？人应该怎样生存？这些问题显得愈来愈重要，愈来愈迫切。现代哲学虽然学派林立，但细究起来，每个学派都与此有关。从叔本华到马尔库塞，你能看到生命之流这一脉思绪总在舞动。这个领域，已成为哲学研究者的广阔天地。这或许是他们工作的最后一个领域。

哲学在古希腊是“爱智慧”。人类永远需要智慧，人是一个崇拜智慧的动物，所以哲学永不会消亡。但古典式的、百科全书型的智慧之王很难再出现了，取代他们的是在智慧的某一个方面有贡献的哲学家。就是在哲学剩下的三大领域，也不会再出现某一领域全能型的哲学家。哲学家依靠传统的工作方式和研究方法已不能在这三大领域做出突破性的进展，而自然科学家通过新的实验和协同攻关的方式已在这三个领域做出了突破性的发现，并提出了一系列新的问题和新的研究方向。现有的哲学家和哲学研究人员，今后的工作方式是要与这三个领域的自然科学家合作，提供自己的思考和擅长的方面，一起在某一个方向上进行研究和实验。另一方面，在这些自然科学家中也许会产生类似牛顿、爱因斯坦、达尔文式的科学大家，由他们，或他们与哲学家合作，把他们研究的最新成果上升到一种哲学的学说或理论。这是哲学的归宿，也是哲学家与学习哲学专业的学生今后的工作和生活方式。

哲学作为人类必学的一门智慧课程，在大学，甚至中学会一直存在下去。从事哲学工作的人，大部分会以讲授哲学课为业，做一名哲学教师。柏拉图在他写的《理想国》中，讲一国之君应是哲学家，即有高度哲学修养的人。从事管理国家或企业的人，应该具有较高的哲学修养是一个基本的条件。这样的人才能看得更高一些，想得更远一些。所以，哲学作为一门课程的需求会越来越多，要求会越来越高。在哲学的各种支流之中，还会出现各种流派的哲学家，也会出现和形成一些新的流派，但是再出现像柏拉图、亚里士多德、笛卡尔、康德这样横跨几个领域的巨人式的哲学家则是一个小概率事件了。

物理学家在讨论“黑洞”边缘信息的丢失问题，即“黑洞”是否吞没了处于其边缘的所有信息？我提出一个“界面”的概念来说明哲学与物理学、哲学与神学的关系问题。

我认为，哲学是研究处于直观界面以下，又决定着直观界面上万物演化终极原因的学问。故称之为“形而上学”。

有人说，科学不也是寻找这个最后之因或宇宙运行的规律吗？实际上，科学所追究的是常识界面后面的支配原因。它所使用的“实验观察”方法，还需要界面之上的常识来认定。所以，就连最伟大的科学家，例如牛顿、爱因斯坦都不敢断言他们所发现的定理就是决定宇宙运行的最终定理。把哲学与物理学分开的“界面”，类似于黑洞的边缘。物理学家在追究边缘和边缘之上可看见、可感知的物质存在和运动的原因，哲学家则进一步追问：这个原因后面的更深、更核心（决定黑洞表面变化的内部之因）的原因，或曰最后的那个终极之因是什么？神学家也想找到这个终极之因，他们是用一种猜测和异想的办法。而哲学家则是用他们发现或提出的，又被大家公认的逻辑推理的方法。

科学家发现宇宙中暗物质占整个宇宙质量的90%以上，这些暗物质是如何产生和变化的？他们怎么决定着我们可见宇宙的运行和变化？我们知之甚少，甚至一无所知。

中国北宋时的大学者苏轼（1036—1101年）游历庐山时，曾写下这么一首诗：“横看成岭侧成峰，远近高低各不同。不识庐山真面目，只缘身在此山中。”人类对世界的认识，何尝不是如此。这首诗显露出人认识自然的矛盾心境和一种悠闲的无奈。“知”与“在”的关系问题，“本体论”与“认识论”的统一问题，也许是人类永远不能完全解决的问题，但人类依然会追寻下去，这可能就是人生的意义。

人类现在已开始使用特大型的原子对撞机来研究和发现物质最

基本单位的形成，这是在模拟宇宙诞生之初（大爆炸）所发生的事情。人类已成功的克隆出动物，今天人类已具备克隆人的能力，这是在重演上帝造人的故事。

尼采说，“上帝死了。”上帝依照自己的模样造出了人，人已经进化到可以造出能力（某一方面）超过自己的机器人，也能克隆出和自己一模一样的人。那上帝还有什么事要做呢？人造出了超过自己的人，那人还有什么事情要做呢？那些由人造出的机器人或克隆出的高级生物人会不会又宣布：“上帝造出的人死了”呢？

这是人类面临的新问题，也是哲学要回答的新问题。

旧的问题没有解决，在解决的过程中，新的问题出现了，挡在那里。在解决新问题时，又会有新的问题产生，纠缠着你。那个最重要的元问题，例如“知”与“在”的统一问题，还在那儿。但人类解决问题的能力和技术手段增强了，人类的生存方式也发生了巨大的变化，需求也变化了。那个最根本的元问题可能永远被新的问题所遮盖。这是人与自然永远的交谈和对弈。这或许就是人类的宿命和生命的意义。

西方哲学能引导我们抵达幸福的伊甸园吗？能告诉我们解决人类问题，例如环境污染问题、收入差距拉大问题的办法和智慧吗？

这常常让我想到西西弗斯的故事：西西弗斯脸贴着石头，双手用尽全力，一步一步把巨石推向山顶。刚推到山顶，那巨石瞬间又滚到山下。西西弗斯离开山顶，拖着疲惫的身体，一步一步走向山下，望望山顶，或者根本未望山顶，又用力把那块巨石向山顶推去。他知道长夜无尽，但仍用尽全力，巨石仍然在滚动着。……

第五章　怎样写学位论文

写作是人的重要能力之一。

——赵永泰

正确的道路是这样：吸取你的前辈所做的一切，然后再往前走。

——列夫·托尔斯泰

告诉你使我达到目标的奥秘吧，我唯一的力量就是坚持精神。

——巴斯德

新手永远应当凭独创的作品开始他的事业。

——契诃夫

难道人，难道诸多民族只是胡乱跌进这大千世界而到头来又被甩将出去？抑或并非如此？我们非得问个清楚不可。

——海德格尔

曾经阔气的要复古，正在阔气的要保持现状，未曾阔气的要革新。

——鲁迅

怎样写学位论文

上小学，读大学，是要培养两种能力：一种是思考能力，主要是学习和形成批判性的独立思考和独立判断的品德和能力。包括在此指导下独立做实验和调查分析的能力。一种是表达能力。表达能力又分为两类：一类是口头表达能力，一类是书面表达能力。这两类表达能力都是很重要的。

许多政治领袖都很精通这两类能力。他们的演说词常常可以打动听众，引领听众跟他走。不少优秀的科学家也具有这两类能力，但其演讲的目的与政治领袖不同。他不是要引领听众服从自己的某一理论或观点，而是通过准确地阐述自己的理论，让听众了解自己所提出的理论和依据，引起他们的思考和讨论，达到或验证，或深化自己的理论，最终形成新的科学理论或发展和补充旧的科学理论。这是科学家与政治家的不同。

书面表达就是写文章。科学工作者除了写一些科普文章外，最重要的就是把自己的研究成果写成简洁、准确的论文。这些研究成果可以是自己在这一专业领域的新发现，或是用新的事实和论据对某一既有的观点和理论提出质疑，或把一些分散的材料系统化，用新的观点或新的方法重新论证，或提出一种新的实验方法或研究方法，或对实验中发现的新现象、新问题进行描述，提出新的问题，或提出新的可能性，或从新的角度去看旧的问题。学士学位论文、硕士学位论文、博士学位论文是科学论文的一种。有些博士学位论文已成为科学论文的经典之作，不仅所提出的问题和立论意义重大，其文风文采也成为学生学习的范本。但学位论文与通常的科学论文有一些不同，这是完成学位论文时要注意的。

有些科学家在其青年时期较短的几年中，就完成了自己重大的研究，例如爱因斯坦。有些科学家在其一生中都有重大发现，例如居里夫人。他们为其发现所写的论文，一般不受时间制约。当然他们也是想尽早把论文写出，不要重复达尔文的遗憾。达尔文与华莱士各自独立地完成了进化论的重大研究，得出了相同的结论。但华莱士比达尔文早写出了论文，并将论文寄给了达尔文。学位论文则不同，它要求在某一时间段，例如一年或二年完成，通过答辩，取得学位。人生不是为获得学位而来，但获得学位是对自己学习能力与经历的一个总结和交代，也为下一步的工作和学习打下了坚实的基础。

一、题目的来源

在规定的时间内完成学问论文，选题就显得尤为重要。

任何一门科学，其研究领域都是很宽广的。随着科学的快速发展，那种百科全书式的科学家，如亚里士多德、牛顿等，在许多领域都能做出成就的人，越来越少。专业分工日趋细化，一个科学家在其一生中，仅仅在某一专业的一个方向或一个分支领域可以成为行家里手。所以，选题也越来越专业化。一般而论，题目有以下来源：

1. 现今科学发展中遇到和提出的问题。如医学中艾滋病、新的细菌等。

2. 科学家一直在研究，至今还未解决的问题。例如心血管病等。

3. 国家科学基金与国际上有关机构和基金赞助的研究课题。例如环境污染、癌症等。

4. 本学科基本理论方面的问题。例如物理学中四种力的统一问题。

5. 本学科已提出的理论在技术层面和实际中的应用问题。例如中国科学家对水稻种子的研究。

6. 导师正在研究的问题或导师为你选定的题目。导师一般比较了解本专业的实验与研究进展，他也比较了解学生的情况，因而会为他指导的学生选择合适的题目。

这里举了自然科学的例子，学文学、历史、哲学、财经的学生也可以从上面所说的六个方面去考虑自己论文的选题。

二、选题时要注意的问题

1. 题目宜小不宜大

要在一个相对短的时间完成自己的学位论文，题目一定不要选大，避免在规定的时间完不成学位论文。即使你对这个大的题目有兴趣、有准备、有研究、爱不释手，也要忍痛割爱。可在这个大题目中选一个能按期完成的部分去做。例如，学历史的，选了明史研究，可选明朝某一段时期，例如万历时期，还可再小一些，例如万历时期官吏制度研究或万历时期农业研究。这样，在规定的时间不但完成了学位论文，也为毕业后继续这方面的研究打下了基础。其实，大部分的研究工作总是由小问题入手，一个小问题的解决，就会为其他重要问题的解决创造条件，像滚雪球一样继续下去，一步一步踏实地走近自己所选定的目标。

2. 要选真问题

国内大学的学生，有时会选一些伪问题。即本不是问题，而他当做一个问题，竟下笔千言，洋洋大观。国内大学，学社会科学的学生在这方面较严重。例如，如何搞好国有企业的问题。一些适合竞争性行业的企业，国有企业不是如何进一步加强搞活的问题，而是如何退出的问题。而讲如何搞活搞好这些行业国有企业的文章仍然连篇累牍。这便是研究了一个伪问题。自然科学方面也有研究伪问题的，例如，50 年代受苏联影响，中国对摩尔根遗传学的全盘否定和批判。就是在科学最发达的国家,仍然有人在研究永动机,有人在研究用圆规和直尺对角三等分的问题。

3. 认真思考选题的方向

所选题目虽然小,但方向要对,要有开阔的研究前景。这很重要。犹如你来到了一片处女地,到处都有好的有价值的研究题目,在这个方向上,后继题目也会源源不断。若方向不对,则有可能进入死胡同或在规定的时间因换题目而无法完成学位论文。

4. 实验与资料支持

所选题目必须有较成熟的实验设备支持,有较充分的可靠资料。这是学位论文选题与毕业后从事科学研究选题的不同,毕业后可选前人未曾涉猎过的领域去研究,即使几年没有成绩和结论也不怕。但学位论文不同,它要求在一个相对短的时间完成,这就要求你所选题目有以前的实验数据支持,依靠现有的实验设备和资料可以完成。

题目一经选定,一定要查阅这方面的文献资料,多读多看,明确这方面已经做过哪些研究。否则,你辛辛苦苦选好的一个题目,也完成了,一翻资料,这个题目别人已做过,并且已得出了与你相近或相同的结论。这将使你的劳动和时间化为泡影。所以选题过程与选好题目后,大量快速地泛览相关方面的资料很重要。

5. 选题要扬己之长

认清自己的长处很重要,选择的题目一定要考虑自己的长处,发挥这些长处,在所规定的时间将这个题目做完做好。时髦和热门的题目,只要不是自己所长,坚决不选。不要盲目追逐时尚,那可能是一夜昙花。

6. 选择题目要经导师指导

一般而论,导师在这一行业所掌握的资料比学生要多、要深。选择题目时,多与导师商讨,求得导师的指导是一条捷径。可少费时,也可避免与别人重复或做了前人已做过的题目。当然不是前人做过的题目就一定不能做，有些科学家做了前人做过的题目，并且得出了与前人不同的很重要的结论。但这需要较长的时间、较多的实验、较深的思考。在学生选题前，指导教师和教研室会提出一些题目供学生选择，你可以依据以上的原则从中选出自己要做的题目。

三、拟定写作提纲和工作计划

根据所选题目，拟定学位论文的写作提纲，不论是自然科学还是社会科学的论文写作，都有一个同行公认的体例。大致有这么几部分：1. 序论，2. 材料与方法，3. 观察（实验）与结果，4. 图片与说明，5. 结论，6. 讨论，7. 致谢，8. 参考文献。根据论文的不同，有些部分可以合并，例如第3、第4部分，有些部分可以去掉。中国大陆大学生写的论文，是用汉语写成，所以要求有一个英文提要与英文参考资料。

我国金代学者王若虚在《文辨》中说："或问文章有体乎？曰：无。又问：无体乎？曰：有。然则果如何？曰：定体则无，大体须有。"这是对文章体例的精辟论述。尤其是自然科学方面的论文，一定要有同行公认的体例。这个体例的实质就是逻辑思维顺序的体例。这样的论文才便于同行的认读和交流。如果写成天马行空般的诗文，读者一定会不得要领。

有了提纲，就可以据此安排自己的工作计划。即每日、每周、每月的工作内容和进度。有计划很重要，按计划完成每日工作更重要。今日事今日毕，一定不能拖延至明日。你还记得小学时学的"明日歌"吗？"明日复明日，明日何其多。我生待明日，万事成蹉跎。"美国的登月计划，就是靠着严格地执行计划表，才如期完成了登月。严格的执行你的工作计划，才能保证在一个相对短的时间内完成你的学位论文。当然，这个提纲和工作计划也会根据研究进展，实验情况，所碰到的问题，做一些调整，但时间进度是要严格遵守的。这正是学位论文与毕业后从事研究的科技工作者所写的论文不同的地方，也是你选题时要慎重考虑的问题。

提纲开始可写粗一些，但应在实验与调研的过程中不断充实，再写细一些，有些不适当的地方要修改。首先要修改提纲，把提纲修改好，而不是根据一个不完备或不适当的提纲，甚至没有提纲就把论文写出来，再去修改论文。这就如给树剪枝，要让一棵树长好，是剪枝，而不是剪叶。一个完备而较好的提纲是写好论文的基础，也是有效率地工作基础。

提纲是很重要的，纲举才能目张。许多大学生，甚至研究生，一上手就写论文，信马由笔，没有养成写提纲的习惯。这是很坏的毛病。这样写出的论文往往结构不严谨，各部分比例不恰当，论述不清晰。首先是拟定提纲。拟定完提纲，也不能就开始写论文，而是在研究与实验进程中不断充实和修改提纲，到提纲修改的满意了，才进入论文的写作。

四、搜集和整理材料

材料一般分为四类：

(一) 第一手材料

它包括新发现的文件、记录、实验、史料和根据原始调查或实验而得到的材料。一般是自己亲手实验或调查后得到的。搞研究的人都很看重第一手材料。论文的质量，主要取决于第一手材料的质量和充分程度。如果第一手材料质量很高，又很充分，就为完成一篇好的论文提供了坚实的基础。达尔文环球航行考查所取得的第一手材料，就为他写作《物种起源》提供了坚实的基础。所以，自己下工夫去实验和思考，提高第一手材料的质量，才能写出有原创性的论文。

(二) 第二手材料

它是指已经发表过,谁都可以利用的资料、论文、实验报告等。一个人或一个研究集体的能力和精力总是有限的,不可能只靠自己的力量完成一篇论文所需的实验和数据支持,这就需要有选择地利用别人已完成的资料、数据、实验报告、论文等材料。不少自然科学与社会科学巨著,都是在充分利用第二手材料的基础上完成的。马克思写《资本论》就充分利用了大英博物馆收藏丰富的政府和地方机构的统计资料和藏书,李约瑟完成《中国科技史》,更是大量地采用了古今中外学者所收集、整理、撰写的资料和文章。

一般说来,第一手材料价值高。但要注意:只有据此对以往的学说或理论增加了新的见解或提出了新的问题的材料才是真正有意义的新的材料。决不要搞实验和资料的堆积,认为论文中资料堆积的越多越好。简洁才是好的论文的标志。

即使是第二手资料,由于整理、加工和研究方法的不同,或从一个新角度重新审视这些材料,有时可得出全新的结论,使第二手材料有了新的意义。例如,中国北煤南运问题。这是一个老问题,后来在南方一些省发现了煤矿,报纸公开报道了。这是每一个研究者都可以利用的第二手材料。有不少研究者据此提出开发南方煤矿,解决中国长期存在的北煤南运的问题。但也有一些学者从另一角度分析研究这些材料,提出"煤矿必须集中在北方"。① 他从经济效益出发,认为应当停止南方煤矿的低效率开发和生产,把生产集中于效率高、藏量大的北方产煤区。你看,同一资料,可以得出不同的结论。这取决于研究者站的高度、把握问题的深度、认识问题的水平和有无新的视野、新的方法。

---

① 1979年2月26日《人民日报》李毓峰文章。

(三) 旧材料、新发现

它是指公开发表,但并未引起人们的注意和重视,而现在又重新被发觉和评价的材料。一般人不把它作为材料的一类独立列出,而将这类材料归入第二手材料。其实,这类材料很重要,含金量很高,又一直被人忽视。所以,我把它单独列出,作为一类,是为了提醒研究者,这类材料很重要。在科学发展史上,常常有一些研究成果在当时并不被人认识或承认,以至埋没数十年或上百年,尔后被某一位或某几位学者挖掘出来,重新认识,并由此开拓出一片新天地、新方向。例如,孟德尔的遗传学实验和《植物杂交的试验》论文,竟被埋没35年之久。1865年2月8月孟德尔在布隆自然科学家协会上宣读,第二年在该会会刊上发表。1900年才被三位植物学家:荷兰的德弗里斯、德国的科伦斯、奥地利的丘歇马克各自重新发现。由此把1900年看作遗传学作为独立学科的元年。这些发现者也是独具慧眼的创造者。

(四) 论文

已发表的论文可以划归为第二手材料。但由于论文的重要性和独特性,我把它单列出来,作为一类,加以考察。

我们收集与自己的选题相关的资料,就一定要收集和阅读这方面的论文,了解前人与同行的研究成果、研究方法,这也是自己研究这一问题的基础。在这个基础上把这一问题的研究向前推进一步。牛顿讲他之所以能取得那些成果,就是因为他站在了巨人的肩上。讲的就是这个道理。

论文可以分为四级:

A级论文:提出了一个新的理论、新的方法或新的接触点(一个问题有许多接触点),或开拓出一个新的方向、新的领域。这类论文是贡献最大,也是对研究者启发最深的。爱因斯坦关于相对论的论文在这几个方面都做到了，就是做到了其中一个方面，也是一种巨大的贡献。

B 级论文：概念是老的，方向、接触点都是老的，但是他用了一个别人不易想到的方法（可以是本领域的方法，也可以是别的领域的方法），使实验或某一问题的研究简化了，或是问题得到了完满的解决。这类论文可提高同行研究者的方法和智慧，也是很重要的。

C 级论文：老概念、老方法，对本领域的理论发展也没有推动，但它解决了实用层面的某一个问题。这类论文是大量存在的。绝大多数科技人员终生完成的就是这类论文。这类论文也是对人类有贡献的。

D 级论文：老概念、老方法，分析了一个似是而非，或无所谓的问题。这类论文是既不值得看又不值得写的，但现实中这类论文并不少见。国内大学本科学生所完成的学位论文中，这类论文占相当数量。

好的论文都有新的想法、新的思路，读后让人眼前一亮，给人带来许多新的思绪、新的视角。我们收集论文，主要是收集前二类论文，但专业杂志上最多的是第三类论文。所以要注意区别它们。区别的方法是多读、多想、多比较。这样会同时培养出自己分辨论文的直觉能力。看看论文的提要（一般论文都有提要或导论），或看看论文的结论部分，就可判别论文的优劣。也可让指导教师推荐一些与你选题有关的比较好的论文。当然，第三类论文中与你选题相近或对你有启发的论文，也在收集阅读之列。

前两类论文要精读，第三类可选一些与你所选毕业论文题目相关度高的泛览。因为第三类论文窍门就那么一点，一经了解，就懂了。“心有灵犀一点通”。但前两类论文，非花大气力精读不可。不精读，就不能全面理解和把握，也就无法把前人的研究成果向前推进。

论文是很重要的材料，也是前人和同行研究的成果，是你写论文的基础，而且常常是你选择学位论文题目的主要来源。国内的大学生与研究生在阅读论文中常有两种情况：一种是被作者的观点和论证完全征服；一种是在对立的观点或几种不同的观点中徘徊犹疑而不能自拔，读后感到几种观点都言之有理。出现这种情况后，可以先列出你已经搞清的问题（解决了的），然后列出哪些问题是你还未搞清的。这些未搞清的问题就成了很好的线索，以这些问题为线索，可再选一些新的相关论文阅读，同时可换一个角度审视这些论文与问题。经过比较与思索，就可把这些问题提炼成一个较集中和有价值的问题。如果感到提炼的问题在一个相对短的时间自己可以解决，则可把这一问题作自己的学位论文题目。

中国明代学者陈献平说："前辈谓学贵知疑。小疑则小进，大疑则大进。疑者，觉悟之机也，一番觉悟一番长进。"读书不怕有疑，有疑才会有进。科学的发展往往是从基本理论上的大疑问开始的。"提出一个问题往往比解决一个问题更重要。因为解决一个问题也许仅是一个数学上或实验上的技能而已。而提出一个新的问题，新的可能性，从新的角度去看旧的问题，都需要有创造性的想象力，而且标志着科学的真正进步。"①

以上我们讲了材料的分类，怎么收集这些材料呢？

材料有以下来源：(1)公开发行的专业期刊，(2)内部交流的通讯，(3)专利文献，(4)各国、各地区的统计资料，(5)报纸，(6)工具书，(7)专业书籍（包括课本、专著、论文集等），(8)互联网上的材料和论文。

---

① 爱因斯坦：《物理学的进化》，周肇威译，上海科学出版社1962年版，第66页。

首先要制定一个搜集材料的计划和日程。按 A、B、C 分类。A 类是最重要的材料，B 类是较重要的材料，C 类是一般的材料。然后以 A、B、C 为序，订出收集每类材料的时间表，按这个时间表完成各类资料的收集工作。

要养成阅读材料和记卡片的习惯，将重要的材料摘录在卡片上。卡片上一定要写清刊物的名称、刊物期号、作者、题目、材料(或论文)摘要，自己读时的想法和疑问，记录的时间。这要成为一个工作习惯。爱迪生习惯于记下想到的几乎每一个意念，不管这个思想当时似乎多么微不足道。人们都有这样的体会：新想法常常瞬息即逝，一个好方法是养成随身携带纸、笔的习惯，记下闪过脑际的有独到之见的念头。平时天天积累，日日思考，到写论文时就会胸有成竹，从容完成。

收集材料的过程，也是阅读和整理材料的过程。要边收集边整理，按不同的问题分类，以发表时间为顺序整理在一起，以便查找时方便。

将材料分类收集、阅读、整理完后，下面一个重要的工作就是为你的论文选出最典型、最有说服力的材料。尔后进一步审核这些材料和实验结果的真实性与普适性。任何命题与理论，哪怕是明显的错误命题，都可以找到个别的、真实的材料做依据。所以，在审查这些材料时，不仅要审视它的真实性，还要考查它的完整性与普遍性，避免用个别特例得出一个一般性结论。对于不符合这些条件的材料，即使能为你的结论提供强有力的论据，也要舍得割爱，将其丢弃，重新选择有普适性的材料。

材料要简洁，贵精不贵多。一篇论文不需要盲目地堆积材料，认为材料越多越有说服力。材料要适量，只要完成了支持论题结论的任务，能少则少。材料、实验报告要占用一篇论文的大量篇幅，过多的材料会使整个论文臃肿，使主题和结论淹没在材料之中，丧失论文的清晰性。对选出的材料要进一步精选和整理。若出现精选出的材料在某一方面不够充分或不完整，就要再搜集和补充新材料，使论文最后所引证的材料、数据和实验报告客观、完整、全面、简洁。

现在你们搜集材料，做实验，比我上大学时好多了。你们有了一个巨人帮手：互联网。这就等于把全世界的图书馆和资料库搬回了家。但这又带来一个新的问题：信息垃圾和资料过剩。网上资料浩如烟海，看都看不完。这就需要选择，不要迷失在材料的丛林中。这将使网上选择成为一种技术，一门学问。选择能力是一个研究者很重要的能力，多与同行优秀的研究者交流与讨论可以提高这种能力。爱因斯坦在谈到阅读时说："在所阅读的书中找出可以把自己引到深处的东西，把其他的一切统统抛掉，就是抛掉使头脑负担过重和会把自己诱离要点的一切。"这是做好研究和读书选择的至理之言。

五、实验

"西方科学的发展是以两个伟大的成就为基础，那就是：希腊哲学家发明的形式逻辑体系（在欧几里得几何学中），以及发现在文艺复兴时期通过系统的实验可能找出因果关系。"[①]实验和形式逻辑是形成近代科学的基础，也是推动科学向前发展的两个动力之轮。自培根以来，人们把实验当做科学中有机的不可分割的组成部分。以至人们认为，非实验性的一切探索研究就根本没有资格称之为科学。可见实验的重要性。

实验一般分为两类：一类是观察迄今未知或未加释明的新事实；一类是判断某一理论提出的假说是否符合大量可观察到的事实。

① 《爱因斯坦文集》第一卷，许良英等译，商务印书馆1976年版，第574页。

实验按其工作方式与目的可分为6种：

（一）判定性实验

这类实验的目的，是判定某种物质是否存在，某个假说或设想是否成立，某些因素之间有无联系，什么是导致某种结果的原因。

（二）排除性实验

有些假设和课题，涉及的范围很广，因素很多，为了节约时间和成本，常常用排除性实验。即通过实验逐步排除大部分可能性因素，再将研究工作集中在一个小的范围内，进行详细的实验。学生们经常玩的一种猜谜游戏，通过提出“男人、女人”，“老人、青年、小孩”等一连串问题，最后猜出答案，就是应用了逐步排除法。用逐步缩小可能性的方法，常常比直接但是盲目的猜测能更快地找到答案。安排这类实验，可以用较小的成本，在较短的时间，取得较好的成果。

（三）投产前实验

一项研究或实验结果，当我们准备大量生产投放市场时，会安排和设计一系列产前试验，来测量这种产品的安全性与是否适合大量生产，怎样生产成本低？我们看到的绝大多数实验都是此类实验或与此相关。

（四）模拟实验

在科学研究中，对于许多假说的验证，对许多设计物性能的测定，由于受时空条件的制约，不能在真实的环境中试验，或在自然条件下试验成本太高。这就需要用人工去模拟出相应的自然条件和环境，在这种人工模拟的环境中做实验。例如，飞机的风洞实验。

（五）对照实验

在对照实验中，有两个或两个以上的相似组群（除了一切生物体所固有的变异性外，相似组完全相同）：一个是“对照”组，作为比较的标准；另一个是“试验”组，要通过某种实验步骤，观察和了解试验的结果。通常使用“随意抽取样品”的方法来编组，即用抽签或其他排除人为挑选的方法，把样品个体编入甲组或乙组。按照传统的实验方法，除要研究的那一个变数外，各组其他一切方面都应尽量相似，而且实验应该简单，一次变化一个因素，并把全部情况进行记录。这一原则现仍广泛采用，特别在动物实验方面。但是，有了现代统计方法的帮助，现在已有可能设计同时试验几个变数的实验了。

对照实验广泛地应用在生物学、医学、心理学等领域。

(六) 理想实验

为了证实某种假设或理论的正确性，通过严谨的逻辑推理可在头脑中思考并完成的推理实验，或根据这种假设或理论的推导，得出可在自然界观察到的按以往的理论所不能解释的现象。爱因斯坦把这类实验称为“理想实验”。例如，根据相对论学说，光在太阳附近应发生弯曲。这是一个人们过去一直未看到，也与人们已有的常识相违背的现象。如果这个推理被观察到或被证实，它便成为支持相对论的一个“理想实验”。1919 年 5 月，英国考察队观察到了这一现象。

1895 年，爱因斯坦想到这样一个问题：“假使一个人以光速跟着光波跑，那么他就处在一个不随时间而改变的波场之中。但是看来不会有这种事情！这是同狭义相对论有关的第一个朴素的理想实验。”①

“惯性定律标志着物理学上的第一个大进步，事实上是物理学的真正开端。它是由考虑一个既没有磨擦又没有任何外力作用，而永远运动的物体的理想实验而得来的。从这个例子以及后来的许多的例子中，我们认识到用思维来创造理想实验的重要性。”②

---

① 《爱因斯坦文集》第一卷，许良英等译，商务印书馆 1976 年版，第 44 页。

② 爱因斯坦：《物理学的进化》，周肇威译，上海科学技术出版社 1962 年版，第 158 页。

在科学研究中，根据不同的选题，可以选择最适宜的实验类型和方式。但是，不论进行何种类型的实验，都必须认真做好实验前的准备，在实验的过程中，一丝不苟地操作，仔细观察，认真记录每一细节。除了做好事先根据要验证的假说和结论而选定的观察范围外，对所观察到的其他现象和意外现象，更要认真思考。忽视这些，就可能错过新的，甚至重大发现的机会。举两个实验的例子，看看优秀的科学家是如何进行实验的。

例 1：巴斯德很想知道有的地方为什么不断发生炭疽病，而且总是发生在同样的田野里，有时相隔数年之久。一天巴斯德在地里散步时，发现有一块土壤与周围颜色不同，便请教农民，农民告诉他，前一年这里埋了几只死于炭疽病的羊。巴斯德从埋了很久，死于炭疽病的羊尸体周围的土壤中，分离出了这种病菌。他奇怪这种有机体为什么能这样长时间地抗拒日照以及其他的不利因素。一向细心观察事物的巴斯德注意到土壤表层有大量蚯蚓带出的土粒。于是他想到蚯蚓来回不断从土壤深处爬到表层，就把羊尸体周围富有腐殖质的泥土以及泥土中含有的炭疽病芽孢带到了表层。巴斯德从不止步于猜想，他立刻进行了实验。实验结果证实了他的想法，接触了蚯蚓所带泥土的豚鼠得了炭疽病。①

例 2：英国医生 F.格利弗斯发现肺炎球菌转化现象的实验。细菌转化实验奠定了现代分子遗传学的基础。这一实验情况如下：死的肺炎球菌能把自己的某些特性传递给活的肺炎球菌，因为死的肺炎球菌的提取物也具有同样的功能，所以死的肺炎球菌不是一成不变而是起了某种作用，某些特殊的化学物质一定参与了细菌类型的

① 参阅贝弗里奇：《科学研究的艺术》，陈捷译，科学出版社 1979 年版，第 100 页。

转变。A.麦克里德和麦卡蒂证实该物质就是脱氧核糖核酸(DNA),从而开辟了现代科学崭新的篇章。①

例1的实验告知我们:科学工作者细心的观察,穷追不舍的设问,打破沙锅问到底的精神在实验中的重要性。在研究工作中,养成良好的观察习惯,比拥有大量的学术知识更为重要。在观察时,要养成善疑多思的思考习惯,注意搜寻值得追踪的线索。例2的实验说明:科学工作者在实验中大胆的构想与高超的实验技巧是得出重大成果的条件。实验本身就是一种思维过程,是一种思想在实验中的运行、修正和完善。这两种类型实验都是我们常碰到并常常要自己动手做的。至于爱因斯坦所构想的理想实验,常常用在物理学或某一学科基本理论发生重大变革时,一般的科学工作者是很难做出的。

贝弗里奇说:"研究人员在充分考虑课题以后,决定要做的实验。这个实验应有可能得出最有用的结果,而又不超出研究人员技术能力和资金的限制。往往最好是从课题的几个方面同时着手。然而,精力不宜分散,一俟找到某种有价值的论点,就应集中进行这一方面的工作。""实验的成功与否主要取决于准备工作的细致程度。最有成就的实验家常常是这样的人:他们事先对课题加以周密思考,并将课题分成若干关键的问题,然后,精心设计为这些问题提供答案的实验。一个关键性的实验能得出符合一种假说而不符合另一种假说的结果。"②这些告诫和经验都是我们做实验前与实验中要认真执行的。

杰出的科学家常常也是做实验的行家里手。实验是科学研究的最重要方法,但不是唯一的方法。实验本身也有其局限性。一种科

① 参阅P.B.梅德瓦:《科学家成功的道路》,石进超等译,陕西科学出版社1987年版,第95页。

② 贝弗里奇:《科学研究的艺术》,陈捷译,科学出版社1979年版,第12页。

学理论或假说未能被实验证实，只要未被证伪，就不能判定这种理论或假说是错误的。许多科学家都谈到，在其一生的研究和实验中，成功的实验仅仅是几个，最多十几个，绝大部分是不成功的。研究和实验中常常碰到“山穷水尽”的时候。这个时候，最好是把问题放下几天，让脑子放松，然后从新的角度重新加以考虑。将一个难题暂时搁置起来有以下好处：能有时间进行“孕育”，即让头脑里的下意识机能消化资料，空出时间让头脑忘却那些受条件限制的思考，休息、转换一下，不再去固执地只想一个思路。不论是在某一问题的研究和实验中，还是在一个课题完成之后，让大脑有一段休息时间，一段空白是很重要的。我常常想到证券投资，正确的做法是：买进—卖出—休息。然后再开始下一个买进—卖出—休息的过程。而大部分人是不停地买进—卖出—买进……。这是他们失败的重要原因。也许大脑的机理要求有节奏的休息，就像我们每天都要睡眠一样。这个大脑的机理还未被人们认识。休息之后，可尝试从头再来，不去理会原先的想法和思路，从多个角度重新审视原有的问题，找出新的问题，找出新的途径。有时，可把难题分成若干个比较简单的组成部分，分别加以解决。或找出容易突破的某一点，某一部分先加以解决。由此推动整个问题的解决。如果还解决不了，或许还可以选择别的技术方法来克服，在眼前的问题与其他已解决的问题之间寻找相似的地方，也会有所帮助。总之是不要怕山穷水尽和实验失败。要知道，失败是科学研究的常态。只要研究和实验，就一定会有失败，一次次对失败原因的观察与分析，便一次次接近成功。成功往往来自于“再坚持做一次实验”之中。只要工作，办法总比困难多。

实验完成后，要根据实验记录，自己对实验的观察和思考，写出实验报告，用以支持你学位论文的结论。当然，实验报告也是科学研究的结果，也是科学论文中的一种，并且是科学论文很重要的组成部分。在动手写实验报告时,可从以下方面回顾和思考实验的全过程,这样可以使所写的报告更深刻完整。

(1) 实验所依据的基本原理是什么?有没有理论上的不合理性?

(2) 所用的实验设备和方法是否可靠?是否准确?造成误差的可能因素是否全部考虑了?误差是如何估计和怎样降低到最小的?

(3) 与原来的同类型实验相比较,所使用的实验设备和方法有哪些改进?得出了哪些新的结果?准确度有多大提高?发现了什么新的现象和问题?

(4) 新的现象和结果,能否用已有的理论加以解释?

(5) 实验结果证实了某一假说的哪些内容?还有哪些内容未被证实?根据新的实验结果,应否修改或完善原有假说?

(6) 是否需要设计和安排新的实验,来进一步观察和研究新发现的现象和问题?

六、论文写作

有了选题,收集了资料,完成了实验,做了调查,与同行进行了讨论,提炼出了自己的结论(观点、理论、假说)。下来就是如何把这一切用文字表达出来。要表述的准确、完整、简洁,首先要做的工作是对所拟定的写作提纲进行修改。

(一) 修改写作提纲

一般来讲,可以从以下方面修改写作提纲:

(1) 把原提纲每一个部分修改的更详尽,把每一个小标题,再展开为几个小点。

(2) 本论部分的位置可否调换,调换后是否论述的更顺畅、更明晰?

(3) 已选定的材料是否要调换或增减?

(4) 新的材料(或实验结果)放在哪里最合适? 是否要依据新材料、新实验另拟一个问题?

(5) 论据是否充分,有无变化?

(6) 要思考和检验论据的普适性。

(7) 论点有无变化,若有较大变化,题目是否做相应变动?

(8) 哪些部分要删去。

(9) 哪些部分可合并。

(10) 哪些部分可用新的部分代替而效果更好。

其实,收集、阅读、整理、选择资料的过程,设计、观察、分析、思考实验的过程,也是同步思考自己学位论文选题、修改论文提纲的过程。经过反复思考和修改,直到完成一份满意的学位论文提纲。这时,就可确定每部分的比重(即字数所占的多少),使整篇论文比例适度,结构合理。

拟定和修改大纲时,提纲尽量写在稿纸的左半页,空出右半页,以便随时修改或记下突然想到的东西(所谓灵感)。

有了这样一份大纲,你便成竹在胸了。

(二) 阅读范文

在动笔写论文前,最重要的事情就是阅读范文。绝大部分大学生是不会写论文的,尤其是写科学论文。这就需要学习,首先是模仿范文。这和学习书法一样,从观看、模仿名家字帖开始,然后慢慢形成自己的风格。写论文也是这样,首先找一些科学家写的优秀论文和一些同行公认的优秀学位论文,认真阅读这些论文,看看作者是如何谋篇遣句的,怎样把资料、实验结果有机地组织在一起,支持和阐述自己的假说或理论。

选好了资料,完成了实验,这就如同一位小说家有了一个好的故事。但怎样通过书面语言写好这个故事，让人爱看，则需要写作技巧。写科学论文也是如此。要多看多写，平时写一些小实验报告、小论文，一方面是完成作业，一方面是自己学习写论文的实践。要很认真地写好每一篇小论文，写完后，放一段时间，再拿出来看一看，与范文比一比，学习和借鉴科学范文的写作方法和技巧，然后再修改自己的小论文。通过不断地阅读、分析、比较、修改，甚至重写自己的论文，就一定能写出优秀的论文。

中国有《古文观止》，这是一部精心选择的文章范本，从小学五、六年级到初中，父亲就让我们背诵和学习《古文观止》，这对提高写作能力很有用。但《古文观止》是文史类的范文，与科学论文在写法与要求上有很大不同。科学论文首先要求你的理论或假说有经验事实的支持，你的论证方法，是科学界公认的逻辑方法。所以，读《古文观止》只能提高你对文科类文章的写作能力。要提高对科学论文的写作能力，还要选择科学论文中的范文。若在国外留学，论文要用英语写成，所以，要选择科学界公认的用英语写成的科学论文中的范文，认真阅读与学习。要学会用英语，这种世界科学家的通用语言准确、简洁、符合逻辑地表述你的观点或假说。对照所阅读的英语科学论文范文，可从叙述方法和论述层次上考虑和修改写作提纲，使其更符合英语国家中同行的阅读习惯。

(三) 写论文

动笔写论文时，你必须搞清，你的论文是给哪些人看的。学位论文的最主要读者是你的导师和评审组的教师。好的学位论文，若发表，其读者主要是同行的研究人员。评审教师最恼火的是看了半天论文还不知所云，或者无法理解作者为什么要从事这项研究。

1. 序论(引言)部分

好的论文，在其开头部分要开宗明义的阐明所研究的是什么问题，为什么要研究这一问题，目前对这一问题研究的最新进展，历史的线索（前人的工作）。如果你用了新的方法、新的实验，发现了新的资料，在序论部分要简明扼要的提出（不要展开叙述，在后面相关部分再叙述和说明）。这一部分一定要写的简洁、明确，使评审者一看就能明白你所研究的问题和你所用的方法。这一部分在全篇论文中所占的篇幅（字数）要少，一般不要超过两页。

2. 本论部分

这一部分应详细地阐述作者个人的研究成果。特别要清晰地说明作者所用的新方法、新实验。论据（实验报告、对前人理论的质疑和补充，材料、图表、数学公式推导、统计资料等）要充实、完整。要完整、准确地论述作者新的、独创性的思想和见解，或新的发现、新的理论、新的假说。这是论文的核心部分，在整篇论文中占的比重最大，其数字占到70%以上。这一部分包括了大纲里面讲到的第(2)至第(6)部分。这一部分叙述要细致、严谨。

3. 结论部分

这一部分的内容与序论相关。是围绕本论中所得出的结论，对该结论的强调和引申，但不是本论观点的简单重复，也可对所研究问题的前景做一些展望，或提出一个新方向、新问题供同行思考。但决不要为展望而展望，有好的想法和思路就说，没有就不说，不要画蛇添足。就是有好的想法，写时也要慎重，处处注意科学的严谨性。本论部分如果写得很完整，这部分就可写的更简洁一些，字数也要少，不要超过一页。

4. 参考文献

列出所写论文的主要参考文献（包括中文与外文文献）。论文中引述参考文献，一定要遵守引文的规范。所引文献一定不要曲解原作者的本意，不要断章取义去迎合自己的立论，更不能把别人的结论拿来做自己的结论，而不说明出处。要严格遵守科学研究的道德观。

(四) 学士、硕士、博士论文

学位论文，一般有学士学位论文、硕士学位论文、博士学位论文。学士学位论文是高等学校本科毕业生必须完成的独立作业，是大学阶段全部学习成果的总结，是高等学校学生完成学业必修的重要学习内容。作为独立作业的学士论文，不是简单地整理和归纳前人的意见，而是在一定程度上用新的事实、新的资料、新的实验、新的理论去丰富某一专业的内容。学士学位论文要求对研究的课题有较全面的了解和认识，自己在这个课题的某一方面有较深的心得，或综述这一课题至今研究的全面情况，提出一些值得思考的问题。论文的字数(社会科学类)一般在 1 万到 2 万字。重要的是：经过这么一个收集资料、实验、写作的学习过程，增强自己的动手能力，培养和提高自己独立地分析、判断能力，综合运用所学知识的能力，与别人讨论交流、协同工作的能力。

硕士学位论文要求对所研究的问题有新的独到的见解。论文(社会科学类)一般在 3 万到 5 万字。西方发达国家的硕士有两类：一类是要求做硕士论文的，称为论文硕士；一类是不要求做论文的，称为课程硕士。即只要修完了硕士所要求的学分，成绩合格，就授予硕士学位。中国在这些国家读硕士的留学生，大部分修的是课程硕士。这些硕士毕业后，一般从事实务性的工作。像经济、金融、公司管理人员、实验室工作人员、医生、律师、行政人员等，而不从事较深较系统的研究工作和大学教学工作。这些工作一般要求有博士学位的人。若要读博士，则一般要求有论文硕士的学历。这是与中国国内大学不同的。但这些课程硕士，更适合实务性的工作岗位，而这些岗位的数量远远超过纯研究性的岗位。这是中国硕士学位设置要研究和思考的。

博士学位论文要求对所研究的问题有创造性的研究成果。论文(社会科学类)一般要求在 8 万到 10 万字。当然,如果论文确有创造性,只要论述清晰、准确、完整,论文可长一些也可短一些。博士学位论文要求对所研究的问题有一个综述,综述的内容为这一问题前人是怎样提出的,至今的研究线索,研究的成果与问题。这个综述会占去不少篇幅。所以,学位论文一般会比同类的专业论文长一些,因为导师和评审教师通过阅读你的论文,要考察你对这一专业领域的全面了解和把握的程度。而对于发表在杂志上的论文,则一般不要求综述的完整性与全面性。因为读者都是同行的研究人员,他们对这方面的情况很了解,他们只看你的新意见、新成果、新方法、新思路、新问题、新结论、新假说、新实验。

自然科学方面的学位论文与社会科学方面的不同,学士、硕士、博士学位论文字数的多少,主要根据所研究的问题和实验、资料的复杂程度来定。主要是把所研究的问题阐述清楚,论文的字数,不同的专业、不同的院校都有相应的要求,可按这些要求去做。

(五) 论文的写法

论文的思路和写作路线,实际上是解决(1)是什么?(2)为什么?(3)怎么办?三个问题。

1. 论文的开头部分,即导论部分,是提出问题的部分,常用的写法有:

(1) 直接提出问题。

(2) 直接给出结论。

(3) 先明确问题的范围和中心。

(4) 交代写作背景、起因和动机。

(5) 点出讨论对象(可以是一个理论、一个假设、某一学者的观点或某篇论文的观点)。

2. 本论部分是全文的重点，一般有这么几种叙述方式：

(1) 并列式结构：围绕中心，从不同角度分别论证主题。

(2) 递进式结构：以逻辑为章法，层层剥笋，环环相套，步步深入地揭示出中心问题。

(3) 递进与并列交错式结构：总体递进式，某部分并列式；或总体并列式，某部分递进式。

用哪种形式要视所写的论文性质而定。有些论文适合用递进式结构，有些论文适用并列式结构，有些论文适合用二者相结合。

3. 论文的结尾

论文的结尾，即结束的一段或几段文字很重要。读者读完你的一篇论文后，应在结尾读到一个明晰、准确的结论。更进一步，还可读到下一步的研究思路和方向。结尾部分一般写法如下：

(1) 回扣前文，做出简明、准确的结论。

(2) 在本论的基础上，把文章推前一步，扩大或加深论题的范围。

(3) 将前文作简洁的归纳概括，提出进一步研究的设想、方法、问题或方向。

如果在论文的本论部分已完成了提出问题、分析、解决问题的任务，导论(序论)部分和结尾的结论部分也可简略或省去。

(六) 修改论文

论文写完后，不要忙于修改，先放上一、二天，让头脑休息一下，然后再从头阅读论文，一边阅读一边与论文大纲对照，看看是否与大纲相符，有无漏掉的部分。若没有，再思考一下大纲所列，有无要增删的部分，若有，则根据大纲增加的部分，写出文字加在论文相关处，若有删去的部分，则删去论文中相应的部分。若大纲中没有要增删的部分，论文又在基本理论方面有所创新的，则可考虑以下问题在论文中是否阐述清楚：

(1) 论文的缘由，即为什么要研究这个课题，想解决什么问题？

(2) 论文继承了过去理论的哪些部分？否定了哪些部分？论文的新贡献是什么？

(3) 论文所提出的假设或理论，能否说明过去的论文所不能说明的问题？

(4) 新的理论或假设能预见什么新的现象？这些新的现象能否用实验加以证实？

(5) 新的理论或假设还存在什么问题？

若这些问题已阐述清楚，则可开始修改论文。

论文也是文章，它不同于小说、诗、散文，但要写出好文章，有一些共同的东西。鲁迅是一位写杂文的大师，杂文也是论文的一种。鲁迅说，不要相信如何写小说之类的书和文章。但他反复强调要多看名家是怎么修改文章的，从别人为什么要那样修改中去学习写文章。他说："写完后至少看两遍，竭力将可有可无的字、句、段删去，毫不可惜。"契诃夫也讲："写得好的本领，就是删去不好的地方的本领。"

文章是写出来的，写出好文章的能力是通过多写、多练、反复修改，不断琢磨，磨炼出来的。贾平凹早期出版的一个集子《野火集》，那上面的文章还很稚嫩，留下浓厚的中学生作文的气息。但他现在写的散文已相当老到了。这是他勤于写作的结果。仅仅反复写还不行，要讲方法，才能较快地提高写作的质量和速度。

除自己修改外，可打印出来，送给同行看，听听他们的意见。同时多参加讨论，使自己的论文深刻起来。大的方面修改满意后，最后要注意文字的推敲与润色。中国是一个很讲究遣词造句的国度，"推敲"二字就来自贾岛一次晚上出门访友，写小诗一首，有诗句"僧推月下门”后想改为“僧敲月下门”，而反复思索是用“推”好，还是用“敲”好，路遇韩愈，成为传世佳话。总之，文章大的方面改完后，注意一下字句的推敲，可以使论文更准确、更完美。

文字是论文的衣裳，但重要的是立论本身，立论是否正确是论文的灵魂。立论错误的论文，文采再好，也是无用的。文章常常被评为优或劣，论文也有优劣之分。但论文的优劣不同于文艺作品。文采的优劣是文艺作品的重要标志之一。但论文的优劣首先是选题是否准确、有意义？所提出的假设（假说、理论、观点）是否正确？是否有普解性？这是论文最重要的。在这个基础上，读者当然也希望论文好读，不要味同嚼蜡。科学界也有立论与文采俱佳的好论文，但论文所要求的文采与诗歌、小说的文采不同，这要通过阅读一些科技方面的范文来体会和学习。论文要写的简洁、准确、完整。但要注意：完整不是面面俱到，面面俱到的论文，不是好论文。好的论文是在某一方面有独创性的论文。论文的文字也不要华丽，要质朴、简洁、准确，但要流畅，能生动的地方，可生动一些。行文要通过逻辑思辨引人入胜，而不是靠玩文字技巧。

论文修改完后，就是誊清了。现在是在电脑上修改誊清。这时要看一下有无错字、别字，标点是否正确，引文是否有误。引文有一定的规则，要标明引文的出处。引用文献要加注，一般有：

（1）夹注：正文中间用括号标明，一般要写清作者姓名、文章或书的题目，发表时间，发表的刊物或出版社，页码。

（2）脚注：正文每页下方。所注内容同夹注。

（3）附注：一章或一节完后的注。所注内容同夹注。

（4）尾注：全文或全书完后的注。所注内容同夹注。

引文不要太长、太多，尽可能简明。引文一定不能违反作者原意，不要把作者论文中批评的观点，或引用或评述的观点和思想作为作者的意见引用。

使用图表，可以提高论文的说服力和可读性。所用图表要力求简明准确。若图表是自己加工整理的，要注明来源和加工方法，图表中的数量，要写清数量的单位。

论文中的结论若能用数学函数式表示，则说明论文的科学性较高，一时不能用数学函数式表示时，也不要强求，可用叙述性文字表述。

在参考他人成果或得到他人帮助时，要给予肯定并表示感谢，不能把别人的观点当成自己的观点，更不能剽窃别人的研究成果。不能抄袭别人已经发表或尚未发表的文章。这是做科学研究的基本道德。

整个完成论文的过程，是一个学习、实验、思考、讨论的过程。要多思，多思才会有自己独有的创造性成果。中国的围棋选手，每天的时间几乎都用在了研究棋谱和对手战局上。韩国的棋手李昌镐，说他每天要拿出三到四个小时，静静地去想棋。韩愈说："业精于勤，荒于嬉；行成于思，毁于随。"要手勤、脑勤、多思、多想。人生要有计划。每阶段要有阶段计划，要有目标和工作进度、质量要求。有计划与无计划大不一样。一个无目标、无计划的人生是纷乱和苍白的，会一事无成，甚至无饭可吃。有目标、有计划，有每周、每天完成的事，今日事今日毕，才会干成一些事，完成你人生所想。这是很重要的。

七、论文装订

修改完成后的论文，放上一、两天，再去看一看，若无修改的地方了，就可装订。论文的封面包括：(1)题目，(2)学校，(3)学科，(4)指导教师，(5)作者姓名，(6)完成年、月、日。论文装订的顺序为：封面、目录、内容提要(论文若是用中文写作的，要有英文提要)、正文、参考文献、致谢、封底。致谢部分也可放在内容提要前。

论文装订完，交给指导教师后，工作并未结束，下来要认真准备论文答辩。

八、论文答辩

论文答辩，这是完成学位论文的最后一个环节，也是进一步深化论文思想、学习独立思考、提高写作水平的重要环节。

参加论文答辩的教师，一般会从三个方面提出问题：

1. 论文中有阐述不清楚、不详尽、不完整、不确切，甚至错误的地方，要求作者再述说一下，考查作者现在对这些问题的理解和认识所达到的水平。

2. 对本论文中所涉及的某些现在还在争论的问题，提出来，考查作者在这一领域所掌握知识的深度和广度。

3. 对论文所涉及的本学科范围内带有基本性质的重要问题，提出来，目的在于考查作者对这一学科基本理论的把握和认识深度、独立思考的能力和潜力。

这些问题，常常是论文的重要部分和关键。有时可能是作者回避了的薄弱环节，有时可能是作者没有认识到或认识较浮浅的地方，或应论述到而未论述到的地方。经过一番答辩，会促使作者在这些问题上进一步深入思考，提高其独立思考和答辩的能力。所以，论文答辩是一个很重要的学习环节和机会，尤其是参加答辩的老师中会有一些本学科中杰出的人物，就更是一次难得的学习、认识和交流的机会。要积极地准备答辩，愉快地回应答辩，而不要将答辩看成一个负担，也不要把全部心思放在猜答辩老师会提出什么问题上，而要从以上三个方面去认真思考和准备，从容应答。

答辩完成后，如果你的论文通过了，其他条件也符合，就会授予你申请的学位。一般不要求依据答辩老师的意见再去修改你的论文。如果没有通过答辩，则要修改甚至重新写你的学位论文。但我认为：即使你的论文顺利通过了答辩，也要根据答辩老师的提问和建议，以及你对论文所研究问题的新的思考，认真地再修改一次论文，把论文修改的更好。这篇论文是你成长的一个标志，也是你学问长进的一个里程碑，由此要向更高的山顶攀登。如果你感到论文值得发表，也可将修改后的论文寄给有关学术杂志发表，杂志编辑一般也会提出一些修改意见或让你压缩一下字数，你可思考后做相应的修改。若该杂志不能发表，可寄给另外的相关杂志。

不论写什么，每天写上三、两页，千字左右，勤思考，多与同行讨论，多修改，多看一些名篇佳作，你的笔下一定会流淌出精妙的文章。

每天写点你所思所想，是一种乐趣。写出好的文章，是一种享受，也是一种义务。

第六章　求职与考研

正当人生中途，我在一座昏暗的森林里迷失了正直的道路。

——但丁

我每看运动会时，常常这样想：优胜者固然可敬，但那虽然落后，而仍非跑至终点不至的竞技者，和见了这样的竞技者而肃然不笑的看客，乃正是中国将来的脊梁。

——鲁迅

不是知识改变命运，性格也不决定命运。一个人的价值观决定他的命运和人生走向。价值观的改变导致命运的改变。

——赵永泰

在一个人生命的初始阶段，最大的危险就是：不冒风险。

——克尔恺郭尔

我哭、我笑、我胡闹、我思考，我就是我。我按我的理解生活。

——刘安

认识你自己。

——古希腊哲人

当我们凝视一件艺术品，从中获得享受时，我们为什么不在尽可能多的时间里去创造和享受自己一生这件对自己最重要、最温暖的艺术品呢？

——赵永泰

一　求职与创业

你已研究生毕业，面临求职（当然，也可以选一个自己喜欢的方向读博士），这封信与你谈谈求职与创业。

把你想去求职的公司与机构从最好的到一般的分为A、B、C三类，A表示优，B表示中，C为下。当你选择A类公司投档，并连投几个公司都未被录取，你会去选B类公司（也许心里并不愿意），若又被拒，心已沮丧，会去选C类公司（当然心中不甘）。大多数大学毕业生都是按这样一个思路和顺序去选择公司或单位求职的。按这样一个下降通道去选择求职岗位时，若在C类公司又碰了壁，人的心情会坏到极点，会想到自己种种条件不如人，想到自己绿卡还未拿到，甚至把此作为在国外求职不可逾越的条件。任何一国都会首先考虑本国公民的就业安排，这是各国就业政策所要求的，总统竞选时，扩大就业是一个永恒的承诺，不必过多怨怪。

你是否想过还有另外一条求职思路：这就是从自己的长处出发，先不理会有哪些公司招聘以及公司的排序。先思考并写下自己的长处，例如：（1）我学过两个专业，有两个专业的研究生文凭；（2）我了解中国与澳洲两个国家的风土人情及供给与需求的优势与劣势；（3）我国内有一些重要的人脉资源（家庭的、亲友的、自己的）；（4）我在国外重要的实验室工作过；（5）我学习和积累了一定的实验能力、研究问题的能力、与人交往的能力、处理事务的能力。依据这些，我可以选择一些什么公司与单位呢？例如，选择国内外一些重要的实验室做实验工作（你心细，工作细致、认真，或许更适合实验室的实验研究工作），或选择生产与经销生物工程实验室设备的公司做销售代理或中国区代理，然后上网查询相关的公司与单位，而不管这些公司与单位现在是否在招人。查到后，直接把你的简历与想法寄给最重要的决策者。例如董事长、总经理、分管这一部门的副总经理或公司委托的猎头公司主管。这是从自身优势出发的一种择业思路。在国内选择公司求职，道理是一样的。任何公司，在任何时候最适宜的人才都是短缺的，他们任何时候都需要能为他们带来工作业绩的人。你处事谦和，但坚持自己的观点，做事肯自己吃亏受累，也可选择去政府或国际相关组织机构工作（例如联合国有关机构或世界卫生组织的相关机构）。

若从自己长处出发，又找不到相应的公司，而这件事又是社会所需要的，例如，中国的科研院所近几年在筹建生物工程方面的实验室，一些相关的工厂与大公司（例如李嘉诚的长江集团）也在筹组生物工程方面的公司与研究院，这都急需这方面的实验设备。这就需要一个中介，这个中介既要了解国内相关公司与实验室需要什么样的设备，他们愿意出的价位，又要了解国外厂商所能提供的设备质量、性能、价格。若有这样的中介，当然可去求职，这是你的优势和长处（有时一个人的长处并不构成优势，因为有这类长处的人很多，或具有同类长处的人比你更优秀），若没有这样的公司，你不必沮丧，这是上天提供给你创造这类公司的一个好机会。新的公司都是这样应需而生，不断扩大成长的。像美国的微软、雅虎，中国的华为、阿里巴巴。

创建新的公司，也是一个择业选择。并且是充满挑战和前景的选择。

中国正值改革开放，工业化与现代化在东、中、西部同时展开，一个地域广阔、人口众多的国度正经历自己最重要的发展现代工业的时期，百业待兴，蕴藏着巨大的商机和创业机会，是人可以施展自己抱负和才能的地方。在各种行业的交汇处找寻自己熟悉的新兴行业，在国与国之间、地区与地区之间不同的产业结构与消费结构的差别中寻找新的机会，在国与国的交易中找寻新的商机，在人的新需求，尤其是富有阶层和青年人的新需求与需求转移变革中，例如，家用固定电话转换成手机，用胶片的相机转变成数码相机，旅游成为一种生活方式被更多的人享受等，思考与选择新的产业，开始自己的创业之路。这也是大学生毕业之后一条重要的择业之路。即使在这条路上遇到挫折，甚至失败，也不需惧怕，年轻是巨大的资本和财富，年轻使人有时间和机会做出新的选择。

不论选择哪种思路去求职与创业，若还没有结果，不要着急与沮丧，那是时机还未成熟。一方面你还需要一些历练，积累相关的经历与能力；一方面对方还需对你进行考察。中国人讲“欲速则不达”，讲“事缓则圆”，都是讲的这个道理。松下幸之助 23 岁创业，建立“松下电器制作所”，当时他是一个没有学历、各类知识都很少的普通人。创业第二年，他经过自己的努力，发明了两通电源接头，在与别的厂商谈判时，被回绝，他非常失望。但是过了不久，一家电扇制造商大批订购了他的这项产品，他的公司开始走向顺利，而介绍人正是之前回绝他的人。他从这件事情中领悟到：“有时候人们似乎对你不感兴趣，其实是在观察你，一个人只要努力，总会有人赏识和推荐你。”[①]有些事情是需要等待的，在等待中认真做好每一件事，完成每一项相关能力的学习，以平常之心等待，在等待中安排好自己的学习与生活，享受这一段平静的等待时光。

现在中国国内的大学毕业生，在求职前所做的简历中，在化妆照上，在应聘时的衣着上花了太多的心计。我并不一概反对这些，“以貌取人”，古来如此，也有一定的道理。但把大部分的精力花在此处，也反映出招聘单位和应聘人员的素质和心态。他们不了解，研究类机构，应以这个人能否从事研究，有没有研究的能力与潜力为第一考

---

① 松下幸之助：《松下经营哲学》，阚文详、陈俊杰译，南开大学出版社 1986 年版，第 66 页。

量。而后者是他们更应具备，招聘单位更应看重的，有此能力的人，反倒不拘小节。有些大科学家、大思想家貌不惊人，并非堂堂七尺男儿。外事部门、政府的一些窗口行业考虑一下外表，也是应有之义，但真正伟大的政治家，也非个个伟岸，以现今不少地方政府招聘条件看，拿破仑的身高不够，林肯的相貌也达不到要求。中国当前招聘的双方均已陷入了一种浅薄与浮躁的误区。

中国的大学生，从准备考大学选择专业，到大学毕业后选择工作，生存都是第一考虑。这有些悲凉，也是面对现实的一种无奈。不少发达国家，他们的大学生毕业后若找不到工作，政府会提供一份够他们体面生存的失业金，这使他们在准备考大学报志愿时，可以从他们的爱好出发，而不是从大学毕业后能否找到工作着眼去考虑他们的专业选择。选择自己喜欢的事干，一方面生活、工作很愉快，一方面也较易做出成绩。这也是这些发达国家创新力强、创新成果多的一个原因。创新成果更多的来自一个人在他所热爱的事业上，在一个宽松自由状态下的思索和创造。俄国的托尔斯泰，印度的泰戈尔，德国的莱布尼兹出身贵族世家，从出生的那一天起，他们的衣食住行是无忧的，这决定了他们今生可以选择他们想干的事，而不必去考虑生存问题。他们在各自所选择的事业上做出了成就。当然，也有不少贵族子弟成了花花公子。与此对照的是，有一些出身贫寒的人，经过自己的刻苦努力和奋斗，不但做出了很大的成就，并且顽强地选择了自己所热爱的工作，像牛顿、富兰克林、高尔基等。所以，在选择自己的专业和工作时，一定不要违背自己的心愿，即使迫于一时生存的压力，选择了自己不喜欢的工作，一俟生存问题基本解决，也一定要顽强地选择并从事自己喜欢的工作和事情。

继续学习，或工作一二年后继续学习也是一种选择。我一直希望你能去像哈佛、剑桥这样的有深厚历史积淀的名校学习，不为成名成家，更不为出人头地，也不为拿上一个博士学位，能在这样的名校学习、生活一二年是快乐人生的一个重要组成部分，是一次愉快的人生体验，是“诗意的栖居”的一种生存方式。徐志摩说，他一生只有1922年春天在剑桥度过的那一段时光是充实愉快而没有虚度的。

每走完一段人生之路，例如小学结束，中学读完，大学毕业，工作三五年后，要停下来，反观我们走过的足迹，思考我们将踏上的路途，用“生活在别处”的老子、佛陀、耶稣、甘地的目光来审视一下自己的生活，寻找并进入下一段的生命旅程。现今所有地球上的人，不论是富有的还是贫穷的，都活得太匆忙了。李白生活在诗意里，毕加索工作在画境中，柳永迷恋在情深处，肖邦徜徉在天籁里，丘吉尔奔走在战火中，挥毫在画架前，漫步在史诗里。他们在各自的领域做出成就，并精彩地活着。不是每个人都能像他们一样，既做出了杰出的成就，又诗意般的活着。有些做出很大成就的人，也未能享有诗意般的生活。我们是否在开始自己的择业与独立生活时问过自己：“我要选择怎样活着？”这个发问很重要。因为你在选择工作的同时，也在选择自己的生活方式，并步入独立生活的人生阶段。我认识一些普通人，他们收入不高，做着自己喜欢的事，活的恬静舒畅。

当我们凝视一件艺术品，从中获得享受时，我们为什么不在尽可能多的时间里去创作和享受自己一生这件对自己最重要、最温暖的艺术品呢？

人一生的路很长，不必计较一时一地的得失，但人一生关键的选择只有几次，考大学选专业，大学毕业选工作都是人生关键的选择。每到这样的时刻，我总会想起莱蒙托夫写的一首诗：《帆》。我喜欢这首诗，读过几个译本，均不满意，现把我自己修改后的译文写下：

帆

大海蔚蓝色的海面上，
一片孤帆闪着白光。
它在寻求什么，
在这遥远的异地？
它抛下了什么，
在自己的故乡？

波涛汹涌，海风呼啸，
桅杆发出轧轧的声响。
唉，
它不是在寻求幸福，
也不是在逃避死亡。

它下面是蔚蓝色的大海，
它上面是金色的阳光。
而它，不安地
在祈求风暴。
仿佛只有在风暴中，
才能得到安详。

在人生的每一次转折关头，在每一次面对人生的重大选择时，你一定要想一想：

我要寻求什么，在这遥远的异地？

我抛下了什么，在自己的故乡？

二　考研与留学

在中国，越来越多的大学生毕业后不是选择就业，而是选择了考研究生。原因是多方面的，一个基本的事实是中国的大学教育从1999年开始扩大招生之后，取消了报考大学的年龄限制，已从过去的精英教育变成今日的大众教育，就业压力越来越大。1977年恢复高考制度时，全国仅招生27万人，1987年是61.7万人，10年增长一倍多。2007年是600万，30年增长了22倍。[①] 现在是每年招生700多万（2015年），每年国内能安排和吸纳的大学生在400万左右，这其中还包括老（革命根据地）、少（数民族地区）、边（疆）、穷（困）地区和基层单位。不少大学毕业生是因为毕业后就业困难，才决定考研的，希望通过读研后能找到一个工作和收入都满意的单位。

中国的研究生制度（台湾、香港除外）与欧美不同。欧美的硕士研究生分为课程类与论文类，读课程类的硕士研究生不需要做硕士论文，读完一定数量的课程（一般是12门），修满学分（一般是36个学分）就可毕业，年限一年。读论文类的硕士研究生，要求完成硕士论文，年限在一年半到二年，一般是为读博士做准备。前者人数占硕士研究生总人数的70%，后者占30%左右。前者部分解决了大学生结构性失业问题。例如，你大学学的是机械专业，毕业时机械行业不缺人，但医疗仪器行业缺人，你可用较短的时间读医疗仪器类的专业，完成从机械专业到医疗仪器专业的转换，也可选读其他新兴行业或容易就业的专业。读研是为了完成这一转变，找到工作。课程硕士研究生时间短，机会成本低、投资少，于国于民都有利。用人单位、新兴行业也能在较短的时间找到符合工作要求的人员。而中国硕士

---

① 《中国统计年鉴2006》，中国统计出版社2006年版，第800页。

研究生的设置是培养做研究工作的人才,年限在两年半到三年,全部要求完成硕士论文,投资大、机会成本高。这种研究生体制一方面影响了中国新兴行业的发展,也未能解决大学生结构性失业问题;另一方面又使硕士研究生的就业问题凸显出来。

现在的大学生一定要丢掉自己是精英教育下天之骄子的幻影,认识到中国大学教育已进入到大众教育的历史阶段,培养的是普通劳动者。在高考和报考研究生时,要根据发达国家在工业现代化过程中产业结构的变迁和经验,选择那些正在蓬勃兴起、有发展前景的行业所需要的相关专业。在选择专业时,要考虑自己的特长和爱好,爱好与特长会使你在这类工作中做出成绩,使你在大学或研究生毕业后工作顺利,生活愉快。从发达国家工业现代化的历史进程看,先是第一产业农业的就业人数大幅减少,现在一般占到该国全部就业人口5%左右。接着是第二产业工业就业人口的减少,第三产业服务行业人口迅速增长。第三产业创造着越来越多的就业机会,第三产业中新兴的行业也不断出现,例如信息、网络行业、动漫设计与制作等。除了考虑这个大趋势外,也要考虑自己所在国家的国情与独特的情况。例如,当发达国家第二产业就业人数大幅减少时,这一产业中的制造业先是转移到了日本、韩国,现在是中国,使中国成为世界制造业大国,就业人数反大幅增加。这就是要考虑的各国的特殊情况。

人一生的路很长,但关键处只有几次。中学毕业选择大学与专业是一次,大学毕业选择工作单位或考研是一次。差之毫厘,失之千里。当然也可以选择自己去创业,中国近40年经济的快速发展与开放,给每一个人提供了多种发展的机会,我们要清醒地认识这一历史的大机遇,果断地抓住这个机会,开创自己的未来。

现在不少高中生看重名校,名校第一,专业第二。宁可失去自己所喜欢的专业也要选择名校。从小学到大学，上学的直接目标是为了就业，找到一个安身立命的岗位。有了这个基础，才能谈到人的全面发展和享受快乐。读研，甚至读博士都不是人生的最终目的。这就要求我们在选择专业和大学时，首先要有利于自己将来的工作，有利于发挥自己的特长，满足自己的爱好。所以，专业比名校重要。若大学未能考上名校，但所读专业是自己所爱，考研时，还有机会选择本专业优异的名校。若上了名校，读了自己不喜欢的专业，考研时要完成的专业转换跨度又较大，例如，理工类转为文史类，或工科转成理科，难度就很大。若不完成这一转化，你每天要与你不喜欢的工作相伴，工作会失去激情，生活会失去乐趣，一生会笼罩在矛盾与郁郁寡欢之中。以上所说，是对一生打算从事自己所喜欢专业的人而言。大学毕业后准备从事政治工作的人，选择做政治家的人，名校重于专业。因为不论你学习什么专业，你都是要去从政的，你上大学所要的是较广阔的知识和重要的人脉资源，这两类资源名校比一般院校多。

一些大学毕业生盲目地报考研究生，或认为研究生毕业后一定能找到满意的工作，工资待遇高。这都是错误的认识。从发达国家的情况看，硕士研究生与名校本科生工资差距很小，好的公司与研究机构更看重人的学习能力、工作经历、创新能力、团队合作精神和人品。国内好的公司现在也在这样做。

上大学、考研究生，甚至读博士，到底应学习什么呢？核心是学会两种本领：一是掌握自己所学专业的基础理论，二是学会独立地思考和工作。有了这两种能力，你一定会找到自己的道路，胜任自己的工作并做出成绩。

如果选择读研，就有一个去国外读研还是在国内读研的问题。这也是人生一次重大的选择。现在有些家长认为把孩子越早送出国越好，不少家长中学就把孩子送出国留学了，认为这对孩子英语学习有好处。这给孩子带来了一个无法挽回的巨大损失——对中文的掌握很差，尤其是读写能力。中文是联合国确定的用语之一，也是世界上使用人数最多的语言。随着中国综合国力的提高，学习中文的人越来越多，中文的重要性日益凸显出来。中文是世界上最难学的语言之一，一个中学生，使用中文的能力，尤其是阅读中文经典与用中文写作（包括写学术论文）的能力还很差。这都有待于经过大学阶段的学习和练习来提高。中国的大学，尤其是国内好的大学，基础知识的教学水平不比国外名校差。例如数学、物理、化学的教学水平和学生的掌握程度都不亚于国外名校。所以，我认为去国外读书以大学毕业后去较好。这时他们的生活能力也较强，能在一个陌生的环境独立生活。这样，一方面他们较好地掌握了中文，使他们多了一项外国人很难具备的能力与交往本领；另一方面他们也获得了较扎实的基础理论知识和专业知识，学习费用也比在外国读大学低得多。

大学毕业后，如果选择读研，只要条件许可，我主张让孩子去国外读研，并主张最好选择欧洲、北美、澳洲等有西方文化传统与积淀的名校。理由如下：

第一，国内大学一个显著的缺陷是学生动手能力差，分析问题、提出问题、解决问题的意识和能力弱，缺少创造力。一个重要的原因是国内大学从课程设置到对学生与教师的考评体系没有这方面的要求，导致教师这方面能力普遍缺失。有创见、能提出问题、解决问题的教师很少。国外发达国家的大学在课程设置、教材选用、教学方式与考评体系中，一个重要方面是重视学生独立思考能力、创造能力的开发与培养。在国内读完大学，具备了较扎实的基础理论和专业知识后，出国读研正好弥补了国内大学这方面的缺失。

第二，国外好的大学，专业设置能较快反映自然科学最新发展与新兴行业发展的需要，学生选择的自由和空间都很大，能选择到你所热爱的专业在全世界排名较前的学校。这些学校汇集了本专业排名在世界前列的名师。如同打球一样，与世界一流球手打球，观察并向他们学习，你的球艺会很快提高，你也有可能成为世界一流的球手。如果一直同二流、三流，甚至很差的球手练习，你的球艺很难提高。研究学问，学习一门专业也是这样。与一流学者交流，听他们讲课，你能学到本专业最新的思想和知识。更重要的是，在与他们讨论和交流的过程中，你还能学到他们研究问题的方法和思路，天长日久，耳濡目染，会激发和挖掘出你的潜能。你会逐渐形成自己提出问题、分析问题的思路和风格。同时你与本领域最优秀、最努力的同学为伴，日常的相互交流和竞赛，会把你带入一个相互激励、不断进取的学习和成长的通道之中，收到事半功倍的效果。

国外名校学术交流频繁，经常会请本领域最优秀的学者前来讲学和演讲，你会认识许多走在世界前列的专家学者，与他们交流，向他们讨教。这不但是新知识的获得和思维方法的学习，也是你今后发展的重要人脉资源，会为你带来新的机会。例如，到本专业最好的研究所去学习和深造，获得更好的工作岗位等。这都是在国内大学现在无法做到的。这也是李政道、杨振宁当年选择去美国学习物理的原因。

第三，中华文明与欧洲文明是两种不同的文明。近代以来中华文明和国力衰落的重要原因是由于在此文明基础上未能生长出现代科学理论，而现代科学理论生长的基础是发源于欧洲的逻辑认知体系。这个认知体系是中华文明中缺少的，当然不能就此认为中华文明就不如欧洲文明。学习现代科学，首先要学习和掌握这个认知体系，在此基础上才能学好现代科学理论，认识和掌握其基础和精髓，避免照猫画虎式的肤浅模仿。也只有在这个基础上才能谈到发展现代科学和创新，才能摆脱跟在发达国家后面一步一步模仿其技术的窘境，完成中华民族在现代科学与技术方面的创新与发展。这个认知体系和方法源于欧洲，近代以来在欧美又得到深入的研究与发展。所以要去其发源地与目前水平最高的地方学习和掌握其精髓与最新成果，就如同唐僧要去印度学习佛经一样。

第四，一些学者和大学教师认为学习社会科学，尤其是中国历史、中国文学、中国哲学是不需要去国外留学的。这是一种肤浅的认识和判断。就是选择了社会科学方面的专业，以上所讲的三个方面也是存在的，它会使你有一个新的视角与新的不同于中华文明训诂式的学习和研究方法。即使是纯史实的研究，例如，中国历史、绘画、敦煌艺术等，国外相关的大学、博物馆、研究机构所掌握的资料及对这些资料的研究、开发、开放程度也比国内多，讨论也更自由，更遵循学术研究规范。他们在这些领域有许多独到的认识和研究成果，值得我们思考和借鉴。一本《万历十五年》(美籍学者黄仁宇所著)受到国内史学界的重视和一般读者的喜爱，说明就是在纯中国历史研究方面，我们也缺少这样的研究成果。

不学习西方哲学，在两种不同文明的比较中很难看清中华文明的经典在诉说什么，为什么有此诉说，这些诉说能给人类今后的发展带来什么；学习并掌握了西方哲学才能更深刻地看清中华文明的优势和缺失。反之，不学习研究中华文明、印度文明，也很难在对比中看清西方文明的缺失和问题。科学产生于西方文明的组成部分——逻辑学的基础之上，但科学并没有消除战争，还带来核战争对人类的毁灭性威胁。这或许需要重新认识和审视这个古老并延绵至今的东方文明，在东西方两个文明的基础上，创造出能引领人类到达理想彼岸的诺亚之舟。

第五，中国的大学生，花在英语学习上的时间几乎占去了大学近一半的学习时间。语言是环境的产物,在一个绝大部分人都使用英语的环境,学英语是一种简单而愉快的事情。语言是用来交流,也是在交流和应用中掌握和发展的,靠死记硬背单词是很难掌握一种语言的。大部分中国大学生毕业后不使用所学的外语,几乎全忘了。这造成了中国大学生在校时最宝贵的学习时间的浪费。出国留学,这一问题会在日常生活中随之解决。外语会成为你一生能掌握的一种工具和能力,而不会忘记。

第六,许多人出国留学时的目标是学好一门专业,拿到一个名校的文凭,找到一份好的工作,得到较高的收入。这是一个务实的目标与合理的期待,但还停留在较低的生存层面。出国留学与在国内读研一个最大的不同是你可以直接看到不同国度里的人们在怎样生活?他们想些什么,他们怎么看问题,他们为什么选择了这种生活方式。你生活在其中,亲身参与体验,认识另一种文明,一定会与你在中国的思维方法、生活方式做一比较。在这种比较与学习中,你会形成一种思考问题的世界眼光,你的视野和能力会有一种跳跃式的变化,你会逐渐形成自己的独立人格和自由精神。这是比上述留学目标更重要的目的,这使你成为一个世界公民,在全世界的范围里去选择自己的工作、生活之地,在比较东、西方不同文明中找到并不断创造自己的生活方式。如果每个人都能这么做,人类就进入了理想王国。

第七,专业是重要的,但是只注重专业学习,会使人工具化。大学的一个重要使命是使学生有可能,或者至少使学生在他一生中有一段时间能献身于不含任何目的的研究和社会服务,学习艺术和文化,自由地讨论,探寻生命的意义,使自己的生命尽可能丰富,促成自身道德的完善。一个禁锢思想的地方,是很难有真正的大学,并产生影响世界的思想的。相较于此,中国国内的大学,目前还是一个个专业的技术学院。1929年陈寅恪先生为王国维写的纪念碑上说:“先生之著述,或有时而不章,先生之学说,或有时而可商。惟此独立之精神,自由之思想,历千万祀,与天壤而同久,共三光而永光。”去欧美好的大学学习,会培养出“独立之精神,自由之思想”。这是很重要的。

一个来自东方文明古国的人到西方留学,或一个生长在西方文明国度的人到东方考察,都是有福的。世界上有此生活经历的人是很少的,要珍惜。这本身就是全面发展、快乐人生的重要组成部分。

所以,只要有条件,大学毕业后应选择去国外读研,并尽可能选择欧洲、北美、澳洲等有西方文化传统的名校学习。你可以争取公派,也可以经过自身努力获得这些名校的奖学金。若学习成绩一般,家庭经济条件许可,也可以自费留学,选择自己喜欢的专业在世界排名较前的学校,不一定选最有名气的学校。

说到留学,我首先想到开拓中国留学先河的两位先贤:一位是东晋的法显和尚(约公元337—422年),一位是唐代的玄奘(公元602—664年)。东晋隆安三年(399年),已62岁的法显会同慧景、道整、慧应等从长安出发,两过流沙,翻越葱岭,去天竺(今印度)求学。走遍天竺北、中、西、东,获《方等般泥洹经》、《摩诃僧祇律》、《杂阿毗昙心论》等多部梵文经典,又搭商船至狮子国(今斯里兰卡),获《弥沙塞律》、《杂阿含》等多部梵本佛学经典。后由海路回国,游历30余国,遭遇多重艰险,历时14年,远远超过现在一个留学生读完硕士、博士的时间。归国后,译出佛典6卷,并将途中所见,写成《佛国记》一书,流传至今。

军人因战争远去他乡,商人为谋利翻山越洋,走得更远的是学者,他们为求取真经。贞观三年(公元629年),27岁的玄奘法师走遍国内名寺古刹讲授佛学,已是佛教界知名法师,因感佛典不尽相同,师说不一,下决心到佛学中心——印度那烂陀寺——求学解惑。由长安出发，经甘肃偷渡间关（玄奘这次留学，未经朝廷同意），越戈壁穿沙漠、翻雪山，历尽艰险，九死一生，终抵那烂陀寺。其决心、勇气、耐力、智慧都是罕见的。留学期间，成就卓越，成为享誉全印度的佛学大师。16 年后（公元 645 年）学成回国，受到太宗召见，住长安弘福寺、大慈恩寺潜心译经。这次留学，旅程 10 万里，带回大、小乘经、律、论共 75 部 1335 卷，对佛教在中国的传播和发展做出了巨大贡献。他将留学见闻写成《大唐西域记》一书，至今仍是研究西域诸国的宝贵资料。

两位佛学大师，留给我们的启示和思考是多方面的，主要有：

1. 他们都选择了自己喜爱的事情，这是他们做出巨大成就并愉快活着的基础。“知之者不如好之者，好之者不如乐之者。”（《论语·雍也》）乐之者是学习和工作的最高境界。

2. 学习（留学是学习的一种形式）是一生的事情，不要怕年事高迈，不要以年事已高为借口停止学习和进取，想想法显吧。

3. 选择你所学专业在世界上水平最高的学府去留学深造。

4. 看淡你所选择的事业和生活方式之外的事情。人的一生是跳高，不是拳击，对手是神，不是人。

5. 在完成学业的同时，享受丰富而美好的生活。两位大师都在学成后游历了许多国家和地区。环顾四周，有多少人在“无可奈何地活着”啊！

6. 不要报怨，眼睛盯着前方，做自己的事。艰辛的经历是一种财富，也带来别样的快乐。

7. 完成学业后，他们没有马上回国，而是在国外做了大量的研究考察工作，遍访名师大贤，游历名山大川，体味异国人的生活方式，扩展自己的视野，积累更多的经验，提高了自己发现问题的能力、创新的能力，使自己更加自信和达观。

8. 由政府官派留学生在中国始于1872年清后期，选派了30名少年赴美留学，1876年选派军人赴德国学习陆军，赴英国学习海军。这是面对西方工业革命完成后，国力大增，对中国形成巨大威胁后的一次被动的留学决策，目的在学西方列强的船坚炮利。在中国历史上，战国时代有赵武灵王胡服骑射，那也是学习战争技术，为提高战斗力。这与法显、玄奘学习佛学理论不同。日本在明治维新前后也派出学生出国留学，除学习西方先进科学技术外，很重视学习各国的政治制度、哲学理论，并完成了日本的制度更新，战胜了人口是其10多倍，国土面积比自己大26倍的清朝帝国。这都值得我们，尤其是制定留学政策的人深思。

9. 人所拥有的最高天赋是他的精神，是他认识自己和认识世界的能力，以及把他所认识到的东西准确表达的能力。人越是使用这种能力，越是发挥这种能力，他就越臻于完善，他的价值就越大，他的人的质量和尊严就越高。一个人把他的一生献给了这样一种事业，他便出神入化，走进了人生的最高境界。

1978年，中国大陆出国留学的学生是860人，10年后(1987年)是4703人，翻了近6倍，到2005年是118515人，又翻了25倍。[①] 现在(2015年)每年是60多万人出国留学。中国的国有企业、公司、大学、科研机构在改革开放后发生了很大变化，越来越注重经济绩效，在用人上，有自主选择权。它们与国外的大公司、知名研究机构一样，看重一个人的工作经历和能力。如果你在世界500强的公司或世界知名大学、研究机构工作过，会成为被聘用的重要条件。这形成了一个怪圈：你要获得国内一家好公司的职位，你应有在国外较好公司或机构工作的经历，而你想在国外这些公司与机构工作，你就要

① 《中国统计年鉴2006》，中国统计出版社2006出版，第801页。

考虑加入该国国籍。因为同等条件下，国外公司会选择有本国国籍的人。这来自这些国家有关就业的法规和压力。加入外国国籍几乎成了找到一份好工作的先决条件。许多本打算学成归国的留学生选择先在国外工作一段时间，取得相应的资历和经验。而一旦决定毕业后先在国外工作一段时间，就要面对要不要加入该国国籍的问题。这也是人生一次重大选择。

人是群居动物，总是生存在一个团体之中。最小的团体是家庭，大一些的是你学习和工作的集体，再大一些是你的民族，而后是由一些民族组成的国家。这便是人为什么要服务于国家的缘由。它是你和你的家庭、民族繁衍的基础。随着世界经济的发展和环境问题的日益重要，世界越来越成为一体，许多问题必须从世界是一个整体去认识和解决，不然，我们都将失去共同的家园，而不论你生存在哪个国家。这是世界是一个村庄的真谛。另一方面，人来到世界上会寻找使自身能全面发展和生活快乐的最适宜的地方，这也有利于使每个人对人类的贡献最大化，并使每个人能获得较好的生活。如果以上的认识是对的，那我们应在这一认知的基础上，重新审视国籍问题。选择某一国籍后能使你获得全面的发展，身心愉快，能做出较大的贡献，就可选择这个国籍。白求恩选择了中国，格瓦拉选择了古巴，杨振宁选择了美国，邓稼先选择了回国，他们都在自己所选的国度做出了卓越的贡献，度过了精彩的人生。但一个智商和能力平平的留学生，在选择国籍时一定要认真研究原在国和想去国这两个国家的国籍法，因为放弃中国国籍后，要想再加入中国国籍或办理在中国的永久居留证很难。中国是一个正在蓬勃发展的国家，有更多的就业和创业机会。

想想盛唐之时，我们的国人怎样看待国籍问题吧，那时有不少外国人在唐朝为官。让我们多一些唐朝人的豁达，使这一问题不再那么沉重。

人是四处游走的动物，本不该局限在一隅一地，民族的迁徙和融合，激发和创造了多元的文化，如果没有民族的迁徙和融合，我们今天可能还生活在一个个类似印第安人村舍的狭小部落中，既没有西方文明，也没有东方文明。在现存的生物中，也许只有人看到并知道世界之大，宇宙之辽阔，美的多样性。变换生存空间，游走在不同国度，会给人带来新的激情和惊喜，激发人的探险精神。不必听从任何人对自己一生道路的安排，也不要刻意地给自己安排一条人生之路，静静地，听心的呼唤，跟随自己所想、所爱、所乐前行，做自己喜欢的事情，过自己喜欢过的日子。对留学者个人来讲，留学是选择了一种新的生活方式，不必太看重留学之后的经济收益，全身心地参与进去，享受难得的"诗意的栖居"的生活乐趣。

我认为，人来到世间，不为"十年寒窗苦"而来，也不为建功立业而往。人为体味美好的生活而来，为创造美丽的东西而往。就是那些在历史上因建功立业而辉煌的人，像华盛顿、拿破仑、秦皇汉武，宗教领袖、思想家、科学家，一定在他们的工作中，享受着创造的欢乐。如果他们在建功立业时未能享受到生活的乐趣，那也是不足仿效的。我常常想到瞿秋白写的《多余的话》，那是一篇真挚的人生箴言。他告知我们：选择自己所爱的工作吧，即使有可能获得让世人羡慕的高官厚禄，只要不是自己所爱，也要尽早果断地放弃。不要被名声所累，不要被舆论左右，不是活着给别人看（国内人常常是活给别人看的），听从心的召唤，选择自己所喜欢的事情，默默地做，恬静地活。过一过"采菊东篱下，悠然见南山"的日子，体味"此中有真意，欲辩已忘言"的玄妙与甘醇。

孔子讲"君子不器"（《论语・为政》），"君子谋道不谋食"（《论语・卫灵公》）。"器"是专才，"道"是通识。这是孔子的价值观。一次孔子与自己的弟子谈到人生志向，子路说："我想治理一个千乘之国"。孔子听了淡然一笑。冉求说："我想把一个方圆六七十里的地方管理好。"公西赤说："我想做一个主管宗庙祭祀的司仪。"孔子听后未说什么，问曾点："你呢？"曾点放下正在弹的瑟回答道："我的志向跟他们三人不同。"孔子说，"不要紧，你说吧。"曾点说："暮春三月，我穿上春天的衣服，约上五六个成年人，带上六七个小孩，到沂水边洗洗澡，在舞雩台上任微风佛面，然后一路唱着歌回家。"孔子听后长叹一声说："我赞同曾点啊！"（《论语·先进》）

老子希望人们认识水，像水一样生存和做事。

庄子说人一生应做逍遥游。

印度诗圣泰戈尔写道：

孩子，你真快乐啊，一早晨坐在地上玩着折下来的小树枝。

我正忙着算账，一小时一小时在那里叠加数字。

孩子，我忘了玩树枝和泥饼的方法了。

我寻求贵重的东西，收集金块与银块。

你呢，无论找到什么便拿去做你的快乐游戏。我呢，却把时间与力气全浪费在那些我永远不能得到的东西上。

我在脆薄的独木舟里挣扎着要过欲望之海，竟忘了我也是在那里做游戏了。（《新月集·玩具》）

我们来到世间，上小学、读大学、又四处奔波去留学，到底为了什么呢？西方的逻辑学，与发端于此的科学没能解决这一问题。这些东方哲人的思考，为我们解决这些问题投下了智慧之光，也为这个纷争的世界指出了希望。

第七章　生活与智慧

活的匆忙,来不及感受。

——维亚谢姆斯基

生命不能有两次,但是许多人连一次也不曾善于度过。

——吕凯特

人法地,地法天,天法道,道法自然。

——老子

游戏,或许是人生的至极。

——赵永泰

你愿意人们怎样对待你,你就怎样对待他们。

——耶稣

凡所有相,皆是虚妄。若见诸相非相,即见如来。

——释迦牟尼

生命的意义就是:我们必须找到我们存在的意义,而不是由一个权威下达给我们。

——赵永泰

一　钓鱼的故事

父亲爱钓鱼,是他工作单位的垂钓高手。

小时候,父亲常常带我去钓鱼,同去的有他的一位好朋友,也带着自己的孩子。第一次去钓鱼,我看那位叔叔仔细地教他的孩子怎么把蚯蚓一节一节揪断,然后贴着鱼钩穿在鱼钩上,整体包住鱼钩,鱼钩前留出一小段蚯蚓,蚯蚓挣扎着,摆动着残存的身躯。这种摆动,似一只活着的虫子,容易引鱼上钩。这一切做好后,把鱼钩抛入水中,观察水面上由鱼线串着的水漂。鱼咬上蚯蚓后,水漂被鱼往水下拉,水漂被拉入水中几节后,迅速提起鱼杆,将鱼钩出水面,拉回到岸边,然后从鱼嘴中拔出鱼钩,将鱼放入岸边浸在水中的鱼篓里。他的孩子,经过几次学习和他的示范,便很快地钓到了鱼,那欢喜雀跃的神情,至今仍历历在目。

父亲不和我讲什么,也不让我碰他的鱼杆,只让我在旁边静静地看他钓鱼,不许大声说话,怕惊扰了鱼。我静下心,坐在他旁边,看他钓鱼。这样几次后,他也不教我挂蚯蚓,观察水漂,而是让我看河面上的气泡,告诉我哪种气泡是由鱼呼吸形成的,哪种气泡是由鱼吃食形成的,鲤鱼常常用嘴拱水底的泥沙找食吃,鱼多时,会形成一些片状的混水。他让我仔细地环视水面,告诉我什么样的气泡说明水里有大鱼,什么样的气泡说明是小鱼,什么样的情况,说明有鱼群。他会指着一片水面,问我那儿有没有鱼?是大鱼还是小鱼?可能是什么鱼?我的回答令他满意后,他才让我往鱼钩上挂蚯蚓,他在旁看着,不对的地方,指点一下。他讲这些技能很简单,一看就会,只是做的时候要认真仔细做好每一步;但知道哪儿有大鱼,哪儿的鱼容易上钩,能沉住气,一坐几个小时,不为钓不上鱼烦躁,则是很难的。钓鱼能养成人每临大事有静气的素质。你蚯蚓挂得再好,不知哪儿有鱼,你只是盲目地将鱼钩抛入水中,靠碰运气钓鱼,就是偶尔钓到一条大鱼,你也不知其原因,你还是不会钓鱼。

父亲从不教我们小技巧,不欣赏小聪明,从不夸我们因小聪明而获得的好成绩或好处。他常讲"大智若愚"的道理:小聪明、小技巧、小手段有时能应急,也能解决一些问题,但常存此心,常凭此技会使人走向投机和油滑。这是最可怕的,这是人生的灾难之源。幸福而快乐的一生是与大智慧相伴的,大智慧决定着人一生是否幸福,能否事业有成。

人常说:"给人一鱼,不如教人织网。"而更高明的钓手是教你:如何判断哪里有鱼,哪里有鱼群,哪里有大鱼,学习和磨炼心存静气。

二 集中注意力

家长和老师最关注的是孩子的考试分数,很少有家长和教师关注孩子的注意力,甚至很少想到这一方面。

是否能集中注意力于你所从事的工作和研究,是一个很重要的品质,常常决定着人一生的成败。一个智力平平,甚至智商中下的人,若能在他的工作和研究上集中注意力,他一生的成就会超过那些智商很高,但不能在工作和研究中集中注意力的人。中国有句成语,叫"滴水穿石",讲的就是这个道理。

集中注意力有两个层次:一个是对你每日所从事的工作与研究集中注意力;一个是集中注意力思考和选择你一生所从事的工作(专业或行业),并在一生中把注意力集中在你所选择的事业上。

(一) 集中注意力选择你要从事的工作

爱因斯坦在 16 岁时,就集中注意力思考和选择他要从事的专业。他说:"我了解到数学划分为许多分支学科,每一个分支都能轻易地耗尽我们仅有的短暂的一生。因此，我深感自己处于布里丹的驴子的境地，不知道吃哪一捆干草好。这显然是由于我在数学领域里的直觉能力不够强，不能把那些真正带根本性的、最紧要的东西从浩瀚的学问中按轻重缓急清楚地区别出来。此外，无论如何，我对自然知识的兴趣同样无比浓厚。""不错，物理学也同样分成几个分支学科，每一支同样会耗尽短暂的一生，而不能满足更深的求知欲。在这里，尚未充分联系起来的实验资料的数量也非常大。在这个领域里，我总算不久便学会了识别能导向精髓的东西，学会了避开那繁多的、令人头昏脑涨、偏离目标的一切。"①

人一生很漫长，但决定一生幸福与成功的关键时刻，只有几次，选择一生要从事的工作便是很关键的一步。"男怕选错行"，当孩子高中毕业要报考大学时，家长和老师要同孩子一起集中注意力，发掘孩子的爱好、特长、兴趣、潜力，思考和选择孩子今后要从事的专业。大学毕业选择工作单位或考研究生，也是一次重要的选择，但它是在大学所学的专业基础上的选择，要受制约于大学所学专业。所以，上大学时的专业选择是人生一次重大的选择。选择你真正爱好，有兴趣的专业是最重要的。这是你一生快乐幸福之源。

如果我们选择了自己喜爱，又于人类有益的专业，我们就要在漫长的一生工作中，把注意力集中在自己已选择的事业上，日积月累自会有成绩和乐趣。工作之余你尽可以选择自己喜爱的休闲方式，享受生活。

（二）集中注意力于你每日的工作

凯因斯在谈到牛顿时说："他特有的才能就是，他能把一个纯粹

① ［美］J. 佰思斯坦：《阿尔伯特·爱因斯坦》，高耘田等译，科学出版社 1980 年版，第 20、21 页。

的智力问题在头脑中持续保持下去，直到他完全搞清楚为止。”“牛顿能把一个问题放在头脑中一连数小时、数天、数星期。直到问题向他投降，并说出他的秘密。”①因提出介子理论而获诺贝尔物理学奖的汤川秀树认为：“重要的一点就是要全力以赴埋头干一件事，而不管那些乱七八糟的任务和那些日常生活要求我们注意的信息洪水。换言之，需要的就是那种不达目的绝不罢休的韧性。”②

中国有许多关于珍惜时间的格言：“一年之计在于春，一日之计在于晨。”“一寸光阴一寸金，寸金难买寸光阴。”“明日复明日，明日何其多。我生待明日，万事成蹉跎。”“子在川上曰：逝者如斯夫。”这个古老的民族知道：“时间就是生命。”但用这些时间做什么呢？怎样才算珍惜了时间？中国社会几千年来一直教育孩子：“书中自有黄金屋，书中自有颜如玉。”“读书做官”或另一极端：“做一天和尚敲一天钟”，“混日子”，“好死不如赖活”。这两种度过每日时间的说教和信条一直影响到现在。它忽视了一个最重要的问题：人生不是度时间。中国的老师和家长应该从小给孩子灌输一种新的生命观、时间观，即：生命不是由时间组成，而是由事件组成。曹雪芹写了《红楼梦》，爱因斯坦完成了“广义相对论”，拿破仑因土仑之战而成就一生事业，一位厨师创造了新的菜点，海尔集团的一位工人说：“什么是能干，把一件工作干上千遍就是能干。”不论是伟大的科学家、艺术家，还是普通的工人，在他一生中都发生并完成了事件，不是去度过每天的时间，更不是去打发每天的时间，而是以积极心态，把每日工作时间集中在完成你终生要完成的事件上。当你老了，回顾你一生时，看看你一生由多少事件组成？把一生的工作时间，集中在你想完成的

---

① [美]S.钱德拉塞卡：《莎士比亚、牛顿和贝多芬》，杨建邺等译，湖南科学技术出版社1996年版，第54页。

② [日]汤川秀树：《创造力和直觉》，周林东译，复旦大学出版社1987年版，第102页。

一个或几个事件上，你才能事业有成，也才有充实而快乐的一生。

（三）家长要从小关注孩子的注意力

中国的家长，在孩子小时候很少关注孩子的注意力。孩子上小学前，他们会教给孩子几首唐诗，来了客人，便让背给客人听，背的多一些的，就被客人夸为聪明，家长也获得了教子有方的喜悦和成就感。很少有家长认为应该留意孩子在做一件事或玩一件玩具时集中注意力的程度和时间。例如，当孩子玩积木玩具，或玩一件可拆装的智力玩具时，观察孩子玩玩具时的整个过程，在这整个过程中，孩子集中注意力的程度，是否很专注地一边玩一边想？一直玩上几个小时，把一件智力玩具玩的越来越熟练？甚至还玩出了新的花样？小孩子大都喜玩沙子，因为沙子是可以任意堆积组合的东西，可按他的想象和意志搬动和堆积。你是否认真地观察过你的孩子玩沙子的全过程？观察他们在玩时注意力的集中程度？堆出的形状有无变化？或者，你的孩子不管玩什么，玩一会便丢下，又去干别的事，几乎很难把注意力在他正玩的东西上集中几分钟。如果是这样，你就要花时间，耐心地与他一起玩，从小培养他做一件事，玩一件东西时的注意力。一个人的注意力集中程度可能有遗传的原因，但是，是从小可以逐步培养的。能否集中注意力于所从事的工作，是一个人最重要的品质之一，也是家长和老师最容易忽视的品质。

中国人讲："3岁看到老。"是说观察一个孩子1岁到3岁的表现，就可以大略知道这个孩子长大后的表现、能力，能否有出息（成就）。我想：一个3岁的孩子你能看什么呢？看他能背多少首唐诗吗？爱因斯坦3岁时还不会说话。那你通过什么就能估计他长大后的表现呢？是注意力，是他对一件事情的专注程度。如果他具有对一件事情专注的品质，那他长大后对学习和工作也会专注，如果他对什么事都没有兴致，三心二意，那么他长大后对学习和工作也会三天打鱼两天晒网，那当然不会有出息(成就)。

集中注意力是一个人最宝贵的财富。从小关注你的孩子的注意力，引导和培养孩子对所做的事情或游戏、玩耍的专注，是一件很重要的事情。这是家长和老师应有的大智慧。

三　捉蟋蟀的故事

小时候，我很喜欢捉蟋蟀。我所养的蟋蟀，在我住的那条街和附近的几条街都是很有名的。大人们养的蟋蟀常常斗不过我养的。我上小学那几年(上中学后还看别人斗蟋蟀，自己就不再捉蟋蟀、养蟋蟀了)，我的蟋蟀一直是那几条街的蛐蛐王。即比赛(叫斗蛐蛐)冠军。常会有一些大人来我家要买我养的蟋蟀，我从来没有卖过一只，对它们细心喂养，爱护备至。那是我从十多里外的田野里精心捉回的。

由于我养的蟋蟀很有名，每次我去捉蟋蟀，总有一些小伙伴跟着我，顶着炎炎烈日，我们常常要走上八九里路，到大雁塔附近的田野或菜园里去捉蟋蟀，最远的地方，去过草滩，离我家有二十多里，要走两个多小时，浐河、灞河也是常去的地方，步行也要一个多小时。

每次去，我只带三个纸筒(用纸叠的装蟋蟀的纸筒，有两三寸长)。同去的小伙伴一般会带十几个纸筒，多的会带二十多个。

到目的地后，我们便分头行动，但总有几个小伙伴一直跟着我。我寻着蟋蟀的叫声而去，拨开草丛，去找洞口，洞口常常用很小的泥球粘接成一个薄薄的、向外鼓出一些的扇形土盖遮盖着，仅留可供一只蟋蟀爬出的小口，很隐蔽，不仔细看，是很难发现这个洞口的。这要靠积累的经验和听力。蟋蟀在田野里或晚上在花园中的鸣叫，常常有回音，没有几年的经验累积，你是很难一下就能找到它的洞穴的。我屏住呼吸，用手指轻轻掀开这个洞口的护盖，看洞穴的深浅，若是很浅的洞(即洞贴着地面隆起一些虚土),我便放弃,这是一只较懒的蟋蟀,不肯费力为自己营造坚固的家园,其个头一般也较小,斗志也差。这时,那些跟着我的小伙伴,便会掀去一片片土皮,直捣巢底,将蟋蟀捉住,装入他的纸筒,高兴地告诉我,他捉了一只金翅蟋蟀(翅膀为金色,翅下有一个金色卵状物,有小米粒大小),然后又跑去告诉别的小伙伴。若是洞深一些(向地下走向的),我便掀去洞口边表层部分,以便灌水时,不要把洞口的泥土冲入洞中。然后寻找另一个洞口(也叫后洞口),找到后,便拔去后洞口边的杂草,防止它从后洞口跑出时,跳入草丛,找不着。尔后,便用水浇前洞口,蟋蟀遭水淹,必从后洞口跑出,我便双手合成中空环形,慢慢合拢,将其捉住。常常是不伤蟋蟀一点须眉和剑尾(即蟋蟀头前两条长长的很细的须和尾后向左右分开的两条较短的刺状尾),这两处,是捉蟋蟀时最容易弄断的。若跑出的蟋蟀较小,我便放过,由身旁的小伙伴捉去。或捉住后,看个子小,便送给身边的小伙伴。这是一些勤劳也有斗力的蟋蟀,但个子小,常常斗不过个子大的。我们那时斗蟋蟀,还没有按个子大小分级斗,而是不论大小,放在一起斗,然后看谁的蟋蟀一直斗不败,便是本街的蛐蛐王。这实际上是几个级别的混合冠军了。

小伙伴们也常常在砖堆草丛中掀草翻砖捉蟋蟀,有时也能捉到大的,但斗力差,这是一些不愿自己筑巢,借砖缝、草根、地缝生存的有些智商但很懒的蟋蟀,是很难成为武状元的。我从不去捉这些蟋蟀。

当太阳落山,捉完蟋蟀返回时,小伙伴们总是满载而归,带去的纸筒全都装满了,有时,一个纸筒里还会装进两只蟋蟀。而我常常是只能装一两个纸筒,十有五次,是空手而归。

两只蟋蟀,放在罐中,相遇时,常常先斗那长长的眉须,或用眉须接触对语,这大概是一种恶斗前的心理战。斗眉须前,蟋蟀常常先洗眉，把那长长的眉须弯在头前，成一圆形，前端含在嘴中，慢慢梳洗后，挑直，我们称此为洗眉，其威严似京剧里武将出场时的抖翎亮相。真有些穆桂英阵前用手挽下那长长的羽翎，又昂首抖出抛起的英雄气概。由于蟋蟀斗前先要洗眉斗眉，眉须长而完好的蟋蟀斗起来就很好看。我养的蟋蟀，大都是眉须完好的，也会有一二只个子很大，很有斗力的蟋蟀，在捕捉时，蹦跳得太快，伤了眉须或剑尾的。斗须后，便是张牙鸣叫，是展示自己的实力，也是吓唬对方。若双方都不退让，便有一番恶战，两只牙咬在一起，翻滚追击，互不相让，你常常会惊叹：它们那么小的身体，何以会有这么巨大的力量。两只好的蟋蟀相斗，常常会斗上二十几个回合，才分出胜负。好的斗败的蟋蟀常常是牙都咬歪了，或被对方咬掉一只大腿。那获胜的一方，常常是斗到最后，才会鼓起双翅，发出响亮悦耳的叫声，向主人报告胜利的消息。我喜欢看斗蟋蟀，从中了解好的蟋蟀的体貌特征，在捉蟋蟀时，便能较快地做出取舍。

我总想捉到大的、好的蟋蟀，常看、常思、常捉，日积月累，慢慢地也就知道了大个子蟋蟀的习性、叫声，可能在什么环境中，洞穴的形式和走向。一到目的地，我便循此去找；另一方面，碰到小的，我就舍去，为找大的、好的赢得了时间。

夏夜，各种夏虫在院内花园中鸣叫，声音连成一片，时而悠长，时而高昂，合成一首美妙的协奏曲。我从中立刻能分辨出蟋蟀的叫声，并根据叫声的细微差别，就可判断出哪种叫声的蟋蟀老一些，哪种叫声的蟋蟀小一些，哪种叫声的蟋蟀个子大一些。小伙伴们打着手电筒，闻声而去，听到叫声，就去捉，不愿漏掉一个。我只去捉那些我判定为大的、壮年的蟋蟀。当小伙伴们高兴地讲述着自己所捉住的蟋蟀时，我常常还没捉到一只，但从没有为空手而归烦恼过。

我每次去捉蟋蟀，定的目标就是捉到大的、好的，否则宁可空手而归，决不用小的，或中等个子的充数。坚持只接受大的、好的，你就总能找到大的、好的。

常常有人问我："你怎么能捉到大的、好的蟋蟀？"

我想有这么几条：

(1) 心里要有捉到大的、好的蟋蟀的强烈愿望和信心。

(2) 仔细地观察，积累大的、好的蟋蟀的体貌特征，叫声、生活习性。

(3) 摸索和总结好的寻找和捕捉方法。

(4) 舍去中等的、较大的蟋蟀。人做每件事的时间都是有限的，学会舍去是一种品质，也是一种学问。中国人讲"舍得"，是讲能舍才能得。你毫不犹豫地舍去了不合你心中要求的蟋蟀，就为获得好的、大的蟋蟀腾出了时间和精力。

(5) 精心地养护。

我们做任何一项工作，做成任何一件事情，不也是这些道理吗？

四　心存感激

人一生会遇到很多不顺心的事、意料之外的麻烦、困难和挫折，甚至在当时看来是过不去的坎。

记得上初中时，父亲让我读《鲁滨逊漂流记》，我被鲁滨逊不畏艰险，要认识外面世界的勇气和执著所感动，其传奇般的经历让人振奋和向往。我把这些感慨告诉了父亲。他让我再看看鲁滨逊刚被抛到荒岛时的状况和想法。书中写道：鲁滨逊所乘的轮船遭遇强风浪后，他被抛到了一个岛上。第二天，他醒来后，爬上岛，登高一望，这竟是一个没有人烟的荒岛，环顾四野，只有他孤身一人。他恐惧、沮丧到极点，几乎绝望了。他偶然发现，昨夜的风和海潮把他乘坐的船吹到了这个荒岛的沙滩上，搁浅了。他爬到船上，发现了一些粮食和火柴，还找到了一些工具，他把有用的东西一次次搬下来。他想：我是多么幸运啊，有粮食种子可以播种，有火柴可以生火，有工具可以干活，这是上帝的恩惠。他跪在沙滩上，感谢上苍的帮助和恩典。

父亲说：我是想让你看看这几页，看看鲁滨逊在最绝望无助时的遭遇和心态。这时他并不怨天尤人，而是积极地寻找生存之路，当找到一些可供生存的东西时，并不抱怨其少，而是跪下来感谢上苍。人在最困难的时候，最容易埋怨别人，怪罪环境。这样想不会有任何摆脱困境的作用，反而浪费了自己的时间，破坏了自己的心境。这时要静下心来，想想自身还有的能量，例如，健康的身体、可以劳动的双手、过去所学的知识、会分析思考的头脑，然后考虑下一步怎么办，并坚定的去做，而不要怨天尤人。要学会心存感激，不是在百事如意，一帆风顺时心存感激，而是在最困难的时候，最穷困落魄的时候，清点自己的有利条件，并心存感激。这是人最重要和最高贵的品质。这种品质可以带你走出困境。在经历困苦，克服困苦后，这些经历又会成为你人生的宝贵财富。

最可怕的事情不是面临困境，也不是我们看不到自己的不足，而是我们看不到现有的有利条件、自己的力量和自身蕴藏的巨大潜能。

中国有一位青年舞蹈家，在做变性手术时，由于医生的疏忽，未注意到他腿下的支架在手术中已变位，手术后，他的腿没有知觉了。经医生检查，结论是他再也不能直立行走了，以后要靠轮椅生活，更不要讲跳舞了。跳舞不仅是他的挚爱，更是他赖以生存的职业。打击从天而降，但他并不怨怪医生，而是认为：上天生我为男，我要变性为女，我对上帝的要求太多了，所以，我应遇到并承受现在的苦难。他以惊人的信念和毅力，克服了常人难以想象的困难，又重返舞台，展现美丽。这力量来自心存感激的品质和信念。

当你经历了人生一次次困难和挫折，尤其是这些挫折是别人给你造成的，甚至是不怀好意之人专门为你设置的。你去细想原因，那最终的根源，常常与你不够宽容有关。宽容的最高境界是：面对苦难和挫折，心存感激。

上帝把人抛在地球上，环顾玉宇，地球也是一个孤岛，上帝是让人来开拓创造的，克服困难是人生应有之义，也是生之乐趣。

懂得宽容，学习宽容，修养宽容之心，养成宽容的习惯。面对困难和挫折，看到自己的有利条件，心存感激，会使你避免许多无谓的争吵与羁绊，省出大量的时间和精力，干你想干的事。以快乐之心面对困难，体味人生克服困难的乐趣，享受快乐人生。

五　父亲的智慧

父亲很严厉，家中孩子大都怕他。父母亲去世后，晚上做梦常常梦到母亲，与其说话。很少梦见父亲，偶尔梦到，父亲或坐着，或看书，沉默不语。但静下来，常会想到父亲的一些事。

(一) 文具盒的故事

父母亲都工作，从小学到中学，父母亲从未参加过我们的家长会。记得中学时，我接连获得了学校和西安市数学竞赛第一名。西安市的颁奖大会在西安民主剧院举行，有西安市教育局和各中学的领导参加。校长张效臣先一天晚上到我家来，希望父亲第二天能来参加，讲这是学校的荣誉，也是你们家的荣誉。父亲没有来，是姐姐代表家长上台领奖的。

家中孩子上学、缴学费、买学习用品全是母亲的事，父亲从不理会这些事。记得上小学六年级时，我的文具盒坏了，父亲竟心血来潮，星期天叫上我去东大街文具店买了一个文具盒。文具盒面上画着两个打官司的人与一个县令，题目是“糊涂的县官”，配有一段文字，讲这两个人一个说三七二十一，一个说三七二十七，争吵起来，找县官评理。县官听后把那个讲三七二十一的人打了五大板。那人不服,说:“我说得对,为什么打我?”县官说:“你既然知道你对,为什么还要与他争?”述说文字到此结束。我看后觉得很好笑,第二天带到学校,引发了同学们的大笑和争论。

回到家,我问父亲为什么选了这个文具盒?父亲讲,这个县官很有智慧,判得很好。如果打了那个说错的人,这个讲对的人就会与人一直争辩下去,养成争辩逞能的习惯。与一些比自己智能低的人争辩这些简单的有确定答案的问题有什么意义呢?浪费了大量的宝贵时间。他告诉我:遇到问题,自己去想,想不通去看书,再想;还不会,去问老师,问一些你认为学问高的人。不要与人争辩,养成与人争辩逞能的习惯,会一事无成。他讲到达尔文,说达尔文《物种起源》一书出版后,遭到非议,收到许多反对这本书观点的意见。达尔文看后讲:我在写这本书时,提出的反驳和质疑比这些意见还尖锐。这些质疑我都一一想过了,在心中回答过了。他没有回复这些质疑和批评,继续干自己认为重要的事情。父亲说,谁说你一句,你都回应一下,证明自己对,逞这个能,那一生就没有时间也无法集中精力干重要的事情了。我们看到很多有才华的人,把时间和精力用在与人争辩上,一生一事无成;我们也看到一些智商平平,但不与人争辩,把时间和精力用在一件自己热爱的事业上,咬住不放,滴水穿石而做出了成就。

我由此养成了自己严格质疑所写的论著的习惯,文章一经发表,从未写过一篇回答质疑和与人商榷的文章。这为我节省了大量宝贵的时光,使我能集中精力干成一件件我认为重要的事情。

(二) 作文的故事

父亲从不看我们的成绩单,年终会看一下“学生手册”,主要是看班主任写的操行评语。看到他认为严重的缺点,会严厉地批评,限定时间，要求改正。

小学和中学的语文老师都会让学生写一篇“我的理想”或“长大了想干什么”的作文，父亲则一定会看，看后会把你叫到面前，坐下来，认真地平等交谈。记得小时候的夏天晚上，我们常常把床板支到院子里乘凉，父亲会指着满天的繁星（现在城市里已看不到满天繁星和地平线了，这是多大的损失啊！）告诉我们许多星座的知识和故事。有外国的，也有中国的。我听得很入迷，也常常看他订的《天文知识》杂志。作文就写了长大后想做一个天文学家。他详细地告诉我天文学是研究什么的，天文学者是如何工作的，发现一个新星需要多么耐心和细致的工作。讲到南京天文台，说如果有机会应该去看一看，看看这些人是怎么工作后，再做决定。不能因为新奇就选择一种工作，要看看从事这种工作的人实际工作的情况，他们的艰辛和日复一日单调平淡的坚守。上中学后，我喜欢数学和物理学，作文中写了想做一个数学家或物理学家。他讲天文学属于广义物理学的范畴，是从物理学中细分出的一个专业。讲了在数学上做出成绩的艰难，说了许多数学家和物理学家的故事，找了一本自然科学简介和科学家谈21世纪的书，让我认真看一下。他讲自然科学的范围很广，不同的领域差别很大，分为理科和工科。理科与工科对人的智商和实验能力要求不同。讲到古希腊哲人的箴言：“认识你自己。”要认识自己有什么优势，这一辈子到底想要什么？一定要在深入了解自己和打算选的专业的基础上选择自己内心真正喜欢的专业。他讲了“知之者不如好之者，好之者不如乐之者”（《论语·雍也》）的道理。知道努力学习的人不如热爱学习的人，热爱学习的人不如乐在其中的人。

问题并不到此完结，你是比什么呢？是比哪类人更能做出成绩吗？做出成绩，不单是能耐得住寂寞，能咬住青山不放松。甚至，做出成绩本身都不是人生的目的。人所创造的每一个职业都是为了人更好地生存。人是一个审美的动物，所以，每一个职业的最高境界都是审美和快乐的。人来到世间，有一个养活自己和养育下一代的责任。所以，人一生大部分时间是在工作中度过的。为什么要在一生的大部分时间里耐得住寂寞呢？为什么要“苦其心志、劳其筋骨、饿其体肤”而博取功名地位呢？最理想的境地是快乐地活着。如果你选择了乐在其中的工作，你会快乐地活着，美好的东西会在你工作的过程中自然地产生出来。

专业的选择，未来要干事情的选择是你一生中一件很紧要的事情。差之毫厘，失之千里。后来，我的孩子上小学、中学时，我也很重视他写的“我的理想”的作文。这是年幼的生命萌动之中，第一次对人生的思考和呼唤，是他一生足迹的关键一步，是对未来的初始叩问和期盼。经济学中有“初始选择—路径依赖—锁定效应”的规律。是说初始的一次不经意的选择会把你一生锁定在一种职业中，之后很难改变。如果仅凭自己的美好想象，而没有实地去看一看从事这种职业的人工作的实际情景，工作后又反悔，那就会浪费掉你大半生的时光。你一定不如喜欢这个职业的人所做出的业绩，也不能在工作中享有快乐。快乐地工作和生活是人生最美好的事，它远大过是否做出成就和获得名利。

法国思想家卢梭讲:“人是生而平等的。”其实，每个人出生在不同的家庭，差别很大，是生而不平等的。但是，生在富贵之家的孩子，不一定一生幸福;生在普通人家的孩子，不一定一生不幸。关键是在他人生最紧要的关口要有人(不一定是父亲，可以是一位亲友、老师、智者，但大多数人一生中都没有遇到这么一位贵人)指点和帮助，不能走错方向。你自己要努力，天道酬勤，你努力了，天也会帮你。

我想，小时候，有一只手把你牵引，甚至强拉到一条正确的路径上是多么重要。这需要智慧，而不是聪明。聪明与智慧仅一步之差，人们常常把聪明当做智慧，被聪明误导，走上了错误的路径。

父亲是严厉的，我们都怕他。但他在人生的几个重要关口把我们牵引到了正确的方向上，使我们今天能快乐地活着。

六　新世纪，我们与孩子

2000 年 0 时 0 分，新世纪钟声敲响。中央电视台直播室，一贯冷峻的白岩松微笑着看着水均益的脸，问："新年到了，你变了吗？还是去年那张脸，我看不出有什么变化。"

这是一个重要时刻。其重要性也许要 100 年后我们才能认识，就如同我们现今回视已经过去的 100 年。中国的古贤讲："风起于青萍之末。"外国哲人说："墨西哥一只美丽的蝴蝶轻轻扇动了翅膀，北美洲掀起了大风暴。"现在，我们正站在这一刻，那只美丽的蝴蝶正扇动着翅膀。一切都在变，变化在加速，每个时刻，不知名的角落，会传来重大信息。

100 年前，我们无法想象，也不知道一个小小的硅片会改变我们的生活方式。每天晚上，电视机把我们召唤到它的身边，而不久以前，我们是围坐在老奶奶的身旁，听她讲述那久远的故事。现在，我们通过电视，迅速知道并看到今天世界各地所发生和正在发生的事情。汽车、飞机、航天把地球变得很小，小成一个村庄。与此同时，人类经历了两次痛苦的世界性厮杀。

从这个时刻开始的 100 年，互联网、信息高速路会再一次改变我们的生存方式，会带来许多我们现在无法想象和预测的事物，就像 100 年前我们无法预测这小小的硅片给我们带来的巨大变革一样。

或许人均 300 美元或 500 美元很快不再是贫穷与富有的界碑，"你上网了吗"会取而代之。如果我们都上网了，还会有"桃花潭水深千尺，不及汪伦送我情”这样的情感体验和美妙诗句吗？还会有恋人分手时，“念去去千里烟波，暮霭沉沉楚天阔”那种切肤的惆怅吗？

欧美人很重视这一时刻，有一对夫妇甚至别出心裁地乘飞机越过大洋，在两个不同的地方经历两次这个重大的时刻。

重视这个时刻，也是重视我们的生命，重视我们的未来。

我约了我的两位朋友，希望在华山落雁峰上经历这个时刻，我想：这时应站在群山之巅，俯览群山和山外的村落、牛羊、河流、孩童、云海，默默地与上帝对语。

互联网，信息高速路改变了孩子一代的学习方式，他们再也不是以仰望的目光，倾听长辈们娓娓道来的知识，他们可以在几小时内遨游互联网，汲取自己想了解的知识，并在更短的时间使自己与老一辈科学家一同站在各自领域的前沿。这将改变现在的社会结构，变换年轻人与老年人在社会中的角色。一些有影响的大国，美国、英国、俄罗斯在新的世纪都换上更年轻的领导人，这预示着什么……

在人类漫长的历史中，“大同世界”一直是人类的梦想和渴望，从古希腊人的“理想国”到中国人的“桃花源”。1958 年，在大跃进的锣鼓声中，中国乡村和城市的围墙，到处都画有火箭和卫星，“十五年赶英超美”成为人们的共识与信念，随之而来的是那艰难的 3 年困难时期。今天，当我们理智地知道共产主义还相当遥远时，原苏共中央政治局候补委员叶利钦告诉我们：共产主义已在苏联存在。他说，“共产主义的基本原则是‘各尽所能，按需分配’，现在一切正是如此。关于能力并没有多少，可是需求的胃口很大，以至暂时只能为一二十人建立真正的共产主义。克格勃第 9 局正在建立共产主义。”“就连我这个政治局候补委员，都配有 3 个厨师，3 个服务员，1 个清洁女工，还有 1 个花匠。”“如果你爬到了党的权力金字塔的顶尖，则可享有一切——你进入了共产主义！”“当我拒绝了所有这些特权之后，我的家立刻遇到了许多生活上的麻烦，就像千千万万个苏联家庭遇到的困难一样。”[①]这个在前苏联存在过的，有 20 人左右享受过的共产主义，肯定不是马克思所向往和描绘过的共产主义，因为马克思讲过：无产阶级只有解放了全人类，才能最后解放自己。马克思的共产主义，是一个全人类共同享有的共产主义，而不是一小撮特权阶层享有的“按需分配”的共产主义。

1917 年的十月革命，无疑是 20 世纪最重大的政治事件，它不但影响了世界的政治格局，也为世界提供了一种可供人们选择的新的生活方式。而这种生活方式，在人类漫长的生存抗争中，曾是希望和灯塔。

我在想：马克思、列宁、毛泽东、邓小平、哈耶克对社会主义的理解、认识，与实存的社会主义现状。

现在，我们在走向何处？

思绪走得很远，在银河系漂流……，朋友如期而至，我们又说起孩子，他们才是新世纪的人物，他们会过着一种不同于我们的生活，美国人早就为他们的孩子定下了进入新世纪的信条：

美国学校行政人员联谊会近日开会，探讨美国小孩应具备哪些“品质”才能在 21 世纪生存？父母、社会、学校教师、国家应该提供哪些协助？

他们将下一代应该“具备”的品质分成两大项目：技能和知识。根据研究讨论结果，教育应该给予学生的训练如下：

技能

1. “学术”的技能，包括写作、与人沟通、阅读、算术、逻辑、对数据的掌握等。

---

① 鲍里斯·叶利钦：《俄罗斯共和国总统叶利钦》，朱启会等译，东方出版社 1992 年版，第 142、143、152 页。

2. “科学”的技能，从基础科学到应用科学，学生都应该具备基本能力。

3. 运用电脑等科技产品的能力。电脑和科技产品已经在教育上逐渐起着重要作用，可帮助学生学习、吸收资讯，在工作中也愈来愈重要。

4. 运用新科技搜寻资料的能力，尤其用互联网等。

5. 研究、分析及运用资料的能力。

知识

1. 对美国历史及美国政府运作制度、民主制度的了解。这是每一个美国国民的基本素质。

2. 对世界历史及世界局势的了解，包括对国际政治、环境、宗教、文化、经济等议题的了解。

3. 对世界地理的了解。对于世界各国地理环境、资源的了解，可让学生了解国与国之间紧密而复杂的关系。

4. 具备外语能力。

综合能力

另外，他们还提出其他“综合能力”，是学生在21世纪必备的。包括：

1. 分析和判断及解决问题的能力。

2. 自律和自我成长的能力。

3. 弹性和具可塑性，以适应学习型社会需求。

4. 团队合作能力。

5. 尊重他人。

6. 在国际化社会中，具有对多元文化和异国文化欣赏包容的能力。

7. 解决冲突与沟通能力。

8. 对自己言行负责的态度。[①]

中国的孩子怎么办呢?

我们做些什么呢? 在这新旧交替的关键时刻。

机遇只给有准备的头脑。我们准备好了吗? 我们认识到了吗?

戊戌维新以来,我们所争论、所焦虑的中国与西方发达国家差距的原因,也许就在这里。

思想有多远,你才能走多远。

我们和我们的孩子开始准备了吗?

我忽然想到我们加入中国少年先锋队时的誓言:

"准备好了吗?"

"时刻准备着!"

大人们,你们听到了我的呼唤吗?

孩子们,中国的孩子们,你们准备好了吗?

---

① 《参考消息》1999 年 8 月 7 日,第 6 版。

第八章　中国教育的缺失

业精于勤，荒于嬉；行成与思，毁于随。

——韩愈

现在的学制、课程、教学方法、考试方法都要改，这是摧残人的。

对《红楼梦》出 20 个题，如学生能答出 10 题，答得好，其中有的很好，有创见，可以打一百分，如果 20 题全答了，也对，但是平平淡淡，没有创见的，给 50 分、60 分。

——毛泽东

虚假的学问比无知更糟糕。无知好比一块空地，可以耕耘和播种；虚假的学问就像一块长满杂草的荒地，几乎无法把草拔尽。

——康图

人类的希望取决于那些知识先驱者的思想，他们是指引人类前行的灯塔。

——赵永泰

学校始终应当把发展独立思考和独立判断的一般能力放在首位，而不应当把取得专门知识放在首位。如果一个人掌握了他的学科的基础，并且学会了独立思考和独立工作，就必定会找到自己的道路，而且比起那种其主要训练，在于获得细节知识的人来，他会更适应进步和变化。

——爱因斯坦

静下心来，反思中国小学、中学、大学教育的缺失，从教育的目的、教育本质、教育制度的层面考虑教育改革，从一个民族的健康发展，人的自由发展和创造上开始一次新的教育革命。

——赵永泰

一　中国大学教育的缺失

（一）

中国大学生动手能力差（指独立做实验的能力和独立思考、发明创造的能力），是国内外教育界公认的事实。而大学生最重要的，恰恰是这些能力。

造成中国大学生动手能力差的原因在哪里？

我们首先应该搞清：是什么形成了大学生的这些能力？通过正确的课程设置使他们在各自的专业领域打下扎实的理论基础，通过实验和讨论，通过与教师和本领域的专家学者的交流和讨论，通过对好的思维方法的学习和训练，培养和提高了他们发现问题、提出问题和解决问题的能力。

我们先分析国内大学的课程设置、教材、培养方法和教师水平。

课程设置。一些应设置的，有助于提高学生思考能力的课程未开，而一些陈旧过时的课程，一直沿袭着，占去了许多课时，并继续充填和破坏着学生的思维。

教材。各科教材，一用就是10年，很少改动。大部分大学多选用自己学校教师编的教材，因为这些教师评职称需编写教材和发表一定数量的论文。而这些教材的质量，除近几年从国外学成归来的优秀学者所编写的外，绝大部分水平很差，知识陈旧，常常错误百出，文理不通。

培养方法。大学课堂教学至今仍停留在满堂灌的水平。讲的是现成的教条和最终结论。考试也是考这些条条。看谁能把这些死东西记住、记准确，在考场上发挥（复写）出来。学生也已习惯了这种教学考试方法，考试前大部分教师会留下一些重点复习题，一般是试题的三倍左右，考题或近似的题目在其中。学生只要背熟这些题，就会获得好的成绩。中国内地的学生，只要打算考大学，从上小学起就进入了考试地狱，练就了各种对付考试的本领。十几年下来，已精疲力竭，拿到大学录取通知书后，便认为进了保险箱，有了金饭碗，想好好休息一下了。所以，他们也欢迎这种省力的教学—考试方法。

教师。国内大学现在在校的绝大多数教师毕业于国内各大学，都是这样学习(练习)出来的。他们的知识结构，获取这些知识的途径和方法，现行的对大学教师的考核制度，都限定并促使他们继续这么教、这么做。

现在大家公认，我国“文革”后恢复高考的前三届学生水平高，动手能力强。现在活跃在各领域，做出成绩的大部分是这前三届学生，原因何在呢?

一是恢复高考时，全国共积压了新老毕业生十二届(从高66届到高77届)，升学率很低，是百里取一，当时能考入大学的都是优秀生。二是这些考入大学的学生，不少人经过自己刻苦自学，在考进大学前已在有关的刊物杂志上发表论文了。他们通过自己的自学已获得和养成了独立思考的能力和习惯。我是他们中的一员，所以大学毕业留校任教后，就想改变大学存在的这些积弊。我所在的系设有两个专业：工业经济管理专业和企业管理专业。我向学生提出一个问题：为什么学管理专业的人很少获得在创办和领导企业方面的成功?而一些不是学管理的，甚至小学、中学毕业生却获得了成功?例如，日本的松下幸之助，香港的李嘉诚，中国的张瑞敏。我进一步思考：管理才能是可以在学校培养、教会学生的吗?如果可以，哪些方法可以教会学生管理才能?经过多年的摸索(上大学前我在企业做过技术员和生产、技术管理工作)，我提出了《多环节培养学生能力教学法——大学生能力培养研究》(1998年)，获学院优秀教学成果奖。其思路是分析不同专业学生的能力要求，然后分析研究这些能力通过什么渠道和方法可以培养。哪些能力可以通过课堂教学环节培养？哪些能力必须通过实习环节培养？哪些能力是在校时不能培养，而必须到工作岗位后在实践中思考，在与企业领导者的讨论学习中才能获得？在自己独立做出决策，实施这些决策，并经历这些决策成功或失败的反馈和思考中才能获得？随着对这些问题的反复思考和回答。我增加了新的实习环节（认识实习和生产技能实习），延长了毕业实习时间，增加了代岗（即代理一个基层管理职位）实习环节，增添了企业管理课的案例教学，开设了企业家"名人名著"的专题讲座，增加了课堂讨论，甚至辩论。专业课与基础课除完成学院要求的考试外，每门课要求学生根据所学的知识写一篇综合性的小论文，分析解决一个当前国内企业管理方面存在的问题。问题不要求大，但一定是实际中存在的，要求分析透彻，提出解决办法，并对分析方法和解决方案展开讨论。这一系列改革试行的结果是：学生分析问题和解决问题的能力有了很大提高。但这些改革也产生了新的问题：一是对教师提出了较高的要求，教师首先要思考企业管理者需要什么能力？这些能力中哪些是在学校可以培养的？通过什么方法培养？并要求教师自己具备这些能力，才能有效地指导学生获取这些能力。这就增加了教师的工作量和辛劳程度，但教师收入并未增加。另一方面，教师通过学习和实践，具备了这些能力，并不能有助于他评上高一级职称。三是要增加实习经费，而学院没有增加这些经费的利益驱动，也不愿增加这些经费。这次教改的实验三年后又复归如旧，仅剩下的毕业实习，也由学生自己找实习的企业，完成毕业论文（是否抄的、别人代写的，老师也较难判断）所替代，论文被通过就毕业了。而指导学生论文的教师，大部分并未在国内本专业核心期刊上发表过论文，也不具备分析研究问题、写出好论文的能力，却在做着这些工作。这是与欧美大学不同的，欧美比较好的大学，执教者都有博士学位，并具有本专业的研究能力。

(二)

我进一步追问：中国大学为什么会存在上述问题呢？

原因是中国大陆大学的评判体系和标准。

首先是对教师的评判标准。

大陆的大学，教师的工资待遇是与他的职称挂钩的，所以顺利地按期评上职称是每一位教师的最大需求和动力。大陆大学每位教师工作5年可参加评审，评审通过后可晋一级。即毕业后一年转为助教，5年后可评讲师，再5年后可评副教授，再5年后可评教授。一位大学毕业生(22岁)，按正常时间评为教授后是38岁。这对于一位教师也就到顶了。评判的标准硬指标有三项：一是教学课时数量，每学年220课时；二是外语考试；三是应发表的论文篇数。只要这三项达到了，又有名额(各大学每年可评的名额是由各省教委统一掌握并分配给各校的)，就可以申报了。这是一种用行政权力评审专业水平和能力的制度。在这么一个评判标准和制度下，是很难评出有创造力的教师的。这个标准也不鼓励教师创造力的增长和发挥。有许多有创造力的教师常常因为授课课时量不够，或个性较强(有创造力的人往往个性强，并坚持自己的意见)，而不能得到按期晋升。

1964年春节，毛泽东关于教育有一个有名的谈话，叫"春节谈话"。他讲："对《红楼梦》出20个题，如学生能答出10题，答得好，其中有的很好，有创见，可以打一百分。如果20题全答了，也对，但是平平淡淡，没有创见的，给50分、60分。"毛泽东在这里提出了一种新的评判标准，按这种标准评判，就可以使有创造力的人被尽早发现并脱颖而出；而按现行的标准评判，我们就会收获一批又一批平庸的毕业生和教师。毛泽东在这次谈话中又讲："现在的学制、课程、教学方法、考试方法都要改，这是摧残人的。”今天大陆大学施行的还是后者。目前国内招考研究生的办法也很难招收到有创造力的研究生。必考的政治试题往往流于形式，现在回过头来看前几年的试题，所考的许多题目往往是伪问题和伪知识。专业课与数学试题的命题和考试方法又很难测量出应试者是否有较强的创造力。

任何社会，在其发展过程中都有一个路径选择的问题。美国经济学家保罗·大卫讲了一个键盘的故事，用来说明世界为什么是现在这个样子。现在计算机键盘最上排的字母排列是 QWERTY，并非有什么内在机理的合理性，这是从打字机时代一直传下来的。早在 1932 年，就有两位工程师设计了 DSK 键盘排列法，并申请了专利。此键盘的使用者创造了新的打字世界纪录，打字速度比前者提高了 20%—40%。但这种效率高的键盘排列并未能代替原有的键盘字母排列，原因何在呢？19 世纪 90 年代中期，就在 QWERTY 的技术合理性要被其他改进型取代的时候，美国工业正在迅速朝着标准化的方向发展，而 QWERTY 被选为标准(路径选择)。1895 至 1905 年间，打字机的生产商们不得不放弃“理想”的键盘，而生产标准键盘，把生产锁定在 QWERTY 键盘上。因为一旦选定了 QWERTY 为标准，生产企业就会按此标准生产，购买者就会买该标准的键盘，学习打字的人就会按此键盘学习。这一切会形成一种合力与趋势，不断向前运行，在运行的过程中，每方获得各自的利益，形成利益共同体。如果要突然换一种字母排列不同的键盘，生产企业要调换、购买新设备，打字员要按新键盘重新学习打字，这都要付出新的成本和代价。所以，一旦你选择了一种路径，就会锁定在这种路径上。这就是经济学里讲的“初始选择——路径依赖——锁定效应”。由此我们也知道了世界今天为什么是这个样子。

同样的道理，如果我们按毛泽东所讲的对《红楼梦》答题的评判标准去培养和选拔研究《红楼梦》的人才，就会发现和选择一些很有创见的人才。如果按照现行的考试标准去选拔人才，就只会选拔和培养出一些平庸的研究人员。现在中国内地的大学里按后者的标准去培养和评判学生，所以很难培养出有创新能力的人。这些被培养出的平平淡淡、四平八稳的人已占据了各大学的院、系领导岗位、教学研究岗位，他们不会改变这一评判标准(所选路径)，因为如果改变这一标准，按前者培养选拔，那选拔和培养出的人会对他们的利益构成威胁。这样，由于大陆大学选择了后者的路径，在此路径下成长起来的人和方方面面的受益者，就会为了他们的既得利益而把发展方向锁定在过去已选的路径上，使别的发展路径很难实现。这是形成中国大陆各大学目前教育缺陷的根本原因。

美国的大学教育，是以系主任为中心的。系主任都是聘任的本领域的优秀学者，他了解本领域相关专业的发展现状与前沿课题，知道研究和解决这些问题需要具备什么理论基础和知识结构。在系主任的领导下成立相关的委员会，讨论和决定课程体系、教材编写与选择每一专业的课程设置与授课教师，并通过各种方式使学生学到好的分析和解决问题的方法。

美国哥伦比亚大学社会学教授哈里特·朱克曼调查和研究了在美国进行研究获奖的 92 位诺贝尔奖获得者。她得出结论：这些获奖者从其导师那里学习的不是具体的知识，而是那种真正能够解决问题的工作方法。他们观察和学习导师怎样活动，怎样思考，怎样对待事物，学习能否抓住“重要问题”，并想出新的解决方法。一位获奖者在谈到他的导师时讲：“如果我试图总结我从沃伯格身上具体学到了一些什么，我认为他对我来说是一个提出正确问题的榜样，一个创造新的方法以解决选中的问题的榜样，一个无情地进行自我批评和严格地尊重事实的榜样，一个简单明了地阐明结果和概念以及把生命完全投入真正有价值的事物中去的榜样。”[①]而中国内地的大学教育所缺少的正是这些。即使在中国最好的大学里，一些优秀的有潜能的学生，要在本校找到这样的导师也是很难的，也就很难提高他们发现问题和解决问题的能力。这就是为什么国内的优秀大学生去国外留学后，找到优秀导师便做出成绩的原因。

(三)

中国教育的另一个重要问题是：大学、小学教育模式中学化。即大学、小学的教育模式和方法与中学一样，主要是通过课堂讲授、满堂灌的方式进行，教学管理也基本相同。小学、中学、大学的受教育者处在不同的认知发育阶段，其要获取的知识，获取方式、目标都是不同的。应从知识选择和给予方式上采用不同的途径和方法。欧美发达国家小学低年级的教育是教师与学生一起在游戏中启发引导学生完成的。大学教育是在学生自觉思考、自己做实验，相互讨论中获得知识和思考问题、发现问题、提出问题、解决问题的方法和能力的。

中国各阶段的教育是一个正漏斗，即每个有个性的人，经过从小学到大学的教育后，其个性，尤其是标新立异的创造热情与潜能逐渐递退；其共性(死记硬背、照章办事、依附领导和老师等)逐级递增。西方教育则不同，成一反漏斗，他们充分认识并倡导每个人个性化，尤其是潜在创造力的激发与增强，经过各阶段的学习，其创造热情和创造能力逐级强化，最终成为有创造能力的人。

哲学课，本来是学生开阔思路、获取智慧的一个重要途径，但国内大学所用教材在叙述主要哲学家的思想和方法时，是极其粗糙和

---

① [美]哈里特·朱克曼：《科学界的精英》，周叶谦等译，商务印书馆1979年版，第170、176、178页。

标语式的，在其述说的方向上是错误的，又缺少合格的真正搞懂了这些哲学家思想和方法的教师，结果是通过这门课的学习，学生非但没有聪明起来，还接受了许多错误的思想方法和简单化的标签式的判定事物的标准。

爱因斯坦在谈到大学教育时说："学校的目标始终应当教育年轻人在离开它时具有一个和谐的人格，而不是使他们成为一个专家。照我的见解，这在某种意义上，即使对技术学校也是正确的，尽管他的学生所要从事的是完全确定的专业。学校始终应当把发展独立思考和独立判断的一般能力放在首位，而不应当把取得专门知识放在首位。如果一个人掌握了他的学科的基础，并且学会了独立思考和独立工作，就必定会找到自己的道路，而且比起那种其主要训练在于获得细节知识的人来，他会更适应进步和变化。"①

大学教育的核心是培养学生的思考能力，自由创造的精神和能力。

任何国家、任何民族的大学一个重要任务是陶冶和培养青年一代积极向上、勇于创新的精神。中国的大学应培养出一批有远大理想和目标，热忱、勇敢、敢于承担责任、有创造力的自由、自立的新人。大学承担着重铸一个民族灵魂的崇高而艰巨的任务。在这方面我们比鲁迅对中国民族性、中国人的灵魂急需改造的认识还倒退了。国内许多大学的领导者还未认识到，甚至未想到这一问题，更谈不到用什么方法和途径来做这件关乎中华民族生存繁荣，立于世界之林的大事了。

人是要有一点精神的。现今国内的大学生毕业时所具有的是什么精神呢？

---

① 《爱因斯坦文集》第3卷，许良英等译，商务印书馆1979年版，第146、147页。

(四)

中国大学造成学生的缺失是多方面的，例如，学生毕业后，要工作了，要自立做人了，但大学时代并未教给孩子一种正确有益的价值观；他们工作后有了自己的收入，但如何看待金钱，怎样理财，怎样合理支配收入，学生们一无所知；到了谈婚论嫁的年龄，在校时也未给他们一个正确的婚姻观和相关的知识。而这些都是学校可以并应该教给他们的。

中国有5000年的历史，是一个有着深厚教育传统的民族，在其漫长的发展中，积累了一些有益的教育经验和认识，但近百年来中国不仅在科学技术方面落后了，在哲学等人文科学方面也落后了。而这后一方面的落后，至今我们还未认识到，这是很可怕的事。我们应该心平气和地反省我们5000年以来的教育思想、考试体制、目的、方法、内容。新中国有50多年大学教育的实践，有许多有益的经验和成绩，例如，学生的书本基础知识扎实，中学、大学的数学、物理、化学课程的难度不比欧美大学差，国内一流大学招收的是世界上一流智商的学生，也培养出了世界一流的本科生。但50年来，国内的一流大学未能培养出世界一流的硕士生、博士生，也未能培养出世界一流的科学家、哲学家，这难道不发人深省吗？我们应静下心来认真反省50年来中国小学、中学、大学教育的缺失，在教育的目的、教育本质、教育制度的层面考虑教育改革，从一个民族的健康发展、自由创造上开始一次新的教育革命。

二　人的全面发展与全面培养

马克思、恩格斯多次讲到共产主义就是培养全面发展的人，自由的人。[①] 列宁在谈到马克思时说："凡是人类社会所创造的一切，他都

① 《马克思恩格斯全集》第19卷，第22页至23页，第247页。

用批判的态度加以审查，任何一点也没有忽略过去，凡是人类思想所建树的一切，他都重新探讨过，批判过，根据工人运动的实践一一检验过。”①马克思、列宁、毛泽东、切·格瓦位、亚里士多德、达·芬奇、莎士比亚是全面发展的人，杰出的科学家达尔文、爱因斯坦等也是全面发展的自由的人。社会主义大学教育的最终目标正是要培养一代一代的全面发展的、自由的人。

（一）人生观的培养

培养全面发展的人，首先要树立高尚健康的人生观，这包括对学生进行各种形式的教育，如课堂教育、课外阅读、家庭教育、实践劳动等。

大学教育首先要确立的一个目标就是要培养学生高尚健康的人生观。1835 年，17 岁的马克思写了《青年在选择职业时的考虑》一文，他说：“如果我们选择了最能为人类福利而劳动的职业，我们就不会为它的重负所压倒，因为这是为全人类所做的牺牲，那时我们感到的将不是一点点自私而可怜的欢乐，我们的幸福将属于千万人，我们的事业并不显赫一时，但将永远存在。”②爱因斯坦在 1950 年写的信中说：“一个人活着就应该扪心自问，我们到底应该怎样度过一生，这是一个合情合理的问题，也是一个非常重要的问题。在我看来，问题的答案应该是：在力所能及的范围内尽量满足所有人的欲望和需要，建立人与人之间和谐美好的关系。这就需要大量的自觉思考和自我教育。不容否认，在这个非常重要的领域里，开明的古代希腊人和古代东方贤哲们所取得的成就远远超过我们现在的学校和大学。”③爱因斯坦这段话告诉我们：1. 人生观的问题是一个非常重要

① 《列宁选集》第 4 卷，人民出版社 1972 年版，第 347 页。

② 《马克思恩格斯论教育》，人民教宵出版社 1968 年版，第 49 页。

③ 《爱因斯坦谈人生》，世界知识出版社 1984 年版，第 81 页。

的问题。2. 健康人生观的确立需要大量的自觉思考和自我教育。3. 现在的学校和大学在这方面做得远远不够。马克思、爱因斯坦在资本主义的环境中都培养起了高尚而健康的人生观,一个社会主义的大学生,在社会主义的环境里生活、学习,毕业后又要在社会主义的环境中工作,更要主动地培植起这种高尚而健康的人生观。应该看到,人生观的形成是一种潜移默化的过程,家长的教育,家庭的熏陶起着学校很难替代的作用,从我们对部分学生家长的访问、座谈和问卷调查看,家长忽视这一重要问题是大学生在大学期间未能形成健康人生观的一个原因。

家庭对学生人生观的教育

单位:%

情况／年份	认真与学生做人生观交谈的家长所占%	提醒学生注意人生观问题的家长所占%	只问学生学习成绩的家长所占%	连学习成绩也不过问的家长所占%
1981 年	4	20	69	7
1988 年	3	17	71	9
1998 年	4	19	72	5

从上表看,只问学生学习成绩的家长占的百分数很大,而且有增长趋向。能认真与学生做人生观交谈的家长所占百分数很少并有下降趋向。从调查看,这一部分家长多是工作上有一定成就且文化水平高的知识分子,其上辈对他这方面的教育也较严格。

人总是要有一点精神的,人生的道路上常常会碰到各种各样的困难,在面临种种艰难环境的时候,能帮你坚持下来的,不是物质利益的获取,也不只是一日三餐,而是你从小一步一步培养起的健康高尚的人生观、价值观。这个问题对即将走上工作岗位的大学生尤为重要。这都需要家庭和学校共同努力,培养起学生健康的人生观。

人是在人群中生活工作的，人是社会关系的总和。处在一个集体中的个人，他必须具备一些起码的道德规范，像公正、诚恳、同情心、帮助弱者，节俭、勤勉、整洁、遵守公共秩序等，而这些也只有在一种高尚健康人生观的指导下才会有，这是每个人都应具备的行为规范，大学生更应自觉的身体力行。

(二) 能力的培养

全面发展的人要有为社会服务的能力，这是大学教育要确立的第二个目标——培养学生的工作能力。能力的培养也是现时大学的一个薄弱环节。

1. 大学生能力分析

大学教育要达到的一个重要目标就是提高学生的能力。不同的专业会有共同与不同的能力要求，要培养学生这些能力，首先要分析这些能力要求。

以经济管理类专业为例，这种能力目标可分为三部分。第一是调查的能力。即通过对一个工厂、一个科室、一个车间工作情况的调查，获得分析改进工作所需要的足够信息。这种能力，包括实地考察能力，开调查会的能力，询问的技巧和能力，阅读各类经济资料、统计数据、会计报表的能力，以及从这些大量信息中分析筛选出有价值信息的能力。第二是分析决策的能力。即对这些信息的分析，包括各种分析方法较好地运用。像回归分析法、投入产出分析法、ABC 分析法、历史分析法等。决策能力包括综合分析判断能力和直觉判断能力以及对一些最新的决策科学方法的运用，尤其是对解决非线性问题的一些决策方法的掌握和运用。这是因为任何一个经济问题都会涉及许多因素、许多变量，在复杂的现实世界上很少能找到几个关系是线性关系。现实世界中这些变量之间的关系一般都是非线性的。当我们把这些变量经过化简，用线性关系去逼近求得最优解后，我们会发现我们找到的这个最优解与现实中各种变量之间的变化过程，规律性有很大的差距。所以任何经济决策所需要解决的几乎都是非线性的问题。第三是实施带动的能力。即有了一个好的决策后，要能制订出现实可行的较好的实施步骤，并能通过自己的行为带动全体人员为完成这些决策而一步一步完成每阶段的实施计划。

1986 年 10 月 25 日《中国青年报》头版以《北京经济学院工业经济系学生着眼于未来，参与社会实践提早进入角色》为通栏标题指出："厂长苗子系的毕业生很少具备厂长素质"，引起人们的关注与思考。大学理工科毕业生发明创造能力低，文科学生分析解决现实社会问题能力低，是我国大学教育普遍存在的问题，也是大学教育改革要解决的重大课题。

2. 怎样培养学生这些能力

能力问题明确后，紧接着的问题是：学生的这些能力从何而来？通过什么环节和方法能培植起学生的这些能力？老师通过课堂教学——目前大学最主要的教学方法——能给学生带来这些能力中的哪种？这些能力的培养和训练向老师们提出了什么新的要求？不解决这些问题，培养学生能力就是一句空话。对这些问题做出科学的回答，围绕这些问题去考虑大学的教学改革，尤其是专业课、专业基础课、基础课、实习环节的教学改革，对设置课程的指导思想和沿用至今的教学程式进行重新思考，才会使教学改革深入下去，才真正迈出了教学改革的关键一步。

首先，这三方面能力中有不少是课堂教学中不能培植出的；就是课堂教学中能培养的那一部分能力，也常常因为教师本身的能力问题没有解决，甚至教师自己也不明确培养学生这些能力自己首先要具有这些能力。这样，就连这些本来可以通过课堂教学培植起的能力，学生经过课堂学习也没能得到。教改有方方面面，相互牵制、相互影响，改起来很复杂，但如果我们每一个教师都从这里思考，从这里做起，就迈出了教改坚实的一步。

长期以来，我国高等院校对教师的培养注重课堂书本知识量的增加，忽略了教师能力的培养问题。现在很多教师最短缺的不是书本知识量的增加，而是通过实践培植起的这些能力。77、78两级毕业生，留在大学任教和分配到各种工作岗位上后，对他们的工作情况普遍反映很好。不少人已在各自的岗位做出了较大的成绩。一个重要的原因，就是长年的工作实践和他们在实践中的摸索和学习，培养起了他们这些能力。

教师必须具备以上三方面的能力，这对没有在工厂生产实践和工作岗位上工作过的教师尤为必要。如果教师本身不具备这些能力，那就没有传递这种能力的起码基础。所以，我们首先要求教师到实践中去，即到工厂实际工作中和对这些实际工作的各种讨论中去学习和培植自己的这些能力。这对每个教师都是一场严峻的选择和挑战。它向我们提出了这么一个问题：我们目前自身的能力能否培养出适应将来在企业工作的管理人才？这就要求我们每一个教师重新认识自己，重新塑造自己知识和能力的框架，重新认识和选择获取这些知识和能力的途径。我们不能设想，一个自己没有分析研究问题能力的教师能培养出学生较好的分析研究问题的能力，一个自己从未写出过较好论文的教师能培养出学生具有写作较好论文的能力。

教师必须定期走出学校参加实验室的工作或到企业工厂实习，或以其他各种形式参加再培训，只有这样，才能避免教师在心理上和方法上，在分析解决问题能力上的衰退落后现象，也才能保证教师提高课堂教学的水平。一方面，我们要求教师根据自己能力不足的方面通过到工厂工作一段时间或定期下厂调查，参加有关的学术讨论会和管理决策讨论会等环节来培养自己这方面的能力;另一方面我们还采取了以下做法来弥补教师这方面不足所带来的学生这些能力的培养问题。

(1) 我们有选择地请一些有这些能力的厂长(不是所有的厂长都有这些能力)到课堂上来,通过他们的讲授并通过他们在工厂管理实践中的示范和实例来培养学生的这些能力。

(2) 增加实习环节。马克思在谈到教育时说:“未来教育对一切已满一定年龄的儿童来说,就是生产劳动同智育和体育相结合,它不仅是提高社会生产的一个方法,并且是唯一的造就一个全面发展的人的方法。”[①]根据这一培养全面发展人的设想我们把原来的二次实习,增加到四次。原来一次为金工实习,4 周;一次毕业实习,6 周。现增加一次管理认识实习 2 周;一次管理实践实习,4 周。管理认识实习主要是通过参观各类工厂及科室、车间的管理工作和工艺流程,并请有关人员讲解,增加学生对管理的感性知识和对管理全貌的了解。管理实践实习是参加某一科室和某一车间的具体管理工作各 2 周,由科室和车间负责人在工作实践中教他们学习管理。

(3) 从培养学生能力出发,我认识上的一个重要转变就是实习环节要像每门课程布置作业一样经常化。为此,我们和距学校很近的西安漂染厂签订了厂系合同,使学生能随时结合自己学习的课程去厂里搞调查,并即时了解当前管理中的实际问题,反馈到课堂教学中来。暑假和寒假放假前,我们编好下厂调查大纲、要求,发给每一个同学。要求他们写出调查报告,开学时由老师批改,作为作业成绩,好的文章选登在我系办的“管理参考”上,并评出优秀论文和调查报告给予奖励。在此基础上举办我系学生论文和调查报告宣讲会。

---

① 马克思:《资本论》第一卷,《马克思恩格斯全集》23 卷,人民出版社 1972 年版,第 530 页。

这一系列改革受到学生的欢迎,学生表现出很高的积极性和创造才能。

(4) 重新认识课堂教学,改进课堂教学。

从孔夫子以来,我们的课堂教学就是教师讲,学生听。就是新中国成立以来几次教学改革所肯定和提倡的启发式教学,也是教师讲,启发学生听,启发学生想。这种教学方式的出发点就是:学生通过课堂教学要尽可能多地记住老师所讲的东西。启发式教学并没有改变这一出发点。当然,对任何一门课程,基本的东西是要熟悉掌握的,但记住,甚至考试前的死记硬背并不等于掌握。任何一门学科都会有许多应用的东西,但这些东西并不都是每天要用的,只要学生在用时知道在哪些工具书上去查找就行了。花那么多时间和精力去记,考试命题又大都考了学生背书的能力,同一试题,上午考过,下午问学生,就忘了不少。所以我想,这么一种课堂教学直至考试的程式要重新认识。近年来,我在课堂教学、考试方法上做了一些改革。我根据所教课程,有计划地分出部分章节,采取让同学们预习、查阅参考书和资料,备课。我则指导学生怎样看书,怎样找参考资料,找哪些参考资料,提示这节教材主要讲了哪几个问领,这些问题目前最新的研究成果和方向是什么,有什么不同的观点。然后我根据同学们备课的情况,选择几位同学,每人讲一部分(以一节课为宜)。讲完后,由未安排讲课的同学上讲台补充,使尽可能多的同学在大学学习期间能有一次上讲台讲述的实践机会。通过这些环节,同学们学习的兴趣很高,并感到由他们备课,讲述后,加深了对教材的理解,并能提出一些以前所提不出的较深入的问题。所讲章节的问题基本上都搞清楚了,可以随时讲给别人,而不用去死记硬背了,并且自学能力、分析问题的能力、讲授能力、自信心都有了明显的提高。自信心和自学能力对一个大学生是很重要的,因为只有有了自信心并学会了怎样学习，才能使他们毕业后能通过不断自学来补充更新自己的知识，适应工作和社会的发展。

在课堂教学上，我增加了相互提问，相互讨论的时间。每章讲完，讲新的一章前用 20 到 25 分钟时间提问、讨论。每部分讲完，用二节课分组和学生一起讨论。在提问和讨论时，我鼓励学生提出问题，在学生回答我的提问时，我总是要求学生根据自己的理解，用自己的语言来表达自己的思想，而不是“引经据典”。每部分讲完后，给学生布置短时间可读完的课外读物，一般为经典著作中的某些有关部分，培养学生主动探索的精神和阅读原著的能力和兴趣。我这样做是基于这么一个对课堂教学的新认识：首先，教材和讲课的老师不一定全部正确，并且课堂教学的目的，主要不在于让每个学生准确地记住每节课老师讲了些什么，而是通过每节课，学生应由浅入深地搞清这门学科的基本内容和前沿问题，并逐步学会分析这些问题。具体知识要讲解、要学习，但更要紧的是学习那种真正能够解决问题的思维方式和工作方法。这才是课堂教学要解决的主要问题。与此相适应的是考试的形式和方法的改进。平时对这些基本知识的掌握和了解，通过各种教学环节所反映出的每个学生在该门课程上的分析能力占总成绩的一半。课堂考试试题（包括实习报告类的试题）也以了解和考核学生基本知识和分析问题、解决问题的能力为主。

（5）重新认识课程设置。

课程设置是通过对毕业生工作情况和本专业学生将分配的工作岗位所需知识和能力的逐年调查，不断调整的过程。而我们的课程设置则是 5 年、10 年，甚至更长时间很少变动，最多增开一两门新课。我们发动全系教师在明确我系学生应培养什么能力的基础上，重新认识现行课程设置，一门一门分析，看这门课程在培养学生这些能力上起什么作用，然后决定这门课程的取舍和学时数。更新和制定了我系新的课程设置和课时数、教学计划。我认为，课堂讲授应主要安排那些只有通过重复和练习才能获取的具有普遍意义的知识(例如“高等数学”、“管理学基本理论”等)，与可以转换的学习方法的课程，放在传授那些可以直接影响理解力、概括力的思维工具上。基于这么一种认识，我们根据我系学生毕业后的能力要求以及工厂生产发展对管理工作的新要求，增开了运筹学和应用数学，增加了电子计算机课的学时；而对主要是通过实际工作培养的技能性课程，像会计原理和工业会计，统计原理和工业统计，则采取合并和压缩学时，加强实践环节的办法。并计划根据我国工业搞活开放的总趋势，增开一些新的课程，如进出口贸易、经济控制论、发展经济学等。一时开不起来的，就先搞讲座，每门课讲 10—20 学时，加快课程和教材内容的更新。我自己先后开设了《怎样写经济类专业毕业论文》、《美学》讲座、《发展经济学》、《管理学名人名著》、《现代西方经济学前沿专题》等课程，并即时把最新的前沿课题和研究成果通过课堂教学介绍给学生。

(6) 要从心理学、生理学的角度重新研究每门课的授课时间，找出每门课讲授的总学时和每次讲授时间的较好值，并尽可能把授课时间安排在学生们所希望并能获得较好效果的时间里进行。像英语一周安排三次，每次两课时，效果显然不如每天早晨第一节安排一节课，一周安排六次好。由于这个问题涉及各门课程的调整，牵动面大，需要学校从总体上去考虑改革。

(7) 教材问题。

我们都学过数学，老师在黑板上解方程式，一步一步地解出，我们能理解，若要求我们自己求解这个方程，我们可能一下子想不出来。至于老师为什么能想到那种求解的方法，我们不知道，老师没有把更深的思想告诉我们。也许这些想法在他的头脑中还比较模糊，没能提炼成一种程序或方法。所以学生只能学到结论，而没有学到什么条件下应采取什么求解的方法。大学教材的缺陷正在这里。几乎每门课的教材都是只讲结论，没有讲或很少讲如何得到这些结论的思考过程、思考方法。这怎么能培养学生在某一领域分析、解决问题的能力呢？这也反映出编写教材的老师分析解决问题的能力问题。另一方面讲授这些教材的老师中相当一部分人也不具备这些能力或这些能力很弱，就使这一问题更加严重。这样势必造成学生的死记硬背。因此，改变教材这方面的缺陷刻不容缓，让具备这种能力的教师去编写教材，并在编写教材前提出这么一个硬要求，这个问题才能逐步解决。

(8) 增加方法论的教学时数和教学环节

大学集中讲方法论的课程只有一门，就是哲学。近半个世纪以来，由于自然科学突飞猛进的发展，对哲学提出了许多新的问题，而我国的哲学教材还停留在50年代的水平。一方面哲学教材陈旧，另一方面是讲授这门课程的教师自身的知识结构、研究水平(不少哲学教师甚至没有搞过研究)较差，这就使学生本来经过这门课的学习可以获得的分析问题的方法和能力没能得到，并且由于教材和教师的问题还常常使学生学到的是错误的方法。为了解决这一问题，8年来，从笛卡尔到康德，从伽利略到爱因斯坦，从旧三论(控制论，系统论，信息论)到新三论(耗散结构理论，协同学，突变论)，对思维科学我进行了系统的学习，并把前人的成果融汇在每一个教学环节。在课堂教学上，所讲到的理论原理，我均讲授其发现过程，发现者的思维方法和思维过程，并和同学们一起进行课堂讨论。以此提高同学们认识问题、提出问题、分析问题的能力。在指导学生写作毕业论文时，我写了"怎样写毕业论文"供同学们参考，并找出较好的论文进行专题讲评，提高同学们写经济论文的能力。学生听后反映对他们启发最大的例子就是分析我发表的论文，分析自己写论文时怎么收集资料，怎样分类研究这些资料，碰到过什么困难，后来怎么解决了，现在这篇论文还有什么地方不满意，哪些方面还有待深入研究。每当讲述和讨论这些时，学生精力集中，兴致很高。这都较快地提高了他们写经济论文的能力。

(9) 积极支持并参加学生课外的学习活动。像学生自己办的学习园地，专业学习刊物，经济学、文学学习小组等。我认为这些学习环节是大学生必不可少的与课堂教学同等重要的学习环节。大学生的社交能力、讲演能力、领导能力在这里得到培养和发挥。我认为，他们通过办自己的学习刊物能否出学术成果，不是这一课外学习环境的主要目的。我同他们一起参加这些活动，通过这些活动培养他们的社交、组织、办事能力、适应社会的能力。这对他们今后的生活和工作，对他们今后的全面发展是很重要的，同时也加深了他们对课堂所学知识的理解，使这些知识在他们头脑中巩固了，成了活的知识。

综上所述，大学生能力的培养不是一个教学环节或一个教师就能完成的。它需要通过课堂教学，下厂实习，社会调查，讨论研究，课外学习环境等多种环节，全体任课教师分工协作才能达到。我所提供的新思想是：

- 首先要分析学生日后工作需要哪些能力。
- 大学的主要教学环节是课堂教学，但通过课堂教学这个环节是不能全部培养出这些能力的。
- 要从能力培养入手创造和发现新的教学环节和教学方法。
- 重新估价和认识课堂教学。
- 要想培养学生某一能力，教师必先要具有这一能力。若不具有，教师首先应和学生一样通过学习和实践获取这种能力。培养学生的能力对教师提出了更高的要求。

● 知识包括两个方面：一是关于事实的知识，即关于观象的事实和原理的知识；一是方法性知识，即调查研究，分析解决问题，促成预期结果的知识。古老的中国，从孔夫子以来，教学方式一直是先生讲，学生听，培养的是考证训诂的书虫，而不是发明创造型的人才。这和现代社会发展很不协调，这是造成我国发明创造型人才缺少的直接原因。面向未来，面向世界，我们需要对我国高等教育的教学内容、教材、课程设置、教学形式重新认识。

● 首先不是向学生提出要求，而是向每一个教师提出能力要求，并经过一定的途径使教师获得应有的能力。因为高质量的教师对学生良好能力的获取所起的作用比别的任何一种投入都更大。

● 每个教师，尤其是学校的领导者对这一问题较深入的认识并制订出实施和检查措施是培养学生能力的保证。

● 教育是立国之本。国家领导人要认识到这些问题的重要性和改革的紧迫性，制定出相配套的对教育部门领导和教师的新要求、考核的新标准与这些新标准配套的职务、职称晋升标准和工资报酬制度，才有可能保证这一改革方向的顺利进行，取得成功。没有国家制度上的保证，仅靠一些认识到这一问题的学校校长、系主任自发的改革，这种改革又会是一次有头无尾、自生自灭的乌托邦试验和运动。如果不进行这个方向的教育改革，中国的大学仍然培养不出国际一流的科学家和创新型人才。

● 美国著名人类学家玛格丽特·米特在《未来——“晚辈文化”与未出世的儿童》这篇论文中指出：今天社会的显著变化之一是人类社会已从年轻人向长者学习的“长辈文化”转变为长辈与年轻人主要都向同代人学习的“同辈文化”，下一阶段将是长者向年轻人学习的“晚辈文化”。为此，“长者应该改变自己以往的行为，摒弃混于尚可接受的'同辈文化'因素中的'长辈文化'式的子女教育，找到'晚辈文化'式的教学方法，从而打开未来的大门。我们必须为成人创造一种新的教育模式，使他们能教孩子怎样学，而不是学什么，能告诉孩子信仰的价值，而不是信仰什么。"[①]世界在变化，教育在发展，青年教师、中年教师、老年教师要在这种变化中重新认识和估价自己，顺应不断发展变化着的世界，把学生教育培养成适应未来世界的全面发展的新人。

探索思维规律，研究杰出科学家的思维过程和思维方法，并运用对这一规律研究的新成果去培养学生的能力是一项艰巨复杂的工作。如果我们都这样做了，那么高等学校的教学改革，学生发现问题、分析问题的能力，发明创造的能力就会有较大较快的提高。

(三) 良好的身体素质和美的生活情趣

良好而能适应各种工作环境的身体素质是大学培养学生的第三个目标。

毛泽东青年时期所写的《体育之研究》对德、智、体三者之间的关系作了精辟的阐述。他说，身体有如装载知识的车子，有如住下道德的房子，有了强健的身体，德育、智育才有了基础，而"善其身无过于体育"。[②] 所以体育占有很重要的地位。

现今大学，体育与其他课程一样仅作为一门课程，而很少从"载知识之车而寓道德之舍"去认识。我国一些杰出的科学家，像张广厚、邓稼先等，50 岁左右即病逝，是我国科学界的重大损失，同时又告知我们：我国大学毕业生身体素质较差，一到中年，随着工作繁忙，就很难支持。相比之下，老一辈革命家，像毛泽东、朱德经历了那

---

① 阿尔温·托夫勒编：《未来学家谈未来》，顾宏远等译，浙江人民出版社 1987 年版，第 38 页。

② 《新青年》第 3 卷 2 号，1917 年。

么多艰难困苦的战争岁月，而依然高寿，说明了他们在青少年时代锻炼出了强健的体魄。

近年来，随着中国体育走向世界，全国人民越来越重视体育，但又发生了新的偏差，大部分人所重视的是我国一些落后体育项目在世界上如何拿金牌，而对至今一直困扰着我们的全民族身体素质反而忽视了或视而不见。于是出现了一方面我们的跳水、游泳拿了国际体育大赛的金牌，一方面我们有几亿人口不会游泳。一方面我们不断欢呼我们所拿到的一块块体育金牌，一方面我们又悲痛地为我国一些杰出的中年知识分子在开追悼会，这难道不值得我们深思吗？

大学体育教育，首先是要让学生建立起强健的身体是德育、智育的基础这么一种价值观，并教会学生可终生锻炼的一种或几种锻炼方法，养成学生每天坚持适合自己身体状况的锻炼项目的习惯。各种体育项目的学习与了解是第二位的要求。体育课的位置不能等同于某一门智育课，因为所有这些智育课加在一起是为了培养起学生的工作技能和分析解决问题的能力，完成大学培养的第二个目标。体育课培养的是强健的体魄，它所要教会学生的是终生可锻炼的一种或几种方法及终生锻炼的价值观，要完成大学培养的第三个目标。因此，它不能等同与某一门智育课，而同所有智育课加在一起同等重要。

如果我们从这样一个高度去认识安排体育课，研究大学体育课的改革，那么，我们一定会逐步改变我国目前大学生身体素质较差的状况，而使我国培养出的大学生有一个强健的体魄。

全面发展的人有丰富的内涵和标准，当一个人在德、智、体三方面全面发展时，我们说，他是一个全面发展的人。但多年以来，由于我们对德，智、体认识、理解和执行的偏差，使得大多数教育者和学生认为，德育就是上政治课，智育就是学好本专业所设置的专业课，体育就是上体育课，考试成绩合格。在这种简单化的思想指导下，我们培养的学生，包括优秀生，对人类优秀丰富的文化遗产所知甚少，绝大部分学生没有读过莎士比亚的戏剧，不了解优秀杰出的音乐、美术作品，不了解达尔文的《物种起源》、爱因斯坦的《相对论的意义》、美国独立宣言、法国人权宣言，甚至不了解恩格斯所写的《社会主义从空想到科学的发展》等人类最重要的思想、文化、艺术成果。

所以，当我们讨论大学教育改革的时候，我们应该考虑通过设置一些新的音乐、美术、舞蹈、人类思想史的学习或欣赏课，并规定这些方面的一批阅读书目，要求学生在大学阶段分年读完，通过讨论、开研讨会、写读书笔记、命题考试等形式给予指导和检查。使大学生在大学学习期间能接触和了解人类社会至今所创造的丰富的文化成果，提高他们的修养，培养他们生活的情趣和丰富的内容，而不是像现在我们所培养的只了解自己本专业技能知识的普通匠人。

这方面的学习培养，关键在于学校的安排与教师的指导，时间不一定多。从目前我国各大学的情况看，大学生们课外每人都读了不少书，花费了不少时间与精力，但一些人类文化遗产中最重要的书反而没读或读得很少，只要我们安排指导得当，这方面的学习大部分都可在学生课余时间完成。比如，在每年学生们春游前或春游时，可以请一位美术教师来指导和示范一下写生，培养学生观察、热爱大自然的情趣。在节日或学校举办各类文艺活动时，请一位音乐学院的教师讲讲音乐欣赏，还可在课余时间安排各类讲座，比较系统地介绍电影、戏剧、舞蹈、美术的发展史、流派与作品。这些活动分散安排在大学的三四年中，每次每月占的时间很少，但这是一种潜移默化的美育教育，它们合在一起，日积月累会培养起学生认识美、追求美的情操，好的生活、工作、学习习惯。这会使他们终生受益。这也是一个全面发展的人必须具有的素养。这都有待每所大学结合自己的情况做出安排，这也向每一位教师和学校的各级领导者提出了更多更高的要求，因为一个本身不具备这些修养的教师或领导者是不会有这些想法和愿望的。

（四）面向世界　面向未来

教育要面向世界，面向四个现代化，面向未来。有必要从大学教育的未来考虑一下德、智、体全面发展的问题和面临的新情况。

我们常常探索和讨论人生的意义，但很少严肃地探寻教育的意义，当着我们展望大学教育未来的时候，我们必须严肃地回答这么一个重大问题——教育的意义是什么？

著名教育学家马克辛·格林（Maxine Greene）在谈到教育的意义时说："教育在其基本意义上是世代延续的人们借以取得其历史地位的教化过程。人们通过教育学习当代文明，并创造未来的文明。简言之，教育有继承、参与和贡献三重目的。教育服务于这样的目的，即对年轻一代传授关于掌握他们所处时代的文化所特有的思维方式与行为方式，促使世世代代的人们继续生存下去。"①

教育，作为一种社会事业，首先反映与保存了特定社会的价值观、准则与习俗，大学教育更是如此。愈来愈多的教育家重视对教育的未来研究。西奥多·W.希普尔认为在不远的将来，学校与学校教育将有如下变化；

资助公共教育的基础将逐渐扩大；

规范化以外的学校（"基础"与"开放"两种类型），校中校，无围墙学校将兴盛起来，小学以上的学校更是如此；

学校将成为社区中心，同时将是社区的各种设备与人力资源的

① 马克辛·格林：《作为陌生人的教师》，加利福尼亚，贝尔蒙特·沃兹沃思出版公司出版，1973年。

用户；

学生用于学校与课堂的时间将缩短，用于校外、社区机构与社区项目的时间将增加；

课程将与计算机及资料索取系统结合起来，并强调诸如概念学习，基本交流与解决问题的技能等学习系统；

教学方法将变得适于更多的小组和独立学习的模式；

大卫·J.伊尔文认为未来的教育系统将能够：

接受、安排数量庞大的学生；

适应新的、不同人口结构（如行政管理大都市化与州界的消失）。

利用社会上为数众多的非学校教育力量（如：市场、公司、博物馆、学会、图书馆、俱乐部与商业电视台）；

适应空气、水、燃料等可用天然资源的变化情况；

提供如何进行学习及其他借以生存的技能；

允许学习者在决定教育需要与教育计划方面有自主权；

教授各种处理诸如人与人之间的、个人内在的、多文化社会的人类关系的能力；

帮助个人确定其重要的人生目的；

使学生不再处于工作和娱乐相互矛盾的困境。

哈罗德·米采尔（Harold E. Mitzel）认为："我敢预言迫近的教育革命将很快绕过个体化教学这个简单的概念而向为学生提供'适应性教育'这一非常复杂的概念发展。'适应性教育'的意思是使各个科目的讲授形式与速度适合每个学生的特殊需要和能力。"①

中国在本世纪中叶人民的生活水平要达到中等发达国家的水平。要完成这一目标，教育必须有一个较大的发展，在一个低水平教

① 理查德·D.范斯科德等：《美国教育基础——社会展望》，教育科学出版社1984年版，第437、438、439页。

育的国家是无法完成这种历史性变化的。在中国漫长的历史上，中国教育有一度处在世界前列，这就是唐朝中期，那时许多国家派留学生到中国求学，以能在中国受教育为荣耀，那时中国人民的教育水平和生活水平居当时世界的前列。英国史学家威尔斯在他写的《世界文化史纲》里讲到中国唐朝时说："从第七世纪到第九世纪，中国是世界上最安定的文化之国，这时候，人口稀少的欧罗巴和西亚细亚，极疲惫的人民住在茅屋土堡的市街，而中国无数万居民，却过着和平幸福秩序井然的日子。西方人正禁锢于神学之褊狭与固执，中国人心却极其宽阔，得到研究上的自由。"

世界在不断发展变化，20 世纪 60 年代以来科学和教育的发展尤其巨大，在这两个方面中国落后了，与发达国家拉大了距离，这都要求我们了解世界各发达国家教育发展的现状与未来，以便迎头赶上去。我们的教师、教学管理人员、大学领导人常常面对每日每时处理不完的事务工作，而很少有时间抬起头来看看外部世界的发展变化，瞻望一下大学教育发展的趋势与未来的挑战。这就更需要我们冷静地回顾一下中国大学教育的过去，也考虑一下未来，使中国大学教育能走向世界，走向未来，走出一条适合中国发展和建设的，培养全面发展的人的大学教育之路。

附录

我们认为下面这些真理是不言而喻的：人人生而平等，造物主赋予他们若干不可剥夺的权利，其中包括生命权、自由权和追求幸福的权利。当任何形式的政府对这些目标具有破坏作用时，人民便有权力改变或废除它，以建立一个新的政府。

——美国《独立宣言》

我们目下的当务之急，是：一要生存，二要温饱，三要发展。苟有阻碍这前途者，无论是古是今，是人是鬼，是《三坟》《五典》，百宋千元，天球河图，金人玉佛，祖传丸散，秘制膏丹，全都踏倒他。

——鲁迅

我认为，有两件事情是最根本的：一件是创造，一件是爱。创造使我们所有的梦想有一个实体的目标，使我们能享受创造中的美好体验和完成目标时的快乐。爱使我们每天的生活有激情和意义。

——赵永泰

哲学家们只是用不同的方式解释世界，而问题在于改变世界。

——马克思

人不会为事物所左右，但会被他们对于事物的思想所左右。

——爱比克泰德

我们把世界看错了，反说世界欺骗了我们。

——泰戈尔

一　你到底要什么?

——评《大学生创造力培养与人生选择》

严解放

每个人在年轻的时候都有自己人生的梦,大学时代是一个人人生中的成型时期,人生观、世界观、思想方法、理想和现实、生活和学习都时刻在与自己人生的感悟碰撞、交汇与融合,有无数的疑问需要解答。但根本性的问题是:来到世间,你到底要什么?

摆在我面前的这本书:《大学生创造力培养与人生选择》(赵永泰著),作者纵笔放谈:哲学、历史、社会、艺术、方法论、人生观……当然还有婚姻和谋生,无数你熟悉的和不熟悉的思想家和艺术家,被作者带到你的面前,他们用最简单的话语解答你人生成长过程中的种种疑难。古今中外、过去与未来,举凡一个人大学时代能够想到的,作者都给出了思考方法与深层的思考。

作者是我的学友,他很早就对我说过这样一些话,他说中国的大学是三不讲,我问他不讲什么,他说,"不讲谋生,不讲婚姻,不讲方法论。"我听完就笑了,对他说,"这其实是一个青年人在人生中最应当讲的事情。"本书要告诉和教会你的,正是这些对你很重要的能力和思想。

他是一位大学教师,从事教学与研究30多年,虽然专攻经济学,而且取得了不凡的成绩。他又是一个博学多才的人,于哲学和社会学也有很深的研究。他常常会从谈一些小事情小故事引出深刻的话题来。比如有一次他说他楼下有一个调皮的男孩,每次中午去学校热水房提开水回来时,都会给过路的蚂蚁浇一些热水,蚂蚁会四散逃走。他说在这个蚂蚁社会中,一定会有几位哲学家,它们会总结出:每天中午总会下一场温度很高的热雨,并告诉自己的同类这个世界是有规律的，每到一定时刻灾祸就会从天而降。后来这个男孩到其他地方上学去了，再也没有人来给这些蚂蚁浇热水了。蚂蚁中的哲学家感到惶惑了，因为再也没有这样的灾祸了。这世界是有规律的，还是偶然的？人类也面临着这样的难题。

他的儿子去国外留学，他定期给孩子写一些信，想给孩子补一些中国大学中缺少的很重要的“课”。这些信和文章，文笔亲切、内容深刻丰富，倾注了他很多心血，流淌着新的思想和活泼的自由精神。这些信稿偶然被亲友看到，就一篇一篇地被索取去了，而且在亲友之间广为传阅，孩子们看后受到震动和启迪。在亲友和同事的建议下，他决定把这些信稿和文章进行梳理和归类整理，这就是这本书的由来。我想读者在阅读中一定会跟随作者的思绪静心默想，或会心一笑，或击掌叫绝。

字里行间，作者把孩子视为朋友，提出问题，倾心交谈——是交谈而不是摆出教育家的架子。于是，读者和作者共同走进了一个海阔天空的、艺术的、人文的精神乐园。作者在一个人大学生活中所有能够涉及的话题中，从容地徜徉在形形色色的历史和现实中，五彩缤纷的人生中，浩如烟海的人类的知识中，思索着、叙说着，很多复杂的问题被作者用淘气的文字做出清晰的说明，似乎模糊的人生被作者带进一个充满魅力和美丽的空间。

作者是这样提出问题的：“父亲爱钓鱼，是他工作单位的垂钓高手。”作者想说什么呢？难道谈钓鱼的技巧？看到后来你才知道，作者想说的是：“小聪明、小技巧、小手段有时能应急，也能解决一些问题，但常存此心，常凭此技会使人走向投机和油滑。这是最可怕的，这是人生的灾难之源。幸福而快乐的一生是与大智慧相伴的，大智慧决定着人一生是否幸福，事业能否有成。”

“蟋蟀的故事”一文，作者为我们讲述了有什么样信念和行为的人才能有所成就的道理。但我更欣赏作者对两只蟋蟀酣战时那出神入化的描写，使人浸润在文学的享受之中。

我最欣赏的文字是本书的第四章“哲学与创造力”。在本章中，作者首先用平实的文字介绍了科学的发展和科学研究的思想方法，作者向你介绍了最杰出的科学家的思想方法。如果仅看此篇(第二篇)，不无沉闷之感，因为这节中严格的逻辑使你必须按部就班，来不得半点儿随意和放纵。但是，到了该章的第三篇，作者突然文笔一转，谈到“哲学是自然科学的眼睛”，你会突然感到，作者不仅仅在告诉你一般的科学研究的思想方法，而且在带你进入一片广阔的人文天地，让你自己去思考这个“科学研究的思想方法”，这真是奇妙的章节。爱因斯坦、黑格尔、笛卡尔、康德、培根、休谟、波普尔……等哲学家的思想和方法，作者娓娓道来，当读到“泰戈尔说：‘使生如夏花之绚丽，死如秋叶之静美’。”你这才发现，哲学可以是诗。

对于大学生而言，本书最实用是第五章“怎样写学位论文”。现在，越来越多的大学生和青年科技工作者，努力从事学术研究，并将成果写成论文。可是很多作者对写作论文的方法和规范不是那么熟悉，往往达不到有关方面的要求。本章就写作论文的步骤，从准备到完成，做了细致的描述，是一篇严谨而实用的论文写作指南。不过我不明白作者为什么要把本章使用范围写成“学位论文”，因为在我看来，本章叙述的论文写作的基本原理和方法，极为周到细致全面，可以说适用于所有论文的写作。我相信即使是那些富有经验的作者，如果他们打算让读者更加理解、接受和欣赏他们的作品，本章也会给他们提供帮助。本章提供的不是生硬的规则，我并不提倡照搬，但是，本章的建议是符合大多数学术界的标准的。

尤为可贵的是，由于作者系统地学过机械与经济管理两个专业，在本章中他纵横捭阖于自然科学与社会科学之中，告诉我们这两类论文不同的地方与相互可借鉴之处，去除科学论文的呆板沉闷、文科类论文的空泛与媚俗。在“论创造力”一文中，作者又把自然科学与社会科学研究者的不同素养，出成果的不同年龄段，灵感形成过程的不同做了深入的研究与分析，这是作者的一家之言，也是作者对这一研究领域的新贡献，从中可感知作者的功力。

我认为作者提出的关于大学教育的最尖锐的问题是本书第三章第一篇“经营财富与经营人生”，作者指出“中国内地的大学均不讲授和指导学生经营财富，……而认识到财富是靠经营的，经营的方法和技巧是可以学习的，非常重要。人来到世间，首先面对的是生存。”这种讲最普通的人生常识的文字，读起来仍有醒脑醍醐之感。本节中作者通过具体和生动的例子，介绍了一些经营财富的基本理念和方法。

但是我并不完全同意作者在“爱情与婚姻”一文中对爱情的看法，作者讲爱情这种精神的东西，“其深处，带着一些人类早年荒野交合的无法无天的野性和今天文人津津乐道而当事人并未感觉的浪漫”。作者似乎是以一个经济学家的冷静缜密思维来解释爱情。我认为爱情本身无道理可言，用现代主义的话语，爱情可以是一种“疯癫”。然而疯癫究竟带给人类什么，福柯在其《疯癫与文明》一书中，虽然断定疯癫与人类的精神与艺术有合理的关系，但仍然没有给出合理的解释，“疯癫……它使现实和幻想之间的标志错位，使巨大的悲剧性威胁仅成为记忆。它是一种被骚扰多于骚扰的生活，是一种荒诞的社会骚动，是理性的流动。然而，新的要求正在产生：我千百次地举起灯笼，寻觅，在那正午时分……”

孩子的注意力重要吗？这是几乎所有家长忽视，甚至不屑一顾的问题。读读“集中注意力”这篇文章吧，你会为自己从小未关注孩子注意力而导致他长大后注意力不集中的大问题而捶胸顿足，出一身冷汗。

一些很深奥又关乎我们研究前提和思想方法的问题，例如，“世界是因果的，还是几率的?”这是至今世界上最优秀的科学家仍在争论的大问题。作者用简洁、明白的语言娓娓道来，使每一个读者都能搞清这个问题的来龙去脉及关节所在，并且，作者还给出了自己的结论。

最重要的是“价值观最重要”一文，这里有许多发人深省的东西，有许多对人生新的思考。例如:“人是生而追求幸福的，而不是追求事业，由于我们在追求和完成事业中享受到快乐和幸福，我们才追求事业。”“不是知识改变命运，是价值观的变革改变了你的命运。”

我一直坚持一个关于知识分子的观点:“人格力量”的魅力应当大于其“聪明”的魅力。如果一本书，我仅仅从中读到作者的“聪明”，那是残缺的和平庸的。当我读到本书第七章第六篇“新世纪，我们与孩子”时，我不禁为作者人格的魅力：对中华民族前途命运的人文关怀——而怦然心动：

“在人类漫长的历史中，‘大同世界’一直是人类的梦想和渴望，……

“我们做些什么呢? 在这新旧交替的关键时刻。

“戊戌维新以来，我们所争论、所焦虑的中国与西方发达国家差距的原因，也许就在这里。

“思想有多远，你才能走多远。”

这是一本难得的书。这是一本作者用自己的脑子想，经过自己生活体验的书。这是一本常读常新的书，篇篇需细读，篇篇给人智慧、能力与自信。看完这本书，你会被带进无限美丽的自己的人生，你会去梦想，你会去生活，你会去思考，你会找到自己来到世间的意义，你会自信地一路走去，两边的花儿自会开放。

［严解放：历史学者，《力量与历史》一书作者］

二　一本教给你创造力的书

王东岳

赵永泰先生的这些家书和文章，对于正在上大学或即将上大学的孩子与家长来说，是一本很重要的书。因为中国的大学和一般家庭太多关注固定教程和考试成绩，较少关注智慧与人生导向，而孩子们将来面向的社会天地，是一个复杂、纷纭的大千世界，相对于这个隔膜的世界，狭隘的教育格局可能恰好成了一帧幻影或一洼陷阱。赵先生的这本书，要教给你的是智慧与人生导向，而这正是今日中国大学教育所缺失的。

赵先生的文章很切合实际，哲学问题也讲得平朴而中肯。他想教给你好的思考方法，沿着这个思考，你会找到适合自己生存的快乐之路。

“哲学与创造力”一章，仅用一篇文章(《西方哲学告诉了我们什么?》)就将西方哲学的精髓、主要问题、思想历程讲的准确、通达，没有很深的学养功力是绝对做不到的。“论创造力”与“世界是因果的，还是几率的?”两篇文章更是他的认识与创造。这是每个大学生都感到困惑而需要搞清的大问题。

在该章中，赵先生对哲学的许多重大问题提出了自己的看法与认知，对老子作了新的思考，对中国明清之后的落后，提出了自己独到的看法。“思想的自由是哲学产生和发展的条件。”“哲学是问天、问地、问自己。”“不是数学是科学之母，是逻辑思维是科学之母。”“当你用归纳法得出一个结论时，要反思其局限性。”“孤独是创造力的催化剂。”“不是观察到的东西决定理论，而是理论决定了我们能观察到什么。”这些闪耀着智慧之光的思维警句，篇篇可见，发人深省。

重要的是，这本书想教给你创造的能力，而这对从事任何行业的人都是重要的。这是赵先生的创造，是同类书中所没有的。因为你要教给别人创造能力，你本人就得研究创造力的来龙去脉，你自己也得是一个有创造力的人。赵先生是一个有很强创造力的人，这从他写的专业论著和这本书中就可看出。所以，读他的书，你会培养起自信与创造力。

第八章，赵先生对教育的本质、中国大学教育的缺失、未来的教育做了深层分析，提出了许多新思想、新建议，提供了国外新的研究与材料，令人耳目一新。这些新的研究和材料是很宝贵的，值得教育工作者阅读和思考。

一切教育的宗旨，不在于修正了什么，而在于调动了什么；不在于改变了什么，而在于展开了什么；不在于强制了什么，而在于让渡了什么；不在于填灌了什么，而在于抒发了什么。本书不是在显现这些吗?

这是一本会受到大学生和大学教师重视，并在大学生中流传的书。

［王东岳：哲学家，《物演通论》一书作者］

三　时常翻看，终生受益

党建忠

本书的作者是我大学的老师和系主任，也是我硕士论文的评审教授之一，我从他那里学到思考问题的方法和智慧，也学到做人的准则，处理问题的超然与效率。他思维的深刻是少见的，现在他把这些系统地浓缩在这本书中，能在上大学时就读到这本书的学生是有福了。你只要读了这本书，你就会把它带在身边，时常翻看，终生受益。

[党建忠：西安交通大学博士，上海鸿洋电子商务股份有限公司副总经理、董事会秘书]

四　一本让我重新认识人生的书

李　林

我大学毕业后在两家公司工作过，很快就陷入身心困顿，每天度日子的状态，没有目标，也失去了激情。这时从同学那里看到赵老师写的这些书信和文章，惊出一身冷汗。我开始思考人生的目标，选择新的人生路径。我用从书中学到的智慧和方法，找到了适合我的人生目标。现在工作踏实，心情愉快，我知道自己每天都在向这一目标走去。

我感谢这位不相识的老师。

我知道，大部分大学生都同我一样，毕业时并不清楚这辈子到底想干什么，或者想成为什么样的人，非常迷茫彷徨，不知道自己真正想要什么，没有目标，不知向哪里走去。这是许多大学生工作后失败的原因。读这本书，你会学会找到适合自己的快乐的人生之路。

后 记

我一直想为大学生(包括我的孩子)写一本书。写他们本应在大学学到,而实际上没有学到的知识、方法、智慧和创造力。这对他们毕业后的生存与发展与他们所学的专业一样重要,甚至更要紧。

现在你拿在手中的,正是这样一本书。

书也是作者的孩子,一旦出生,便会游走四方,找自己的伙伴;喜欢的人,也会找到它,与它结伴而行,走过人生漫漫长途。

我小时候,父亲常给我们讲一个印度智者的故事:印度有一位智者,手中握着一只鸟,背过手问:“我手中的鸟是活的,还是死的?”没有人回答对。有一天,他听说有一个聪明的孩子,很有智慧,便找到这个孩子问:“我手中的鸟是死的,还是活的?”孩子说:“鸟就在你手中。”他追问:“死的,还是活的?”孩子重复说:“那鸟就在你手中。”智者满意地笑了,不再追问。

那鸟就在你手中,它是鲜活的,你可以把它闷死,也可以把它放飞。每个人的命运就在自己的手中,让我们都放飞自己的心中之鸟,给它自由,任它高翔。

这本书也是我放飞的心中之鸟。

我要感谢听我讲座的北京、西安、南京、上海的大学生,感谢他们听讲时沉思的目光、犀利的发问、会心的微笑、赞同的掌声。感谢我的朋友们在阅读打印稿时尖锐的反诘与建议。这些发问与反诘,把我的思考引向深处,使本书也走向深刻。

不少面临毕业的大学生,写信给我,为今后的工作和生存焦虑。

他们急切地想知道的，正是我多年思考并写在这本书中，想告诉他们的。

打开这本书，阅读书中的篇章，你的心会慢慢沉静下来，学会思考并找到自己生存和发展的路径。

我要感谢历史学者严解放、哲学家王东岳、建筑设计师竺国良、数学学者陆珂、经济学者武汉生、心血管病专家胡平，有这么一些良友，能经常远足畅谈，忘情于山水，真是人生一大乐事。

我要特别感谢社会科学文献出版社总编邹东涛教授、项目经理邓永红女士。本书责任编辑董谊思先生仔细严格地审阅了书稿，提出了很好的修改意见。新东方杂志社张万兴副社长也提出了很好的建议。没有他们的支持帮助，本书是很难在这么短的时间在北京出版的。

感谢我的妻子余莹，她工作之余，承担了繁重的打印、校对书稿的工作。

未来学者托夫勒把 2000 年看成“网络时代元年”。“一夜风雨尽，变换了时空。”进入网络社会，人与人接触与互动的方式、学习、恋爱、工作的方式都发生了并继续发生着巨大的变化，每个人的就业、职业选择、生存方式发生了既不同于农业社会，也不同于工业社会的变革，计算机与互联网给我们的存在方式提供了巨大的空间和可能。我们要重新审视这个新的已悄悄来临的世界，重新审视自己孩子的未来，做出有远见的选择。

赵永泰

2005 年 9 月 18 日

三版后记

三版写了前言，没打算写后记。但在校对三版一校稿时，我的一位老同学、老朋友刘安去世了（2017 年 8 月 5 日下午）。这位在西安被称为“刘半城”（即半城西安人都知道他）的人的离去，立刻引发了街谈巷议，借助互联网和手机微信传遍了全城。刘安是一位优秀的经济学学者，原陕西财经学院（现已并入西安交通大学）教授，一位有传奇色彩的学生领袖，“文革”中作为西安中学生的代表在天安门城楼上受到毛主席的接见，与毛主席握过手。他参加过 1984 年莫干山会议、1985 年天津会议（全国中青年经济改革讨论会），会上全国百名中青年经济学家获奖。获奖人中有朱嘉明、周其仁、马凯、华生、周小川、张维迎等。获奖名单刊登在 1985 年 3 月 30 日《经济日报》上。一张全国性的政府大报，用了整整一版登出获奖人的姓名、单位和论文题目，这在新中国的历史上是罕见的。可见中央对这两次会议的重视。我与刘安榜上有名，《经济日报》1985 年 5 月 16 日三版刊登了我在会上的发言摘要，《陕西日报》1985 年 5 月 8 日第一版登了我与刘安获奖的消息。

刘安生前告诉我，他一生想做两件事：一是挣很多钱，然后搞公益事业；一是完成自己的经济学专著。他上世纪 90 年代去海南办公司，一直到去世再未回归校园。两件事都未完成。

这本写给大学生和研究生的书有两大主题：一是讨论和讲述创造力，一是思考人生的意义和路经选择。刘安之死与他死后引发的热议，使我又一次回到对人生意义的沉思。

刘安60岁时生病坐上轮椅，从此不再做生意，但头脑清晰、思路敏捷，本可用这段时间完成自己经济学专著的写作，但未动笔。他的一位有成就的发小和挚友单元庄教授（现为西安朝华管理科学研究院院长）在祭刘安的诗中写道："莫谓英才失建树，毕生奇魄谱醍歌。元戎草芥任凭吊，天性自由第一格。"有此感慨者何止一人！他们一起在上山下乡时办过"知青乌托邦"，招工招生有困难的同学先走，他们最后离开。他们的这些实践现在已经成为一段发人深省的动人传说。

刘安是个豁达的人，广交天下豪杰，喜欢收古董，收到的，朋友看上，也便送给了朋友。有一次去铁生家（作家史铁生生前），他从柜子里拿出一只古陶罐，告诉我是刘安给的，原来摆在外边，一位懂行的朋友看到后说这个罐子很值钱，他便放到了柜子里。刘安风趣博学，乐于助人，他笑起来像个孩子，到死都是一颗童心。那么纯，像北方飘落的雪花，晶莹纯净。

我们出的获奖文集：《中国：改革的理论与问题》（职工教育出版社1989年出版），每人在获奖论文前写一段话。刘安写的是："我哭、我笑、我胡闹、我思考，我就是我。我按我的理解生活。"我把这句话添加在本书第六章前所选的名人名言中，作为对他的纪念。现在能看到的他的著述可能就是我编的这本获奖文集了。

他真切地关心和思考中国的命运和未来，参加一切他认为于国于民有益的事。他没有一点奴言媚骨，有的是一颗独立自由的灵魂。

谢谢刘安，他为我们增加了人生的宽度，成就了人生的另一种风采。

他走了，是大地的花朵。

回到这本书，谢谢本书的责任编辑郑秀艳博士，她也是我去年出版的《人类的三次危机》一书的责编。她细致认真的工作令我感动。

谢谢上海三联书店在较短的时间出版了我两本书。

本书三版除增加的9篇文章外，其余文章除改正了几处别字和标点外，均保持原样。因国内大学目前还没有一本专讲创造力的教材，不少大学和培训机构将这本书作为讲授和培训创造力的教材，他们希望能增加第四章“哲学与创造力”的内容，故这一章增加了七篇文章，使其更系统化了。

《人类的三次危机》这么一本大部头的理论著作，定价近百元，未作任何宣传，书仅在网上销售，面市两个多月，就全部售完，还是出人预料的。这本书讨论了经济、哲学、管理、历史、自然科学的前沿理论问题，从读者的反馈中我得知：各领域的学者、企业家、领导干部、科技人员和大专院校师生购买这本书是他们看重讨论真问题、与国际一流学者对话的书。这也反映出中国人除关心自己的日常生活外，关注人类命运、思考人的终极价值的人越来越多了。谢谢你们。

随着出国读硕士、博士的人越来越多，国内知识界关注并研究真问题的人也多了起来，与世界一流学者对话的研究成果越来越受到国内知识界的重视和尊重。这是中国的希望所在。一个国家、一个民族，如果活跃在各种论坛的学者空话、谎话、大话、废话连篇，不知所云，忘乎所以、无敬畏知耻之心，那这个国家、这个民族还有什么前途呢？还怎么自立于世界民族之林呢？

书出的越来越多，成几何级数增长，可读的有价值的书却很少。整个民族陷入了一场背诵“心灵鸡汤”的比赛，看谁背的能力更强些。列宁说，不是把托尔斯泰降低到民众的水平，而是要把民众提高到托尔斯泰的水平。这些贩卖“心灵鸡汤”的大师们会把我们的孩子引向何处呢？在这阿尔法狗(AlPhaGo)战胜国际一流围棋手的人工智能快速发展的时代，我们应教给孩子什么呢？

今日之所教，塑造了明日执政者的头脑，因此也塑造着我们栖身的社会。

面向大海，静下心来，专心耕种。收获时节，蝴蝶自来。

赵永泰

2017 年 8 月 18 日于蓝田青龙山别居

图书在版编目(CIP)数据

大学生创造力培养与人生选择/赵永泰著.—增订版.—上海:上海三联书店,2018.1
ISBN 978-7-5426-6166-1

Ⅰ.①大… Ⅱ.①赵… Ⅲ.①创造力—能力培养—高等学校—教材②大学生—人生观—高等学校—教材 Ⅳ.①G640 ②G641.2

中国版本图书馆 CIP 数据核字(2017)第 314262 号

大学生创造力培养与人生选择(增订版)

著　　者 / 赵永泰

责任编辑 / 郑秀艳
装帧设计 / 一本好书
监　　制 / 姚　军
责任校对 / 张大伟

出版发行 / 上海三联书店
(201199)中国上海市都市路 4855 号 2 座 10 楼
邮购电话 / 021-22895557
印　　刷 / 上海肖华印务有限公司

版　　次 / 2018 年 1 月第 1 版
印　　次 / 2018 年 1 月第 1 次印刷
开　　本 / 890×1240 1/32
字　　数 / 300 千字
印　　张 / 11.375
书　　号 / ISBN 978-7-5426-6166-1/G·1479
定　　价 / 45.00 元

敬启读者,如发现本书有印装质量问题,请与印刷厂联系 021-66012351